三国那些人那些事

霸主卷

陈瓷 ◎ 著

江西人民出版社
全国百佳出版社

图书在版编目(CIP)数据

三国那些人那些事·霸主卷/陈瓷著.—南昌：江西人民出版社,2013.7
(2018.1重印)

ISBN 978-7-210-05851-9

Ⅰ.①三… Ⅱ.①陈… Ⅲ.①曹操(155~220)—人物研究—通俗读物 ②孙权(182~252)—人物研究—通俗读物 ③刘备(161~223)—人物研究—通俗读物 Ⅳ.①K827=36

中国版本图书馆 CIP 数据核字(2013)第 155628 号

书名：三国那些人那些事·霸主卷
作者：陈瓷 著
出版：江西人民出版社
发行：各地新华书店
地址：江西省南昌市三经路47号附1号
编辑部电话：0791-86898283
发行部电话：0791-86898815
邮编：330006
网址：www.jxpph.com
E-mail:jxpph@tom.com web@jxpph.com
2013年8月第1版 2018年1月第2次印刷
开本：787毫米×1092毫米 1/16
印张：18
字数：320千字
ISBN 978-7-210-05851-9
定价：32.00元
承印厂：南昌市红星印刷有限公司
赣版权登字—01—2013—210
版权所有 侵权必究
赣人版图书凡属印刷、装订错误,请随时向承印厂调换

自序

在历史里搜索幸福

"古今人才之聚未有盛于三国者也",清代初年毛宗岗在《读三国志法》中这样说。三国只有几十年的时间,短短一个历史瞬间而已,但这一瞬间却惊艳无比,因为这段历史时期涌现出的英雄,甚至比一些上百年甚至几百年的时代还要多。

三国历史的精彩在于它的金字塔顶尖并非一个点,而是三足鼎立。南宋词人辛弃疾写有这样的词句:"天下英雄谁敌手?曹刘,生子当如孙仲谋。"三国历史因为曹操、刘备和孙权的相遇而精彩。

可是,一遍遍地翻着史书,在那些功业文字里,我却读出了血腥。被人们津津乐道的三国争霸,并不是外御其侮,而是内阋于墙,无论是胜利之花还是失败苦果,都是种植在国家废墟之上的,以百姓鲜血浇灌而成的;无论是曹操,还是孙权,或者刘备,谁都不是在创造和建设,而是在消耗和摧毁。假设一下,要是他们不做霸主,那当时中国就少了三位追逐功业的血腥英雄,而可能多了三位拥抱幸福的世俗男人。可是,历史没有假设,事实是他们做了霸主,但是都活得很痛苦,而天下也变得千疮百孔。既然都说自己所做的一切是为了天下人,那他们为何不能成立联合政府而携手造福万民?

或许生活太平庸了,面对浩如烟海的历史,我们更喜欢搜索功业,并将那些缔造所谓功业的人视为英雄。可是,能够摆脱功业诱惑,甘愿和平庸的人一起沉沦在平庸中,在红尘里幸福着的人,又何尝不是英雄?

在三国历史上,益州牧刘璋就是《金瓶梅》里的武大郎,是无能窝囊的代名词。刘备围困成都,双方相持不下,在城里军民都发誓死守的情况下,刘璋却不忍心再让百姓苦战,打开城门投降。有时,放弃比坚持还要困难,适时果断放弃,何尝不是智者?而刘璋的放弃,并非是妥协求生,而是舍身饲虎,心里装着百姓而放弃私欲——从这个角度说，刘璋是一个人性世界里的英雄，他给了别人幸福，自己也拥有幸福。刘璋投降后，刘备如数返还他的家产，又让他迁到公安，从此，刘璋过着面朝长江春暖花开的安稳日子，而刘备却还要为功业拼杀。最后，刘备兵败夷陵，一病不起，在愤懑和恐惧中离开人世。

做幸福的刘璋，还是痛苦的刘备？这个问题其实不那么容易选。一面是幸福的召唤，一面是功业的诱惑，鱼与熊掌不能兼得。这时，我们会想起古希腊哲学家苏格拉底那个无解的命题：做一个痛苦的思想家还是做一头幸福的猪？

这个命题是个伪命题，因为把幸福和思想对立起来了，让人们误以为幸福的就是猪，痛苦的就是思想家。其实，幸福的刘璋也是一个思想家，最起码他想清了怎么样才能给自己和别人带来幸福。

有人喜欢说，忘记历史就意味着背叛。可是，记住历史的前提是搞清历史，如果记住的只是糊里糊涂的历史，那只会迷失自我。很多人记住了刘备从草鞋摊主到皇帝的人生传奇，记住就记住吧，但是一定得明白，刘备是用来励志的，不是用来寻找幸福的，因为刘备所经营的功业，给他带来了痛苦，给天下带来了灾难。

一直以来，我们读历史写历史，其实就是读功业写功业。功业才是历史，历史就是功业，二十四史外加一部《清史稿》，规模堪比万里长城，字数据说有四千多万，但都是在记录功业多少，却难得关注幸福与否。

总是想象，假如真的能够穿越，我就到三国时代，问问那些汲汲功名的三国霸主们，功业和幸福，哪个更是人生的需要？也许，他们在乎的本来就不是功名，而是幸福。有心理学家认为，控制未来能够创造幸福，如果这话是对的，那么可以说三国霸主们一直在试图创造幸福，因为他们争来争去，争的就是对未来的控制权。

但是，后人在写历史的时候，只是总结历史，忘记了所写的历史人物也曾向往未来，所以史书里更多是风化的功业，而缺少带着人物体温的幸福。

现在，就让我们在史书的字里行间，追寻三国霸主对未来的向往，搜索他们的幸福。

陈 瓷

2012 年 10 月 14 日写于一也斋

目录

第一章 青涩岁月 ——— 1

一　认爹当上皇帝　　　　　　　　　——— 2
二　认爹创造财富　　　　　　　　　——— 4
三　孤独的蚂蚁　　　　　　　　　　——— 6
四　情愿认个爹　　　　　　　　　　——— 8
五　武圣之后和西瓜太郎　　　　　　——— 10
六　从不良少年到争议干部　　　　　——— 11
七　临时工的爱情　　　　　　　　　——— 19
八　读书改变命运　　　　　　　　　——— 21
九　梦想被人狙击　　　　　　　　　——— 25
十　太阳跳到怀里就怀孕　　　　　　——— 28
十一　神奇的咒语　　　　　　　　　——— 29

第二章 青萍之末 —— 35

一 投身时代的熔炉 —— 36
二 在国家废墟上崛起 —— 40
三 感谢折磨你的人 —— 43
四 以此获罪,何愧海内 —— 47
五 有时也不怯战 —— 48

第三章 沧海横流 —— 53

一 人生在此拐弯 —— 54
二 是是非非逃亡路 —— 60
三 让人失望的联盟 —— 62
四 一个让董卓害怕的人 —— 67
五 刘备有可能得0分 —— 68

第四章 野兽丛林 —— 71

一 诸君北面,我自西向 —— 72
二 吾当谁与戮力乎 —— 74
三 不是自己死就是让别人死 —— 77
四 没有资格说仁义 —— 81

第五章 天下逐鹿 —— 85

一 一件惊天血案 —— 86
二 复仇只是假象 —— 88
三 角色的转变 —— 91
四 同样的角色 —— 93

五	意料之外的新年礼物	—— 95
六	麦子决定战争走向	—— 99
七	江东的青春风暴	—— 104

第六章　谁执牛耳 —— 109

一	皇帝的吃饭问题	—— 110
二	一袋粮食引发的高层争论	—— 113
三	养皇帝比养猪划算	—— 116
四	看看谁更无耻	—— 121
五	左手天堂，右手地狱	—— 126
六	造假账的少年县长	—— 131

第七章　大浪淘沙 —— 133

一	艳遇的代价	—— 134
二	阴谋在信来信往中	—— 138
三	一次神秘的胜利	—— 144
四	生死白门楼	—— 147
五	战火里的追风少年	—— 153

第八章　争霸赌局 —— 159

一	做最完全的自己	—— 160
二	刘备的藏心术	—— 163
三	曹操首级的价格	—— 169
四	赌博先赌心	—— 171

第九章　战云再起 —— 181

一　全靠一匹马活着 —— 182
二　三顾茅庐的真正主题 —— 186
三　冷血的权力动物 —— 188
四　曹操的平衡术 —— 191
五　写在刀尖上的诗歌 —— 199
六　杀人的理由是这样找到的 —— 203
七　诸葛亮还是算错了 —— 206
八　不同寻常的逃跑 —— 209

第十章　大江东去 —— 215

一　败给了自己 —— 216
二　孙权的性格短板 —— 220
三　乱世的花嫁 —— 223
四　无耻和无赖 —— 226

第十一章　关河决战 —— 229

一　谎话官文的范本 —— 230
二　风流铜雀台 —— 232
三　一个比一个无耻 —— 235
四　曹操的战场行为艺术秀 —— 236
五　杀人像写诗 —— 239
六　孙权的战场行为艺术秀 —— 240

第十二章　蜀道之难 ——— 243

一　刘备的酒场段子 ——— 244
二　包拯断案断刘备 ——— 246
三　得陇可以望蜀吗 ——— 249
四　几根胡子引发的血案 ——— 252
五　权力的冲刺 ——— 254

第十三章　英雄谢幕 ——— 259

一　佛罗里达效应下的曹操 ——— 260
二　鸡肋的味道 ——— 262
三　又一个王者 ——— 264
四　消失在红尘里 ——— 266
五　一个新皇帝 ——— 267
六　屈辱的王冠 ——— 269
七　红尘劫 ——— 271

◎精彩回头看 ——— 276

第一章 青涩岁月

◎ 出自仕宦之家，曹操深谙官场奥秘，又有曹嵩指点迷津，铺桥引路，曹操在太学结业前就开始为就业作准备——争取专家好评，炒作出名，为就业打下基础。

◎ 那些拼爹拼钱当上公务员的公子哥儿，其实什么也做不来，那首民谣说得明白："举孝廉，父别居。寒素清白浊如泥，高第良将怯如鸡。"可是，工作怎么也得有人来做啊，于是各级政府聘用临时工。孙坚用神勇表现赢来了一个临时工名额。

◎ 刘备一无所有，目前没有能力给追随者什么东西，哪怕一件像样的兵器，一副能够抵挡刀箭的铠甲，但是他可以给大家尊重，给大家兄弟般的情谊，因此源源不断的追随者前来投奔，好在他家很好找，找到那株标志性的大桑树就可以了，史书对此的记载是"年少争附之"。

一　认爹当上皇帝

这是一个需要认闲杂人员当爹才能活下去的年代。

东汉永康元年,公元167年,十二月二十八日(本书采用农历纪年,根据陈垣《二十史朔闰表》推算),京城洛阳德阳前殿,皇帝刘志去世,享年36岁。他拥有天下最好的女人,三位皇后,数千名宫女,享受人间最好的医疗条件,却没能为中国留下一个儿子当太子。

"你还在睡懒觉,快当皇帝去!"河间国的解渎亭侯刘宏被人从床上扯起来。这个12岁的少年,懵懵懂懂地起床,揉着惺忪的睡眼,嘟囔:"怎么轮到我做皇帝了?"一大早就被人吵醒,真扫兴。

桓帝死后,实际掌握政权的是窦太后和她的父亲窦武。窦氏父女非要12岁的刘宏做皇帝不可。刘宏是桓帝刘志的远堂侄子,从血缘上看,他继承皇位是天经地义的。但是桓帝的侄子一大把,从中选一个成熟老练的做皇帝是很容易的事情,窦氏父女为何要一个12岁的孩子当皇帝?这很好理解,皇帝年龄小了,窦氏父女就能以监护人的身份操控政权了。

小小年纪就要做全国责任最重大的公务员,刘宏真是一个倒霉孩子。这孩子一贯倒霉,他是一个死了爹的孩子。本来他打算起床后去捉迷藏的,但是现在却要被一帮大人领着去洛阳做皇帝。刘宏就这样苦着脸坐上了龙椅,成了刘志的继承人,这就是汉灵帝。

因为没有儿子,送葬时无人哭爹,刘志迟迟没能下葬,新天子刘宏的第一项工作就是哭爹。对一个远离京城的12岁孩子来说,皇帝和他本非多么亲密的关系,不过是远房亲戚。但是,现在他不得不要哭刘志为爹了。

历史之所以是历史,就是因为它在不断重复。东汉中后期政局的一大特点就是宦官和外戚轮流掌政,士人偶尔跟在外戚屁股后边敲边鼓。东汉中后期历任皇帝大都是幼主即位,政权往往落在皇帝的姥姥家也就是外戚手里。皇帝长大后,要独立,要权力,必须先把姥姥家的人拉下马,而这时朝野上下都是外戚安排好的人,皇帝能依靠的人只能是服侍他的宦官们。一旦皇帝依靠宦官扳倒外戚后,又不得不依靠宦官来巩固地位,于是宦官又上位,控制了皇帝。外戚与宦官角力时,有时需要借助士人的力量,这时士人就会走到政治前台来。

桓帝后期,掌权的是宦官。桓帝死后,窦太后与窦武联手士人代表太尉陈蕃,才将宦官拉下来。走到政治前台的士人很快暴露出了偏执而死板的书呆子性格。陈蕃和窦武想对宦官斩尽杀绝,但是消息走漏,宦官先下手为强,杀死了陈蕃与窦武,然后士人遭到清洗,被牵连而死、徙、废、禁的达六七百人,宦官阵营重新夺回了权力。

那么多好吃的、好玩的,那么多俊俏的女人,喜欢谁就是谁,看谁不顺眼,不用亲自动手,自会有人出头……做皇帝原来这么好玩啊。刘宏尝到了认远房亲戚当爹的甜头。

控制他,就要讨好他。宦官们最大的本事就是讨好皇帝。处于性启蒙阶段的刘宏,在失去了性功能的宦官们的引领下,开始了终其一生的荒淫之旅。为了随时随地与宫女交欢,他让宫女都穿开裆裤,而且开裆裤里面什么也不穿。开裆裤也不够便捷,他就盖了个"裸游馆",与宫女同裸游泳,在里面彻夜饮酒。"假如一万年都如此,就是天上的神仙了。"

他很感激宦官给他设计如此人生,于是认宦官为爹,公开宣称"张常侍乃我父"。张常侍就是宦官头子中常侍张让。常侍是经常侍候皇帝的宦官,灵帝重用的宦官一共有十人,史称"十常侍"。灵帝开心不开心,全靠十常侍去哄。

灵帝认张让做爹,十常侍中的另外一人赵忠不高兴了:"他是爹了,我是啥?"赵忠也是灵帝离不开的人,灵帝挠挠头皮,说:"那你就是我娘了。"赵忠想想自己已经不能算是男人了,做人家的娘也说得过去,就点头答应了。

宦官的身份其实就是家政工,对于汉灵帝来说本来是闲杂人员,汉灵帝却认他们为爹娘。堂堂天子,把国家的管理权交给了身心扭曲的宦官。宦官把持朝政,阻碍了士人的晋升之道,所以士人阶层与宦官之间一直是有你无我,有我无你。宦官们诬陷士人结党，对士人大力打压，单单在灵帝即位后短短数年内，就逮捕士人几千人。176年，灵帝下诏命令各州郡清查所谓结党士人的亲属、学生，全都免除公职，并且规定终生不得复出。

一个民族，一个国家，一个政权，要是读书人在决策层与执行层里缺位，必定会成为愚昧的民族、弱智的国家、白痴的政权。

二　认爹创造财富

宦官们打击士人，短时间里国家公务员大量减员，而维护国家运行需要一些专业型官员，于是很多在家睡大觉的人，就会被突然飞来的官帽儿砸到。沛国谯县，在家为父亲曹腾守孝大约已有十年的曹嵩，突然接到进京担任大司农的诏书。曹嵩跑到曹腾坟前，"扑通"跪下，"砰砰"磕头，"我幸亏认你为爹，才有了今天"。

对曹嵩来说，曹腾本来是一个闲杂人员，可是，命运偏偏安排曹嵩认曹腾为爹。曹腾年轻时就被阉割入宫做了宦官，被当时的邓太后选中，陪伴皇太子刘保读书。刘保即位，成了汉顺帝。他没有忘记儿时玩伴、同学，曹腾逐渐得到重用，成为中常侍。顺帝死后是冲帝、质帝，曹腾都侍奉左右。三岁的冲帝刘炳在位半年就死了；质帝刘缵八岁即位，九岁就被外戚梁冀毒死。皇帝年幼，太后临政，太后是女人，与大臣沟通有诸多不便，往往需要宦官出面沟通，这时就迫切需要一个太后能信任同时大臣能接受的宦官站出来——曹腾恰恰是这样一个人物。曹腾的心理并不像其他宦官一样阴暗，相反他有积极阳光的一面，性格敦厚，行事严谨。这充分说明一条真理：没有阴暗的职业，只有阴暗的人。于是曹腾得到了宫内外的信任。质帝遇害后，曹腾正确站队，与大将军梁冀一起迎立桓帝，立下大功，被任命为大长秋。大长秋是太后身边最高的职位，与外朝的九卿等同。当时是梁太后临政，九卿基本架空，反倒不如曹腾这个宦官有用。曹腾在宦官岗位上做出了卓越的成绩，奉事四帝，前后长达三十年，工作零失误。

宦官在生理上是不能有后代的，按说事业强人曹腾的生活是残缺的。但是皇帝通过政策扶持，圆了曹腾的后代梦。顺帝在135年下令允许宦官养子袭爵，曹腾就按照这条法令领养了曹嵩——曹操的爹。

曹嵩的来历是个悬案。一直有史学家认为曹嵩是曹腾从兄弟家领养的侄子，复旦大学现代人类学教育部重点实验室与复旦大学历史系联手，通过对全国各地111个曹氏家族人群DNA和族谱的调查，在2011年12月22日发表论文称找到了曹操的后人，而且认为曹嵩应该是曹腾同宗的养子，为曹嵩本属曹氏的说法提供了一个依据。而当时的史书《吴书》和后来的《世说新语》，还有后世很多人，都认为曹嵩是从夏侯氏家过继的，1974年以来亳州市出土的曹氏宗族墓砖中，即有夏侯氏成员名字在内，被认为是曹嵩出于夏侯氏的铁证。记载三国历史最权威的《三国志》，则糊里糊涂地说曹嵩"莫能审其生出本末"。后来，曹操的政敌袁绍，在声讨曹操的檄文里，把曹嵩"乞丐携养"列为曹操罪状之一，骂曹嵩是不知从哪里领养的野孩子。

无论出身如何，自从认曹腾为爹那天开始，曹嵩的人生就改变了。先不说他可以继承曹腾的费亭侯爵位，单说他得到的人脉资源，就是一般人奋斗几辈子也无法拥有的。因为曹腾的提携，谯县曹家成了官宦之家。1974年在安徽亳州市发现了曹氏宗族墓葬群，陆续出土了带字墓砖、银缕玉衣等文物，这些文物表明曹腾和他的本家曹褒、曹炽、曹鼎等人就埋在这里。当然，曹嵩也在这里。

曹褒是曹腾的堂兄或者堂弟，因为曹腾的提携，官至颍川太守。曹褒的儿子曹炽，官至侍中、长水校尉。曹炽的儿子曹仁(具体事迹见《三国那些人那些事·魏卷》)和曹纯，是曹操的得力部下。

曹腾有一个侄子叫曹鼎，官至尚书令。曹鼎有一个兄弟叫曹瑜，官至卫将军。曹鼎与曹瑜还有一个亲兄弟，名字没留下来，但是他的儿子曹洪，却为曹操打天下立下了汗马功劳。

曹腾还有一个堂侄，官至吴郡太守，姓名不详，但是此堂侄的孙子曹休是曹氏集团后期的中坚。

自从认曹腾为爹那一刻开始，曹嵩就自动拥有了曹家的声望和势力。他想不发达，曹家人也不答应，因为他不发达，会给曹家丢脸。何况，曹家能有今天是曹腾切除了身上男人最重要的器官后换来的。

曹嵩不发达，不仅仅曹家人不答应，朝野也有很多人不答应。大长秋曹腾的一大职责就是推荐贤能，低调务实的曹腾并不像其他宦官那样跋扈贪婪，他懂得中庸之道，大力举荐贤能做官，例如虞放、边韶、延固、张温、张奂、堂溪典等人，都位至公卿。这些人在曹腾举荐下做了官，当然会想方设法地提携曹嵩——谁不希望落个知恩图报的好名声啊。

不仅仅是人脉资源这一无形财富，曹腾还给曹嵩积攒了一大笔真金白银的财富。除了正常收入，曹腾的灰色收入也是非常可观的。因为能与皇帝说上话，那些想跑官买

官却没有路子的人,就通过曹腾来运作。当时的蜀郡太守想升升官,就趁下属进京出差的机会,给曹腾带去书信和礼物。蜀郡那么偏僻,都知道要升官可以找曹腾,中原地区和朝中的人就更不用说了,曹嵩的财产可想而知了。这笔巨额遗产极大地影响了曹嵩的人生轨迹,也影响了中国的历史走向。

既是宦官后代,被宦官信任,又有士人人脉,被士人扶持;既有家族背景,又有金钱开道。在大批官吏被宦官罢黜、大批岗位空缺的情形下,曹嵩被任命为大司农是水到渠成的事情。大司农负责全国的经济工作,掌管财政和税收,调配国家财政支出,是九卿之一,不仅级别高,而且是从里向外冒着油水的肥差。曹嵩在这个位子上供职多年,家产在曹腾的基础上滚雪球似地增加。而这一切,必然也会影响了儿子曹操的人生。

认爹改变人生。曹嵩在洛阳津津有味地做官,兴致勃勃地发财,眼前金光大道。

远在曹嵩老家谯县,涡河奔腾不息地流淌。河边,14岁的曹操怅惘地望着河对岸那个放羊老头,痴痴地想:要是能认这个人做爹,也许就能有人陪着我说说话了。

三 孤独的蚂蚁

在成为一言九鼎的中原霸主之后,曹操还会依稀记起小时候他撒在涡河水面上的孤独。

曹操很幸运地出生在了曹家,想吃啥有啥,但是他却很不争气,老是不长个子,一副发育不良的样子。他长得很丑,让人怀疑他还没满月时被猪亲过。从涡河的倒影里看着自己的尊容,小曹操经常愧疚:长这么丑还出来吓人,太缺少公德心了。没有人会想到,一个孩子会为自己的容貌而产生世界末日的感觉,以至于心灵上烙下了终生不能磨灭的阴影。在成为叱咤风云的天下英雄之后,曹操还是走不出这一心理魔障。《世说新语》记载一事:匈奴派使者晋见曹操,曹操认为自己的长相有损国家形象,就让大帅哥崔琰冒充他接见匈奴的使者,而自己却假扮成侍卫站立一旁。

更让曹操自卑的,是他很小就失去了母亲。年幼的曹操,每当看到其他孩子躺在妈妈怀里撒娇,他就不屑地转过头去说:"真娇气,不是乖孩子!"真正长大以后,曹操才知道,转过头去是担心别人看到他眼里的泪水,于是写下了这样一段诗歌(《善哉行》其二):

自惜身薄祜(可怜自己福气不多)，

凤贱罹孤苦(本来卑贱孤苦无依)。

既无三徙教(没有得到慈母教诲)，

不闻过庭语(听不到父亲教导)。

"三徙教"指孟子母亲为了让孟子在健康环境下成长，三次搬家选择邻居，最后迁至学官旁边才定居下来。"过庭语"指孔子儿子孔鲤从庭院中经过，孔子把他喊住，教育他读《诗》学《礼》。从这段诗歌里我们知道曹操很小时就失去了母亲①，也没得到足够的父爱。曹嵩大人很忙：首先是他想方设法当官，以为给儿子足够吃的穿的玩的，就算是尽到父亲职责了。其次是他竭尽全力地与新娶的妻子进行"造人工程"，而且他的新妻子可能不止一个。根据并不完整的历史记载，曹嵩至少有六个儿子：老大曹操，老二曹德，老三曹彬，老四曹玉，老五名字不详，只知道他的儿子叫曹安民，老六叫曹疾，也有史料说曹德与曹疾是一个人。此外，曹操至少还有两个姐妹：一个嫁给了夏侯家，一个嫁给了江东孙氏。当初曹腾认曹嵩为养子，就是为了引一个传后的外援。曹嵩永久性转会到曹家后，超额完成了传后的任务。

娘没了，爹就只剩一半，因为爹会有新的世界。娶新妻，又生儿子，曹嵩一次次地沉浸在得子的喜悦中，浑然忘记了曹操正一个人蹲在墙角数来来往往的蚂蚁。幼小脆弱的心里，孤独就像蚂蚁一样密密麻麻地蠕动着。

曹操与蚂蚁共享少年孤独的时候，刘备却奔波在摆地摊卖草鞋的路上。

---

①单纯根据"凤贱罹孤苦"和"既无三徙教"尚不足以得出曹操幼年丧母的结论，但是结合另外一些史料，基本可以断定曹操幼年失去母亲，但不一定丧母。曹丕登基称帝，追谥祖父曹嵩为太皇帝，父曹操为武皇帝，母卞氏为皇太后。曹叡即位后，追谥祖母卞氏为太皇太后，郭氏为皇太后，生母甄夫人为文昭皇后，高祖曹腾为高皇帝，曹腾虽是宦官，但生前也有官女吴氏与之同居，成为挂名夫妻，吴氏也被追谥为高皇后。一人做皇帝，祖祖辈辈得追谥，可是，曹丕与曹叡可是连挂名吴氏都追谥了，却唯独没有追谥他们的祖母或者曾祖母(曹操的母亲)，这实在是不合常理。史家对这一点讳莫如深，未有丝毫记载，这里一定发生了为尊者讳的事情。如果曹操的母亲最终还是曹家人，那曹丕和曹叡没有理由不进行追谥，因此曹操的母亲很可能因故被曹家休了，可即使被休，即使在曹操发达后还活着，其行踪史家也会有所涉及，但是现在没有任何史料和曹操的母亲相关，因此曹操的母亲很可能是被休和死同时发生。结合《善哉行》，被休也罢，死也罢，曹操幼时失去母亲是确定的。

四　情愿认个爹

　　冀州涿郡涿县,夜幕下的村子还在酣睡中,嘹亮的鸡啼,从那株桑树上直刺出去,天上的寒星也要颤动起来了。

　　桑树是大耳朵刘备家的,长在院子东南角的篱笆旁,高达五丈。远远望去,就像马车的华盖一样。大树底下好乘凉,人们来到树下,总会说这树是羽葆盖车。羽葆盖车就是羽毛装饰的华盖车,只有皇帝才能乘坐。其实,桑树与羽葆盖车差距是很大的,但是大家都喜欢沾上天子气,这样说也就可以理解了,刘备和他的小伙伴们当然也赞同这个说法。这株桑树长得有楼一样高,因此这个村子的名字就叫"楼桑"。

　　鸡鸣按时把刘备唤醒了。每天这个时刻,刘备都要起床,陪着母亲去十五里之外的县城摆摊卖草鞋。

　　"为什么我每天都要这么辛苦?"刘备一边穿衣服,一边问母亲。

　　"因为你没有父亲。"母亲说。

　　为什么不给我认个爹呢?刘备在心里问母亲。卖草鞋的路上,累了,看到走过身边的高大男人,刘备就想上去认爹,然后把肩上的挑子交给这人。8岁的刘备认为,认个爹就不会这么辛苦了。

　　刘备本来不该这么辛苦,因为他是皇族。刘备是汉景帝儿子中山靖王刘胜的后代。刘胜是宅男,喜欢喝点小酒什么的,但是更喜欢成群的妻妾,皇帝不允许他做事,能允许他做的似乎就只剩下生孩子一件事了,最终统计他生了120多个儿子,其中20人封侯。公元前127年六月,有五人最先受封,其中一人叫刘贞,被封为陆城侯。陆城在涿县,于是刘贞来到涿县定居下来,刘贞一脉继承了刘胜生育能力强大的基因,三百年下来,他的香火一直延续,一直到刘备。

　　既然是皇族,又怎么会沦落到卖草鞋谋生的地步?皇族太浩大了,刘胜只是汉景帝14个儿子当中的一个,而刘贞又只是刘胜120多个儿子当中的一个,再过三百多年,像刘备这样的皇族成员,可能比大桑树上的叶子还多。当今天子要是给皇族发红包,长城拆了,一人一块砖也分不过来。而且,皇帝的日子也不好过,权力在外戚和宦官之间争来抢去,谁还有心思治理国家啊,搞得地大物博的神州大地民生凋敝。刘备出生的那一年,也就是161年,汉桓帝下令公卿以下的公职人员全部减薪,并向王侯借一半的租税,这样下来钱还不够花,第二年甚至连天子的虎贲营将士也接到了减薪一半的通知。

入冬的时候,虎贲营的卫士们都抢着执行外勤,因为搞内勤的不发冬衣。公卿以下的官服本来是配给制,但是当年冬衣减半供应。这样的政权,正如一池绝望的死水,只等一场变革的风暴,掀起惊天骇浪。皇帝是泥菩萨过河,哪里顾得上遍布全国各地的本家?

何况,皇帝就是要刘备这样的皇族如此辛苦地为生存奔波——连吃顿饱饭都困难了,还有能力夺权吗?对皇权威胁最大的向来是皇族,所以皇族一直受到打击,日子反倒不如寻常百姓好过。刘备的老祖宗刘贞是陆城侯,爵位可以世袭,正常的话刘备应该是个小侯爷,又怎会摆摊卖草鞋呢?这是因为刘贞只做了15年侯爷,就被汉武帝找了个理由削为平民,从此自谋生路。

但是,即使沦为平民了,难道只有卖草鞋才能活下去吗?就拿前街上的刘德然来说,与刘备差不多年龄,同样是陆城侯的后代,可是在刘备披星戴月向县城赶去的时候,刘德然却在被窝里睡得正香。刘德然的父亲刘元起活得正起劲,对刘德然是捧在手里怕飞了,含在嘴里怕化了,而刘备却要天不亮就起身陪护母亲赶往县城卖草鞋。刘备的父亲刘弘在刘备很小的时候就死了。爹死了,娘就多了半个,因为娘要肩负起爹的责任。

可是,即使是贬值的皇族,即使没了爹,刘备也不该如此辛苦,因为他也算是官二代了。刘备的祖父刘雄和父亲刘弘都在州郡里做官。刘雄还被举荐为孝廉,官至东郡范县的县令。这样的家世,即使没有皇室背景,即使死了爹,吃喝应该不愁,不至于沦落到卖草鞋的地步呀。"大耳朵啊,天下即将大乱,你作为皇族,怎能不有所作为?"母亲这样说。刘备生下来就长着一双大耳朵,据说他回回头就能看到自己的耳朵。刘备的手臂也很长,垂下来能超过膝盖。手臂这么长多少有点儿畸形,大耳朵则很有宠物的喜感,所以大家喜欢叫刘备为"大耳朵"。既然是皇族家的,那就会不由自主地关注天下大势,从族里男人们的议论里,还有县城草鞋地摊前顾客的言语中,母亲知道天下即将大乱。也许,说大家盼望天下来次大乱才更准确一些。"要是编一辈子草鞋的话,岂不辜负了这双大耳朵!天下大乱的话,连草鞋也卖不成了。"这么辛苦地卖草鞋就是为了攒一笔学费,送刘备到一个名人那里读书,然后让名人把他推出去。政府选拔人才采取察举制,只有被推荐,才有可能当上官。和几乎所有中国家长一样,刘妈妈也把做官作为儿子的首要职业选择。是官就有出息,是官才有出息,小官小出息,大官大出息,现在的状况,是没法有出息的。

乱世啊,快到来吧!刘备站在桑树下喊。乱世到来,他就可以不去卖草鞋了,刘备是这样想的。

"乱世已经到了,看看来抢瓜的人就知道了。"扬州吴郡富春县城以南十五里的阳平山下,14岁的孙坚坐在看瓜棚里说。

五　武圣之后和西瓜太郎

"哈,小子,有人抢瓜就是乱世?"种瓜人问孙坚。

孙坚说:"原来抢瓜的应该只是一些小痞子,但现在抢瓜的都是些打着皇帝旗号的人,这就是乱世了。"

"小小年纪,怎么这么有见识!"

"别忘了,我是兵法的传人!"

春秋时齐人孙武,带着兵法十三篇(后世所谓《孙子兵法》)求见吴王阖庐,受任为将,战无不胜,攻入楚国,北威齐晋,南服越人,显名诸侯。孙武终老于吴,儿子受封于富春,于是,富春的孙家人就有理由宣扬孙武是他们的先人。好在其他姓氏的人懒得计较这事儿,于是孙武就成了孙坚家的先人。14岁,正是崇拜英雄的年纪,孙坚一有机会就强调他是孙武的后人,而且每次都要突出兵法。他对兵法有一种天生的喜欢,看来身上的确有孙武的遗传基因。

阳平山下盛产西瓜,种瓜的人很多,偷瓜的人也不少。偷瓜因为馋嘴,有的甚至就是为了好玩儿,所以看瓜的人并无多少戒备之心,看瓜棚里的人都是很清闲的。14岁的孙坚来瓜棚,就是为了好玩。

有的史料上说,孙坚的父亲孙钟是个种瓜人,孙坚则是西瓜太郎,这个说法的被认可度很大。但是有的史料上说瓜农孙钟只是孙坚的祖上,又有史料说孙家世代在吴郡做官。说法不一的史料,都指向一点:孙坚并无显赫身世,祖辈父辈最多是基层公务员,还是属于人民群众中的一分子,很接地气的,孙坚即使不亲自种瓜,那也有可能到看瓜棚里游戏。

孙坚发现,最近抢瓜的人有很多是打着"皇帝"旗号来的。所谓"皇帝",都是带头造反的人自封的,在官方文件里的说法是"贼首"。自从春秋战国土地可以自由买卖以来,土地越来越集中在权贵手中,失去土地的农民越来越多。以京城为中心的数百万亩良田,被灵帝认的爹娘张让和赵忠等一干宦官霸占。士人虽然受到宦官压制很难出头,但是只要侥幸做上官,就与宦官比赛抢占百姓的土地。中国当时出现了土地分配上的"二八定律"：占人口总数20%的官僚、宦官、豪强及其家人，占有了80%的土地，占人口总数80%的农民，却只拥有20%的土地。这直接导致了另外一个"二八定律"：只有20%的农民能够正常地靠土地生存，80%的农民只能去做奴隶、流亡乃至造反。"发如韭，剪复生；头如鸡，割复鸣。吏不必可畏，小民从来不可轻。"前赴后继地造反，不是因为革命觉悟有多高，而是因为没有活路。造反的门槛不高，混不下去了，饿都要饿死了，还不如抄起锄头拿起镰刀，跑到大户人家抢劫，好歹能吃上一顿饱饭，死了也不至于当饿死鬼。可是，当吃饱之后，造反的人就想当皇帝了。据不完全统计，冲、质两帝一共在位不满两年，大的农民起义发生7次，桓帝在位21年，大的农民起义一共发生14次，灵帝即位后，一直到黄巾起义之前，农民起义一共6次，以上数据是有史可稽的，至于规模较小史书不载的官员瞒报漏报的，更是难以计数了。皇帝已经没有了公信力，大家都想做皇帝，纷纷让部下喊自己为"皇帝"。有时一个胡同里出两个皇帝，为了区别，其中一个就改称为"黑帝"；临街胡同里再造反，狠狠心。称自己为"太上皇帝"。想过皇帝比西瓜还要多的情景吗？这样的皇帝成色不够，也就是去抢几只西瓜来就填饱肚子的水平。不过，他们来瓜地时不说抢瓜，而说是"征瓜"。

昨天来阳平山下征瓜的是"阳明皇帝"许昌，他和儿子许韶在句章（今浙江慈溪境内）造反，聚集了好几万人，声势很大。

"皇帝多了，天下就乱了。"孙坚把箭搭在弓上，瞄准着前方的一只西瓜。和大多数的男孩子一样的是，孙坚喜欢射箭；和大多数男孩子不一样的是，孙坚很喜欢射箭。

"天热了，吃瓜的人就多了。"种瓜人扇着蒲扇说，乱世不乱世的，先把西瓜卖出去再说。

孙坚把箭射出去，箭急切地贯穿那只西瓜，然后精准地射死了那只躲在西瓜后面的兔子。"天下乱了，英雄就多了。"孙坚说完，把兔子扔给看瓜人，收拾起弓箭，翩然离去。

射术高超的孙坚，是同龄少年玩伴的偶像。如果曹操这时候遇到孙坚，肯定也会拜他为大哥。

六　从不良少年到争议干部

亲娘死了，爹在京城忙着做官，忙着发财，不缺钱，却缺管教。青春期的曹操和几乎所有纨绔子弟一样，游手好闲，飞鹰走狗，耍枪弄棒——苍天啊，为何好玩刺激的活动这么少!

　　大约10岁那一年,曹操再次带着小伙伴们到涡河边玩耍。腾地一下,一条大蛟突然从水里跃起,大家吓得四散而逃。"哈哈哈……"曹操站在大蛟前面,指着四散逃去的伙伴,笑弯了腰,夸张地喊道:"一群胆小鬼!"

　　大家都是胆小鬼吗?所谓蛟,《说文解字》说它为"龙之属也",是一种没有长角的龙。可是,自然界是没有龙这种动物的,蛟是一种鳄鱼,凶猛的动物。可是,这只鳄鱼一看到曹操站在那里,就很给面子地潜回水里不见了。大家聚拢过来,问曹操为什么不怕鳄鱼。曹操娓娓道来,讲述了前几天的一次亲身经历:他独自去河里游泳,一只不知好歹的蛟冒了出来,他奋力与蛟搏斗,最后败退的是蛟。

　　"啊,这么大的事儿,你怎么不说啊?"大家问。

　　"嗨,多大一点事儿啊!"曹操做出淡定的样子。

　　"哇——"所有人都崇拜地惊呼起来。

　　这件事记载在梁朝人刘昭写的《幼童传》里,这是一本神童故事集。这个故事很可疑,倒不是说刘昭不可信,而是这个故事的来源不可信。曹操勇斗并击退大蛟,只有他本人口述,并无其他任何物证人证,哪怕是身上被蛟龙抓破的皮外伤也没有。按照常理,如果身上有伤,曹操肯定会亮给别人看,追求细节的故事记录人肯定也会记录下来。这则故事没提到曹操受伤,很可能是因为曹操根本就没受伤。一个10岁的孩子,在水里与鳄鱼搏斗,不仅获胜,还能毫发未损,不管你信不信,反正是很多人不信。当然,也许真的有奇迹,例如那一刻曹操被龙王爷附体,例如那只鳄鱼发现曹操是比它还要凶猛的动物。没有以上奇迹的话,那最大可能是曹操炒作自己,虚构了勇斗大蛟的故事。曹操发育迟缓,个子矮,不招人喜欢也没人疼,用这种炒作的方式来引起大家注意,这是很有可能的。

　　父亲在京城,曹操成了缺少管教的留守少年。轻佻、贪玩、游荡、放纵……不良少年曹操引起了叔父的担心。叔父常常在曹嵩面前检举曹操,痛心疾首地说:"你再不严加管教,曹家就要出一个祸害了。"曹嵩面子上很过不去,再看到曹操时,就劈头盖脸地训他一顿,甚至会打板子。

　　曹操决定自卫反击。这天,他在路上遇到叔父,突然间口吐白沫,嘴歪眼斜,浑身抽搐,叔父吓坏了:"吉利,吉利,你……你怎么了?"曹操的乳名叫吉利,寄托了长辈的愿望,但是现在吉利的样子很不吉利。曹操告诉叔父他中风了。叔父慌慌张张跑回家把曹嵩叫来,却发现曹操若无其事地站在那里。曹嵩问:"吉利,你叔父刚才说你中风,怎么好得这么快呢？"曹操一脸无辜，说："我从来没中过风呀！这是怎么说的？大概是叔父讨厌我，所以他才说我坏话。"曹嵩相信儿子，怀疑弟弟。以后，弟弟再检举曹操时，曹嵩就把脸一沉："你这次怎么不再说吉利中风了呢？"叔父再次见到曹操时，便喊他"阿瞒"！曹操说："你是叫我吗？我叫吉利呀！"叔父说："你是最配得上'瞒'这个名字的。"从此，"阿瞒"获得了公认，代替"吉利"成了曹操的乳名。三国时候，孙吴一方的人为曹操立传，书名就是"曹瞒传"。

不良少年曹操并未成长为花花太岁，这是因为他有一个很好的习惯：阅读。可能是因为孤独，少年曹操养成了读书的好习惯。他读书很杂，不仅仅有那个年代的必修课——儒家经典，其他诸子百家的书也被作为选修课来读。当然曹操最喜欢的还是兵法，他抄写汇总诸家兵法，名为"兵法接要"。对于孙子兵法十三篇，他更是读了又读，并作了注释，流传后世，被称为"孙子略解"。当然他的这些成果是成年后取得的，但是显然是在少年时就播下了读书的种子。书是智慧，书是思想，书是精神，书能将躁动、叛逆、狡谲升华为任侠、激进、智慧。在书的熏陶下，不良少年曹操成了一个文武全才的佼佼者。

172年，曹操18岁了。曹嵩让曹操来到了洛阳，进太学读书。太学是中国当时的最高学府，是公务员培训学校。太学是天下所有读书人都向往的地方，但并不是天下所有读书人都能进去的地方。太学招生实行考试加保送的办法。每郡都有定额推荐本地学子考试入学，这个有落榜的可能，远远不如保送来得保险。曹操就是走的保送的路。品秩在二千石以上的官员，都可以送一名子弟到太学学习。大司农曹嵩是中二千石官员，他把长子曹操送进太学是顺理成章的事情。

官员很多，官员的儿子更多，太学生需要不断更新，资源共享，利益均沾，大家才会都满意。于是，太学生一般两年就毕业，给后来者腾出位子来。太学的教师称为博士，太学生称为博士弟子，课程则完全是儒家经学。儒家经典，一句话就得琢磨半年，两年时间也就是刚刚入门甚至还没摸着门，但是大家进太学，本来就不是为了读书，而是为了混个就业的资格——进了太学，等于一只脚踏入了官场，因为选拔官吏博士弟子优先考虑。

进入太学的，本来大都是一些读不进书去的官二代。因此，即使只有两年时间，太学生们也都不怎么读书。血气方刚的年轻人，不好好读书，必定会做出一些荒唐事儿来。一天晚上，曹操竟然潜进了被灵帝认作父亲的大宦官张让的院子里，不料被发觉了，卫兵们关上大门，准备来个瓮中捉鳖，曹操舞着手戟，以一人之力居然击退张府卫

第一章 青涩岁月

兵，最后翻墙跳走。估计是博士弟子们私下里议论张让为乱朝政，曹操听了后，抄起手戟来，跑到张让家里，想彻底解决问题。事后，曹嵩做了不少工作，说情，送礼，再说，张让想想自己都是皇帝的"父亲"了，和一个孩子计较也被人耻笑，这事儿就不了了之。很多人质疑这则故事的真实性，但是这则故事符合曹操的性格——心动就行动，想到便做到。

除了翻人墙头，曹操在太学里做得最多的一件事就是交友。与很多大学一样，太学里最大的收获不一定是读书，结交同学，积攒人脉，为将来铺路，是曹操在太学里最大的收获。曹操在太学里认识的很多人对他以后的事业有着这样那样的帮助。周顗、周昂，会稽郡周家的新生代，后来他们在关键时刻支持曹操；刘勋，后来担任庐江郡太守，在袁术灭亡后归附曹操；许攸，在官渡之战时从袁绍阵营投奔曹操，带去绝密军事情报，对曹操取胜起了关键性作用；张邈，曹操走出事业的第一步全靠他支持，但是后来他却反叛曹操，差点儿颠覆了曹操的霸业。

可是，并非所有的人都给曹操面子。太学里有一个优秀学生，名字叫宗承。曹操那一届太学生中间流传着一句话：不识宗承，太学白上。曹操想与他套上近乎，但是宗承讨厌曹操的为人，直接无视他。曹操多次登门拜访，但是宗承宾客太多，曹操根本没有说话的机会。有一次聚会，曹操与宗承都在，曹操瞅准了宗承起身出去的机会，急忙迎上去，拉住他的手，与他套近乎，但宗承看他一眼，毫不客气地拒绝了。曹操在太学里的言行举止总显得另类，宗承这类标准的好学生看不惯他，甚至看不起他。总的来说，曹操的太学生涯并没有像花儿一样开放。

那时太学生就业就只有当公务员一条路。汉代选拔公务员采取两种方式：察举和征辟。察举就是推荐，"察"就是考察，"举"就是推荐，由中央和地方各级主管官员将本人发现或民间公认的出众人才向各级政府推荐，经考察后择优录用；征辟就是海选，"征"是皇帝指名征召直接任为中央官员，"辟"是中央和地方的高级长官征聘任用为本署僚属。无论察举还是征辟，都要做到一点：有人推荐。

出自仕宦之家，曹操深谙官场奥秘，又有曹嵩指点迷津，铺桥引路，曹操在太学结业前就开始为就业作准备——争取专家好评，炒作出名，为就业打下基础。

曹嵩首先要儿子去找同事桥玄。曹嵩担任大司农，国家的财务总长；桥玄担任少府，掌管宫中的服装、车马、宝货、饮食等，是皇家财务总长。因为工作性质相同，二人打交道最多。大司农和少府的品秩都是中二千石，曹嵩与桥玄平级，但是皇家花钱不赚钱，桥玄的工作要做好，要获得曹嵩支持才可。父亲去桥玄家，有意无意地带着曹操，喝茶的工夫，曹操就有表现机会了。桥玄通过近距离观察，发现眼前这个小个子年轻人虽然貌不出众，却别有气质，再说当着家长的面，怎么也得夸奖孩子几句，就说："天下即将大乱，没有经邦济世之才，是不能安定天下的。能够安定天下的，就是像你这样的人了。"作为皇帝身边的官员，桥玄不可能公开说天下即将大乱，因此这话估计是桥大人与曹操私下聊天时说的话，后来被曹操传扬出去。

搭上名人，树上开花，这种炒作方法百试不爽。桥玄这人很出名，他做官刚猛果断，不畏强暴，谦以待人，胸怀豁达，很得士人好感。桥玄也是有气节的士人，他绝不是无原则说曹操好话的。他是从县级官吏上一步步提拔上来，是务实派官员，他看出了曹操适合即将到来的乱世。随着交往的深入，他越来越发现将来的世界属于曹操这样的人，就把一件最放心不下的事情托付给曹操："我见到的天下名士很多，但是还没有超过你的。你善于处理问题，我老了，把妻子儿女都托付给你吧。"

既然把家人都托付给曹操了，桥玄就利用自己的经验和人脉，全力扶持曹操。他对曹操说："你的知名度还不够，必须去结交许子将。"曹操说："我这样的无名之辈，他会理睬吗？"桥玄说："有我呢！"

桥玄是要曹操争取到清议界的认可。清议在东汉时兴起，就是儒家名士以伦理节操为依据，臧否人物，左右人物评价。清议很有分量，被评为触犯清议的，即使是公卿，也有可能迫于舆论压力而丢官免职。从这里看，东汉皇帝虽然一个比一个昏庸，但是清议界的崛起，说明那时候知识分子还是有很大言论自由的，而且能实际参政，并非作秀似的议政。一个人要想通过察举或者征辟，获得清议界认可是必须的。汝南人许劭，字子将，不肯出来做官，世人因此说他是名节标本，其实他是发现了一个比做官更能获益的行当——品评人物。他的确有眼力，看人很准，一时间成了清议界的权威。他和堂兄弟许靖在家乡清河的小岛上开办了一个讲坛，每月初一命题清议，评论人才，褒贬时政，名为"月旦评"，直接把品评行业做大做强创出了品牌。得到他的好评，升官不愁；得到他的差评，这辈子别想提拔，回家卖红薯算了。

带着贵重的礼物，曹操来到了月旦评的小岛上。看在桥玄推荐信的面子上，许劭才没把低头哈腰的曹操赶出去。曹操是带重礼来的，看来月旦评已经产业化了，但是许劭很重视维护品牌，曹操是宦官之后，放纵无度，给曹操好评会砸了月旦评的牌子。许劭很为难，只好皱眉不语，做出深沉的样子。

大老远来了，礼也送了，桥玄的推荐信也递上去了，一定得要个好评回去。曹操装作看不懂许劭的态度，一个劲地问："我是一个怎样的人呢？"

月旦评的主业就是评人,对客户不做评价,也会砸牌子。许劭想破了脑袋,说了一句:"你是治世之能臣,乱世之奸雄。"

做能臣不可能了,因为这世道不可能是治世。做奸雄多好啊,既能称霸天下,又能玩弄权术,天下有几人能做得来?

"哈哈哈!"曹操十分满意,开心地离开。

月旦评果然是月旦评,许劭对曹操的评价获得了广泛认可,"治世之能臣,乱世之奸雄"的说法开始流传。名士李瓒临终时,对儿子李宣说:"国家即将大乱,天下英雄没有一个能超过曹操的。张邈虽然是我的好友,袁绍虽然是我家亲戚,但是你们也不要去投靠他们,你们一定要投靠曹操。"要是这话出自一个卖豆腐的人之口也就罢了,李宣是李膺的后代,他说这话的意义也就非同一般了。李膺是士人领袖,大力打击宦官,为读书人出气,被称为"天下模楷",看不顺眼的人,他绝对不接待,凡是被他接待的儒士,无不声名鹊起,被认为"登龙门"。李膺虽然已经死了,但是他的影响还在,李宣临终将家人托付给曹操,这可是比月旦评还有分量的评价。

一天晚上,司空府的密室里,昏暗的灯光把几道鬼鬼祟祟的身影投射到墙壁上。一个人长叹一声,说:"汉家将要灭亡,能够安定天下的必定是这个人了。""这个人"就是曹操,说话的人是南阳的何颙,是一个颇具侠义之风的名士,当时在司空袁逢府里当差。袁家四世三公,就是连续四代都有人位至三公,门生故吏遍布朝野。袁逢的两个儿子袁术和袁绍,后来都是威震天下的霸主,也都是曹操的劲敌。袁绍是袁逢的庶子,后来过继给伯父袁成,却比袁术的名气大。何颙白天上班,晚上与袁绍、张邈、许攸等人密谋对付宦官。何颙这么说,袁绍不高兴了。一个宦官的后代,鬼头鬼脑的,怎能比得上四世三公名门之后?但是,在后来争夺天下的战争中,他恰恰败给了这个鬼头鬼脑的人。

个人影响有了,名气出去了,曹操也顺利地从太学毕业了。曹嵩早就给儿子铺好了路,需要曹操做的,只不过是抬抬脚踏上这条路而已。

汉朝选拔官吏有两个科目:孝和廉。孝指孝子,廉指廉洁之士。这种道德绑架的选拔方式有极大缺陷,就是忽视专业能力,阻滞社会的科学可持续发展。各地推举孝廉名额十分有限,以郡和国为单位,二十万人口以上的每年推举一人,二十万人口以下的每两年推荐一人,十万人口以下的每三年举一人。沛国的人口超过二十万,可以一年推举一人。二十万比一,所谓的道德考察根本没有意义,一般人根本不敢想那顶孝廉的帽子会从天上掉下来砸到自己头上。但是曹操敢想,因为他的祖父和父亲都是朝内高官,要钱有钱,要权有权,要人脉有人脉。沛国的国相,也许吃请,也许受礼,也许有求于九卿之一的曹嵩,反正曹操在太学毕业之后的第一时间就被推举为孝廉。

按制度,孝廉并不立即授以实职,而是入郎署为郎官,承担宫廷宿卫,熟悉朝廷行政事务和为官礼仪,算是实习生。实习期满进行考核,根据品第授职,品秩一般在四百石与六百石之间,一般担任县令。先让新手在基层练练手,这种制度的用意是好的。

实习期满,曹操渴望的职位是县令,但是他要求就职的县是洛阳县。这个要求有点过分,首先洛阳县是京城所在,是全国最重要的县,其次洛阳令的品秩高过其他县令,为一千石,而其他县令为六百石,县长为四百石,也有三百石的。县一级行政长官,如果所在县超过一万户则为县令,不足一万户则为县长。

河南尹司马防暗自嘀咕:"一个宦官的后代,居然狮子大开口!"梁鹄冷笑:"字写得好吗?什么人都想留在京城,世道真乱!"河南尹就是洛阳所在的河南郡的太守,朝廷为了提高河南郡的地位,其长官不称太守而称尹。洛阳令的人选,要由河南尹提名,然后由分管二千石以下官吏选任的选部尚书任命。当时担任选部尚书的是书法家梁鹄。除了写字,擅长隶书,梁鹄没有其他本事,但是这点本事就足够他吃一辈子了,灵帝喜欢书法,就把书法家梁鹄放在了选部尚书的重要位置上。

也许是曹操在太学里的表现不好,也许是宦官之后的污点身世,也许是曹嵩没把关节打通,曹操担任洛阳令的要求被司马防和梁鹄否决了。本来,许劭、桥玄、李宣、何颙这些人把曹操看成不世之才,前提是他们认为天下即将大乱。但是司马防和梁鹄都在肥差上,很满意目前的状况,认为维持现状就能天下大同,他们绝对不愿也不敢有天下大乱的想法,当然也不能接受许劭口中的"乱世奸雄"曹操。

"请张大人代为周旋。"曹嵩找到张温门上。张温因曹腾的举荐而入京,历任九卿,正要找机会回报曹家的知遇之恩。

"那,就让蔡邕和令郎去梁大人那里一趟吧。"张温对曹嵩说。张温夫人是襄阳豪族核心人物蔡讽的妹妹,蔡讽是蔡邕的父亲。张家与曹家关系密切,蔡邕作为张温的妻侄,想必也时常出入张府,一来二往,就与曹操相识了。张温要为曹操求情,不能直接出面,那样传出去影响不好,万一被拒绝,张温以后就没法混了,梁鹄也没法见张温了,所以最得体的做法是张温让一个能代表自己的人陪曹操去,而蔡邕无疑是最合适的人选。

可梁鹄压根儿就瞧不上曹操,不,他根本就懒得瞧曹操一眼,他把曹操和蔡邕拒之门外。

"书法写得好,就可以这么傲慢吗?"曹操恨恨地说,沉吟一下,转而说:"可是……

可是,他的八分字的确好看!"汉代的书法把字写得蚕头燕尾,左右对称,如"八"字之分,这就是成熟的隶书了,当时叫"八分书"。曹操也是很喜欢书法的,而且也写得一手好字,但是很遗憾他遇上了梁鹄。

"洛阳北部尉,这个职位也很重要啊!京城的治安非同小可!"司马防最终推荐曹操为洛阳北部尉。这里有必要说一下,司马防是司马懿的父亲。司马防多多少少还是给了曹嵩面子,满足了他将儿子留在一线城市的想法。尉负责县里的治安,大县设左右二尉,小县只设尉一人,但是洛阳县人口众多,辅卫京都,治安任务重,就设了东、西、南、北四个尉。洛阳北部尉相当于洛阳县公安分局局长,品秩四百石,距离一千石的洛阳令差距甚远。

本来想吃大餐,结果被领进了大排档,但是曹操胃口超级好,硬是吃出了大餐的味道。

脏乱差的衙门,做摆设的警用装备,无精打采的差役,曹操接手的就是这么个烂摊子。天子脚下皇城根,掉下一块砖,砸死十个人,九个是高官,剩下一个是高官的爹,谁也惹不起。这儿不是制定法律的人,就是执行法律的人,谁也不把法律放在眼里,再加上当时朝廷弱势,所以洛阳的治安是很糟糕的。

新官上任三把火,曹操把官署修缮一新,又加固了辖区内的四座城门,然后制作五色大棒,每座城门两边悬挂十余根。刺目的五色大棒旁边是醒目的告示:有犯禁者、该杀者一律用五色大棒乱棍打死。

哼,年轻人就是喜欢说大话,还五色大棒,还告示,遇到一个有来头的,看你小子有没有这本事!

深夜,空荡荡的洛阳大街上,蹇大叔大摇大摆地走着。蹇大叔是蹇硕的叔父,蹇硕虽然是宦官,但是长得很男人,硕壮强健,富有阳刚之气,居然还精通用兵武略。在不是宫女就是宦官的宫里,蹇硕掀起了一股雄风,灵帝十分宠信他。首都重地,夜晚禁止出行,违者死罪,但因为有蹇硕,蹇大叔并不认为他违禁夜行有何不妥。有时半夜里,他会从床上爬起来,特意到大街上逛一圈再回来睡觉,因为他就喜欢看到夜巡差役发现他却不得不背过脸去的情景。夜巡差役最怕遇到的动物有两种:一是老鼠,二是蹇大叔。

听说新来个姓曹的小子做北部尉,还制作了五色大棒,貌似很牛啊。蹇大叔决定要去教训一下这个不知天高地厚的新人。

可这一次,夜巡差役见到他,不再像老鼠见了猫,而是像猫见了老鼠,把他狠狠地捆起来,押到了曹操面前。蹇硕大咧咧地嚷道:"小子,你态度好一点,我替你向侄子求情，饶你不死。快把我放了！"曹操说："放心，一会儿我就放了你。"

曹操果真放了他——死人再也不会违禁夜行，当然要放了他。曹操果敢下令，用五色大棒打死了蹇大叔。

洛阳城轰动了，大街小巷，都流传着一个名字：曹操。京城里的人再也没人敢违禁夜行了。

锋芒毕露，一鸣惊人，人们开始对曹操刮目相看。曹操满面春风地回家，等着曹嵩夸赞他一顿，可是，曹嵩哆嗦半天，说了两个字：幼稚！

蹇硕在家里把曹操骂了一万遍，可是精通谋略的他，意识到叔父确实是违禁在先，要是公开报复，肯定会引起众怒，皇帝也会反感。小子，你等着，老子有的是办法，不信搞不死你！蹇硕暗暗发誓。

在围观宦官叔父之死的快感平静之后，士人们对曹操开始有很多不满。谁不想拥有特权啊，可是曹操的五色大棒不认人。

更有一些人对曹操极度反感：抢什么风头啊！

城门下，曹操郁闷地擦拭着五色大棒。风言风语也传到了曹操耳朵里，他想不通怎么做才是一个合格的官员。

七 临时工的爱情

本来，像孙坚这种出身的人，是很难有机会走进官场的，可是，17岁那年，他自己争取到了机会。

这一年，他和父亲一起乘船去钱塘，半路上船停了下来。

他问船家："怎么回事？"

船家指着岸上："再往前走，遇到那伙人，我们就都完了！"

孙坚顺着船家哆哆嗦嗦的手指望去，看到岸上一伙人在搬运货物。船家说，这是海盗胡玉在和手下分赃物呢，不知哪只船又被抢了。

孙坚对父亲说："干吗不攻击这伙盗贼？让我去吧。"

父亲说："这是你能办到的事情吗？"光天化日，胡玉公然在岸边分赃，显然没把官府放在眼里。叛乱太多，官府根本抽不出兵力来对付胡玉这样的海盗。官府都解决不了的问题，一个17岁的孩子却要去尝试！

不顾父亲反对,孙坚提刀上岸,一面走,一面用手向东向西指挥着,好像分派部署大部队。海盗们远远望见这情形,以为官府的大部队来了,于是四散奔逃。孙坚跑上去,追上一个海盗,砍下他的头颅。当他回到船上,把头颅扔到甲板上的时候,父亲早已经吓得面无人色。

钱塘人近水楼台,最先听到了这个传奇故事。吴家后花园,吴小姐听着弟弟吴景绘声绘色地讲述孙坚的神勇,心旌摇荡:这么一个勇敢的人,到底长什么样子呢?对英雄的崇拜,本来就是怀春少女克服不了的魔障。吴小姐很早就失去了父母,与弟弟吴景相依为命,无比凄惶,非常需要一个护花使者来到她的身边。吴家本来在吴县,后来可能因为做官的原因,迁居钱塘县,也算是当地的名门望族。

以一人之力而退群盗,孙坚声名大振,郡府正为盗贼纷起而苦恼,就把孙坚聘为假尉,负责缉捕盗贼。假尉,就是代理县尉。在当时的察举制度下,像孙坚这样的出身,到死也别指望有人推荐他做官。那些拼爹拼钱当上公务员的公子哥儿,其实什么也做不来,那首民谣说得明白:"举孝廉,父别居。寒素清白浊如泥,高第良将怯如鸡。"可是,工作怎么也得有人来做啊,于是各级政府聘用临时工。孙坚用神勇表现赢来了一个临时工名额。

县尉手下的捕快大多是年轻人。年轻人八小时之外谈得最多的,就是女人了。钱塘的吴小姐,才貌双全,惊若天人,是钱塘的小伙子们谈论最多的。

"我要娶吴小姐!"孙坚说。一个代理县尉,居然想打吴小姐的主意,简直是癞蛤蟆想吃天鹅肉,孙坚引起了公愤。

说完之后,孙坚就找人提亲,正如当初提刀上岸追杀海盗一样果断。吴小姐没有了父母,但是婚姻大事是由家族长辈说了算。吴家长辈毫不迟疑地回绝了媒人,口头的理由是孙坚行事轻率狡猾,但大家都懂得是孙坚的临时工身份让吴家瞧不起。

癞蛤蟆想吃天鹅肉,结果嘴里掉进去了鸟屎,孙坚成了大家的笑料。

"欺人太甚!"孙坚羞愤无比,恨恨地说,"别惹急了老子!"

孙坚提刀砍杀海盗的英雄之举,吴家人以前也跟着大家津津乐道,可现在在他们眼里却成了恐怖行动。

"何必因为疼惜我一个女子而招取灾祸呢?答应他吧!我如果和他生活得不顺利,那也是不可逃脱的命运。"吴小姐说。

吴家人正想用她来安抚孙坚,换取家族平安,现在她主动献身,家族里的人就不用挖空心思寻找说服她的借口。其实,也许是吴小姐偷偷崇拜孙坚,正好把为家族献身作为一个理由。

就这样,癞蛤蟆吃了天鹅肉,临时工娶了大小姐,吴小姐成了吴夫人。

临时工一直就比正式工更加努力,再加上有了爱情的激励,孙坚的工作越来越出色,逐渐获得了认可。先前派人抢瓜的"阳明皇帝"许昌,早已经不屑干抢瓜的勾当了,现在他与儿子许韶一起,煽动诸县,已经拥有数万人马。这个情况惊动了朝廷,朝廷令扬州消灭"阳明皇帝",于是,优秀的代理县尉孙坚被提拔到郡里做司马,成为郡里的中层军官。

孙司马仍然是个临时工,手下没有一兵一卒,但是郡里给他征兵的权力:你要是有本事征来兵,就做司马,要是征不来兵,就回家搂着你的吴夫人睡觉去吧。

孙坚的英雄故事早就在当地流传,身为临时工的他对草根更具亲和力,很快,他招募了一千多人,参加平叛"阳明皇帝"的战斗,立下了战功。

这个男人,果然是英雄!

"看看你这臭样儿,和你爹一样招女人喜欢!"吴夫人对孙策说。才出生几天的孙策,甜甜地笑笑,并不反对母亲的话。吴夫人继续与儿子谈话:"天下马上要乱了,但是有你爹在,我们母子还怕什么呢?"

"天上马上要乱了,但是你没有爹,我们娘俩依靠谁呢?"几千里之外的冀州涿郡涿县楼桑村的大桑树下,母亲对刘备说。

八 读书改变命运

没爹就要读书吗?刘备想不通。

"要是你爹活着,活动活动也许就有人能推荐你做孝廉,然后做官。"母亲说。刘备的祖父、父亲……官不大,但是费一番努力,还是能与郡守扯上关系的,郡守这一级别的官儿有资格推荐孝廉了。现在,爹死了,母亲总不能抱着一堆草鞋去送礼求人推荐刘备做孝廉吧。

"儿啊,现在你就只有读书这条路了!"

"读书有什么好处呢?"

"读书就能做官,做官就不那么辛苦。你爹活着的时候,娘从来不去卖鞋。"

"可是,读书更辛苦啊!"

"人们常说,读书改变命运。你不读书,难道打算卖一辈子草鞋吗?"

"卖草鞋也要比读书有趣!"

"卖草鞋只会遇到摆地摊的穷人、买草鞋的穷人,读书却能遇到顶大顶大的官儿。"

"做官的有时间读书?"

"做官的都喜欢做出读书人的样子,正如读书的都喜欢做出做官的样子。"

……

母子俩一句一句地辩论着,最后,刘备出外读书的家庭决议还是通过了。15岁孩子的意见,在家庭表决中占的权重是很低的。

刘备很不平,既然大人那么喜欢让自家孩子做官,那他说要做天下最大的官儿——皇帝,叔父为何那么恐惧呢?

在刘家桑树下休息的人们,因为受了桑树的荫庇,他们就会把溢美之词送给桑树,时时地强调这株桑树就像羽葆盖车。刘备于是也时常向小伙伴们炫耀自家的桑树是羽葆盖车。小伙伴受不了他的得瑟样儿,就说:"你家的桑树是羽葆盖车,那皇帝怎么不坐着你家的桑树上朝?"刘备脖子一梗,指着桑叶,说:"我长大了,必定要乘坐这样的羽葆盖车!"一双大手从背后伸过来,捂住了刘备的嘴。刘备回头一看,是叔叔刘子敬。刘子敬一脸惊惶,他压低声训斥刘备:"小兔崽子,不得妄言!你想灭我们刘家吗?"天子乃九五至尊,谁说句不敬的话都要斩立决,现在刘备在大庭广众之下竟然宣称要做皇帝,那就该是株连九族杀无赦了。为何说长大了乘坐羽葆盖车就是大逆不道呢?皇帝只能一个人做,其他人连开玩笑说要做皇帝都是叛逆,刘备认为这是一个狗屁道理。这天夜里,刘备梦到自己真的做了皇帝,文武大臣齐刷刷地跪在面前,刘备宣布圣谕:"下令全国,一人至少买一双草鞋,违令者,满门抄斩!"

梦毕竟是梦。母亲对他说:"去缑氏山读书吧。"母亲说这话时是175年,刘备15岁。缑氏山距离京城洛阳不足百里,距离涿县有一千五六百里,跑这么远读书可一点也不好玩。

"卢大人是太守,有资格推荐孝廉,跟着他读书,你就有机会了。"母亲解释说,"算你运气好,生在了涿县,他才可能收你为学生。"能为儿子成功争取到卢植门下读书的机会,在涿县就算得上是成功家长了。其实,最成功的家长应该是曹嵩,因为他能把儿子送进太学。太学无疑是最有利于孩子成长的,就在这一年,议郎蔡邕修订儒学经典,亲自书写,刻成石碑,立在太学门口,避免山寨版学生误导学生。可是,卖草鞋人家的孩子是没有机会进入太学的。

每个地方都有土生土长的标杆性人物。涿县的标杆性人物就是卢植。每个涿县的孩子,都会被大人教导说:"好好读书,长大了能做个卢大人那样的官,就算是出息了。"卢植小时候拜在马融门下学习。马融的学问好,但是学问好的人很多,卢植为何单独拜马融为师?马融出身豪门世家,世代为高官,最主要的是他的堂姐或堂妹是明帝皇后。拜在马融门下读书,就等于一只脚踏进了天子殿堂。卢植就有幸拜马融为师,然后做官提拔,现在成了九江太守。卢植的成功模式,在涿县被奉为最便捷最完美的人生规划。涿县的年轻人,唯一能攀上关系的大人物,就是卢植了,他们要想复制卢植的成功模式,就要拜到卢植门下读书,正如当年卢植拜在马融门下。刘备在15岁时能到卢植那里读书,是因为卢植这一年因病去官。卢植请了病假也没闲着,而是在缑氏山开办了辅导班。读书改变命运,拜在卢植门下读书,就有希望敲开官场之门。

刘备要去缑氏山读书,还要克服一个困难:学费。父亲死得早,母亲靠卖草鞋维持家用,难以支付到卢植门下读书的费用。这时,刘元起雪中送炭般地站了出来:"大耳朵的学费,我出了!这样德然读书就有伴儿了!"刘德然是刘元起的儿子,但刘备不是,刘元起为何慷慨为刘备助学?刘元起这样回答:"同宗中有这样的孩子,不是寻常人。"以培养家族希望之星的名义,刘元起与刘备手拉手结对子,负担起他的学费,与刘德然一样。刘元起的妻子不高兴了,说:"我家和他家不是一家,怎么能这样呢!"她这话泛着酸味,也许因为她影射刘元起其实是在与刘备的母亲手拉手结对子吧,要不怎么说寡妇门前是非多呢。

也不能怪刘元起妻子多疑,刘备这个差生,确实没有赞助的意义。刘德然源源不断地将刘备在缑氏山的表现反馈到大桑树下,刘备喜欢遛狗骑马,喜欢音乐,喜欢穿时髦的华丽衣服……除了读书,他都很感兴趣,而且将刘元起赞助的钱大都投在了这上面。

"富家公子这样的生活,他怎么能学得会呢!"刘备的母亲虽然知道儿子不喜欢读书,但是不相信儿子居然像富家子一样潇洒了。

刘德然解释说:"有公孙瓒,大耳朵就什么都学会了——除了读书!"

原来,刘备在缑氏山与同学公孙瓒关系最铁。公孙瓒是辽西人,大帅哥,声音洪亮,他是一个特殊学生:首先他是已婚学生,这在当时不稀奇,但他是父亲的小老婆生的,地位低,他硬是凭借自己的形象和才能,被辽西太守看上,招为乘龙快婿;其次他是在职学生,他是以辽西郡守文秘的身份来缑氏山进修的。公孙瓒来缑氏山是为了在此镀金回去后提拔,而不是为了读书,于是,他与同样不喜欢读书的刘备就有了共同语言。公孙同学要大几岁,有工作经验,有婚姻体验,在刘备面前谈人事,谈阅历,谈女人,都能给刘备打开一扇扇新的窗子,刘备对他很崇拜。在缑氏山,刘备表达意见时常常这样开头:"公孙大哥说过……"

捐资助学的刘元起一脸懊丧。这个大耳朵,花钱是让他去拜卢大人为师的,他怎么拜公孙瓒这小子为师呢?

大耳朵多么好的一个孩子,就这样被"公孙"带坏了!刘备的母亲痛骂公孙瓒,不知是刘德然叙述时吐字不清,还是她自己没听清,把"公孙瓒"说成了"公孙蛋"。就刘备的发迹史来看,他正是借"公孙蛋"的"壳",才孵化出了自己的霸业。

毕业啦!毕业啦!毕业啦!

刘备和公孙瓒击掌相庆,因为卢植在缑氏山的辅导班解散了。177年,卢植被拜为庐江太守,就解散了辅导班。本来,大家来缑氏山是为了在卢植这里报个到,根本不是为了读书;从汉武帝开始,朝廷就规定郡守以上的二千石官员,如果不积极推举孝廉,就以不敬罪论处,推举的孝廉不胜任职务,推举者就会被免除官职,因此卢植办辅导班不是为了教书,而是为了发掘人才。两年时间,对师生双方来说,都达到了目的,因此可以说是毕业了。

很显然,问题学生刘备不在卢植的推荐之列。事实上,刘备根本就没指望能被卢植推举。卢植有多少学生啊!天下像卢植这样的二千石的官员有多少啊!这么多人,都捧着书摇头晃脑地读着,熬着,其中有多少人能获得举荐机会呢?那个公孙瓒,仗着岳父是郡守,在缑氏山镀金回去后,不也还是郡吏吗?

"什么时候数清桑树上有多少片叶子,才有出头做官的机会!"刘备对母亲说。

这就像无数人在一条地下河里漂流,努力,奋斗,煎熬,寻找漂到出口的机会,出口只能允许极少数幸运儿通过。你根本无法把握,只能顺流而下,只能等,等着被安排。

顺流而下,等,被安排,就像一片桑叶等待秋风一样,人生果真如此的话,那该多么让人恐惧啊!

刘备在大桑树下无聊地数桑叶的时候,曹操却怀揣顿丘县令的任命书,回望渐行渐远的洛阳城墙,惆怅地想:"莫非,人生就是这样被安排吗?"

九 梦想被人狙击

棒打蹇大叔之后,曹操一直等着蹇硕的报复打击,但是蹇硕那边一直没有动静。邪不压正,正义的力量无限啊,曹操笑了。

他很快就笑不出来了。177年,曹操在洛阳北部尉的任职期满,述职考核他被评为优秀,按规定他是可以升职的,被改任为顿丘(今河南省清丰县)县令。顿丘县令是六百石官员,比四百石的洛阳北部尉升了一级。洛阳北部尉负责京城治安,顿丘县令却是一个远离京城的基层地方官儿,从首都到四线县城,曹操实际上是明升暗降。曹操是非得从洛阳北部尉的位子上下来不可的,不仅仅是宦官这么希望,士人官员也这么希望。这小子在洛阳一天,大家就都没有特权,一定要把他整出洛阳去!

该来的总会来的,怎么也躲不开,曹操还是为洛阳北部尉上的激进行为付出了代价。但是年轻的曹操并没有意识到中了别人的招儿,反而在顿丘县令的位子上干得有滋有味。曹操60岁那年的七月,征伐孙权,留下23岁的曹植镇守下邳,他勉励曹植说:"过去我做顿丘令的时候,和你现在一样也是23岁,现在回忆当时所做的事情,至今无悔。"

无悔,是因为没有辜负梦想。要是正常发展,曹操肯定能在顿丘县干出一些名堂来。梦想是人生隐形的翅膀,有梦就能飞。可是,他的梦想被人狙击了。不到一年的时间,干得正红火的曹县令被就地免职。无事家中坐,罪名天上来:曹操有堂妹,堂妹嫁宋奇,宋奇有姐姐,姐姐嫁灵帝,后来成皇后,大宦官王甫,讨厌宋皇后,联合众妃子,诬告宋皇后,强加谋反名,皇后死狱中,宋家死光光。这个绕口令般的陈述,曹操听得头大了,才搞明白自己是被株连了。

可是,曹操还是有疑问:那个叫什么宋奇的人,不也是曹洪的堂姐夫吗?同样是曹家人,曹洪继续做他的蕲春县长,而且,曹家其他人包括曹嵩,并无历史记载因宋皇后一案而受株连免职。一群人走路,天上掉下一块鸟屎,其他人没事,偏偏正好落到你的嘴里。曹操被宋皇后株连免官,就像遭遇了天上掉下的鸟屎。

"我不服!"曹操说。

"人家都紧闭着嘴,谁让你傻乎乎地张开嘴呢!"曹嵩说。是呀,走路就走路,没事朝天张开嘴,鸟屎不落你嘴里落谁嘴里?做洛阳北部尉就做洛阳北部尉,没事和权贵过不去,而且还是和大宦官蹇硕过不去,不整你整谁啊!

阿瞒啊，要不是有爷爷生前积攒下的人脉，要不是有父亲拉下脸皮请客送礼，要不是先前有宋皇后罩着，你可能早就被谁以某个理由整死了！

曹操灰溜溜地回到故乡谯县，这一年他24岁，正是血气方刚之年，正要一展宏图，却被人踢回了老家。曹操在老家的日子，却也过得有滋有味。放下了工作，现在终于可以安心地读先前想读而没时间读的兵法了，可以听音乐，可以练书法，可以吟诗作赋，可以骑马射箭……生活原来如此多姿多彩。真正的强者在逆境中也能享受生活，甚至还可以去享受女人。家世好，有钱，年轻，曹操没有理由不去娱乐场所留下虽不英俊但是潇洒的身影。一次潇洒的时候，他对一个倡女动心了。这个倡女姓卞，出现在曹操面前时，人们都喊她卞姑娘。他不错眼珠地盯着卞姑娘看，同行的朋友，例如夏侯惇、夏侯渊等人，唯恐天下不乱，起哄，吹口哨，跺脚，"看上了就娶啊！"

"娶就娶！"曹操说。

夏侯惇吓坏了，嘴巴张得能把曹操吞进去，他们知道曹操是个说到做到的人。一个倡女，玩玩还可以，又怎么能娶呢！夏侯惇等人纷纷劝曹操："天下女人多的是，何必和一个倡女来真的呢？"

曹操盯着卞姑娘说："她，天下只有一个！"

就这样，倡家出身的卞姑娘成了曹操明媒正娶的妾。曹操的正妻丁氏至今没生育，后娶的刘氏为曹操生下一子一女就病逝，儿子叫曹昂，女儿后来被称为清河公主，成了夏侯惇的儿媳妇。只有一个儿子，这在当时来看显然不够，因此曹操娶卞氏还是有充足理由的，但是，即使曹操当时有100个儿子，他也是要娶卞氏的，这不仅仅是因为卞氏漂亮，有艺术细胞，而主要是因为丁氏和刘氏是父母之命，而卞氏却是他的自主选择。

喜欢了就选择，自己选择的东西，才值得拥有。这一人生哲学，曹操受益终生。

读喜欢的书，交喜欢的朋友，娶喜欢的女人，人生如此，夫复所求！老家的涡河里，天天倒映着曹操笑呵呵的脸容。流动的河水，却倒映不出曹操眉角隐隐的忧郁。正当创业立功的好年华，却过起了退休老干部的休闲生活，这对一个有志青年来说是种侮辱。

180年的七月，知了在涡河边的树林里烦躁地嘶叫。曹操从清澈的河水里看到了马蹄的倒影，马上是京城来的使者。

诏书来了，任命曹操为议郎。曹操是在一次海选中东山再起的，灵帝诏令公卿推荐通晓《尚书》《毛诗》《左传春秋》《谷梁春秋》的人才，任为议郎，曹操因为"能明古学"被征召，这种说法是官方的说法；而一些官员却说曹操应该感谢他们，正是他们看在曹腾和曹嵩的面子上，才向朝廷推荐了曹操这个不知深浅的小子，当然，曹嵩也推荐了他们的子弟,官员选拔有时就是一种人情往来;而皇帝身边的一个宦官,名叫许永,却说曹操最应该感谢的是灵帝的一个梦。灵帝对宋皇后下手后,良心不安,一天夜里做了一个梦,梦里,桓帝责骂他:"你冤杀宋皇后,她自诉于天,上天震怒,你罪在难赦。"醒来后,灵帝向许永讲了梦中情节,问是不是凶兆,如何化解。许永一直同情宋皇后,就趁机为她说了很多好话。宋皇后生前,灵帝一点儿也不害怕她,但是她死后,灵帝却害怕了。皇帝是永远不会犯错误的,灵帝不可能公开认错,只得悄悄地启用了一批因宋皇后案件而免官的倒霉蛋,于是曹操被任命为议郎了。

议郎是皇帝的智囊团成员,天天跟在皇帝身边,随时应对皇帝的提问,有时会给皇帝出出主意,把把关。事实上皇帝是无比伟大的,根本不需要有人提醒指点,所谓议郎,无非就是皇帝向天下表示开明的道具罢了。做议郎很简单,就是平时免开尊口,关键时刻慷慨激昂宣称坚决拥护皇帝的英明决策。资深议郎蔡邕就是这么做的。知名学者蔡邕因为之前给皇帝提意见被整得很惨,再做官时就聪明了,不再说话,一门心思给太学修订教材。蔡邕从新人曹操身上看到年轻时的自己,对他很好,曹操很感激他。感激归感激,个性曹操并没有被蔡邕的暮气同化。他认认真真调研,仔仔细细写奏章,正儿八经上表,满怀期望等待皇帝答复。

曹操上书向宦官开炮,为被宦官打压的士人翻案,指责灵帝昏庸,导致奸邪的宦官充满朝廷,贤人的进身之路被阻塞。宦官把曹操的奏章撕得粉碎:"这个小个子,身上果真没流他爷爷的血!"等了又等,等了又等,曹操最终没能等来皇帝的答复,只得无奈长叹一声:"这样下去,国家就没有希望。"

曹操还是按捺不住,在182年再次上书,检举公卿大人与宦官勾结牟取私利,与曹操举报同一件事情的,还有司徒陈耽。司徒是三公之一,三公之上是丞相,但当时朝廷是不设丞相的,所以三公也就相当于丞相了。由司徒大人出面,灵帝不得不重视这次上表,事实很快查清楚了,陈耽和曹操举报属实,灵帝高度重视,把被检举人员狠狠地训斥了一顿,然后问曹操:这样处理你总该满意了吧!

宦官们一直被皇帝捧在手心,现在却因为陈耽的举报而挨了皇帝一顿骂,他们何曾受过如此委屈?他们找机会打击报复,没有机会就创造机会,他们诬陷陈耽,灵帝当然相信宦官。对待陈耽,灵帝没有采取对待宦官的训斥方法,而是从重从快将他关进监狱。陈耽在监狱里离奇地死去,离开了这个让他绝望的国家。

陈耽的死讯传来,曹操真想给灵帝磕几个响头,幸亏灵帝让他担任议郎这样的芝麻小官儿,他才没引起宦官注意,躲过一劫。

还是选择沉默吧。

可是,为什么却听到内心在呼喊?

呼唤一场风暴,将这满池死水掀起新兴的波澜!

十　太阳跳到怀里就怀孕

"阳明皇帝"被消灭了,刺史受到政府表彰。刺史吃肉,没忘记让孙坚喝汤,他上报孙坚战功,朝廷下诏授孙坚盐渎县丞。

临时工转正了!曹操一出场就是洛阳北部尉,孙坚浴血奋战数年,才换来了与曹操一样的国家公务员身份。事实上,刺史推荐孙坚转正,也不仅仅是因为战功,更是因为他潜在的威胁。他在平叛战争中集结了千余人,现在叛乱平息,要是不能安抚好孙坚,那他有可能成为又一个"阳明皇帝"。很多时候,是你的潜在威胁而不是你的成绩决定了别人对你的态度。

在为朝廷出力平叛的过程中发展个人势力,力量足够强大时,便对朝廷形成了威胁,孙坚开创了三国霸主崛起的标准模式。

孙坚成了正式工,虽然工作很出色,但是没有背景,迟迟得不到提拔,他只能在县丞的岗位上留下背影。盐渎县丞——盱眙县丞——下邳县丞,孙坚成了县丞专业户,苦菜花也有春天,孙坚每离开一个地方,那个地方就会失去一个偶像,这个偶像便是孙坚;孙坚每到一处,那个地方就会诞生一个偶像,这个偶像就是孙坚。老人与少年,权威与草根,本来是有界限的,但是在亲近信任孙坚的问题上,所有人都没有了界限。在孙坚担任县丞的地方,只有与孙坚交往,才能算是当地的成功人士。

这个男人如此优秀,自己的眼光没错,吴夫人梦里都会笑出声。一天半夜,孙坚起身到衙门里值夜班,看到吴夫人熟睡的嘴角又挂着笑,他笑着摇摇头,踩着幸福的云朵出门了。

第二天,他刚回到家,吴夫人就迎上来对他说:"我昨晚梦到太阳跳到我的怀里。"孙坚奇怪地看着妻子,梦见太阳至于在说话时如此害羞吗?

吴夫人说:"七年前,我梦到月亮跳到我怀里,原来是怀上了老大。"老大就是孙策。孙坚想起来了,七年前的那一个早晨,他醒来后,她在他怀里说梦到月亮跳进怀里,后来大夫恭贺吴夫人有喜了,然后生了孙策。

孙坚坏坏地笑了,他当然记得昨晚自己做了什么事情,知道吴夫人又怀孕了。他说:"太阳和月亮,是阴阳之精华,极贵之象,莫非我的子孙要兴旺发达了吗?"做梦比做产科检查还准,吴夫人果真怀孕了。

182年,孙权来到了人间。

国字脸,大嘴巴,碧蓝眼珠,上身长,下身短,孙权长得太离奇。孙坚抱起他,从他的脸上努力地找与自己长得像的地方,最后笑了:国字脸,威严;大嘴巴,吃四方;碧蓝眼珠,行事独特;上身长,下身短,骨架不凡。

此乃贵相!孙坚对第二个儿子的相貌作出了结论。

富贵,距离自己有多远?孙坚内心升起一阵怅惘:没有背景,无人提携,已经做了三个县的县丞,难道还要第四个、第五个、第六个……做一辈子县丞吗?

"不提拔也罢,省得与狗成为同僚!"孙坚安慰自己。

从京城传过来的消息说,宦官为了让皇帝玩得开心,就给狗戴上了给文臣配备的进贤冠,而且根据斗狗比赛的结果,授予狗不同的官衔,这样一来,朝廷百官都成了狗的同僚。皇帝还喜欢乘坐四头驴拉的车,在宫内兜风,拉风得很。为了与皇帝有共同语言,京城权贵纷纷仿效皇帝,也坐起了驴车,一时间驴价齐马。

"驴犬横行朝堂,国家哪有什么希望!"孙坚口中的"驴犬",是指那些无能的官员和嚣张的宦官。想到正是"驴犬"挡了自己人生进步的路子,孙坚不禁愤慨。

"总得发生点什么大事,现状才能改变。"孙坚正如一个乖戾的孩子,总希望来场大火烧掉家里的破房子,这样就能盖新房子了。

十一　神奇的咒语

灵帝建宁四年(171年)三月,大疫。

熹平二年(173年)正月,大疫。

光和二年(179年)春,大疫。

光和五年(182年)二月,大疫。

《后汉书》如此精准地记载东汉末年频频发生的瘟疫,是因为那时的人认为人世混乱时,上苍就会呈现灾异。正是因为对现实绝望,大疫才在人们心灵上留下了更重的阴影。无能的政府无力控制瘟疫,任自己的子民在病痛中慢慢死去。

这样的政府，再宣传忠君爱国，老百姓也已经不怎么相信了，于是，更能给老百姓安全感的势力就乘虚而入。巴蜀一带的张家五斗米道，现在的教主是张鲁，西汉留侯张良的十世孙，他为人治病，医疗设备不过是"三官手书"，认为所有的病都是罪孽，治疗前先让病人发誓情愿服罪，然后让病人将自己的姓名写在三张纸上，一张放在山上，一张埋在地里，一张沉在水里，然后由医生祷告患者姓名，念咒语。这种骗人的把戏不用预付医疗费，不用担心快死了还会因为没钱而被医生推出医院，所以很受百姓欢迎。死了，那是因为罪孽太重或者是服罪之心不诚；活下来，则是因为"三官手书"起了作用，然后支付五斗米作为谢礼，这也是五斗米道得名的由来。三张纸，几句咒语，就要收五斗米作医药费，并不昂贵，反而是很优惠了，因为患者从此成为五斗米道成员，受到集团的庇护，不但治好了病，终生还有了保障，这样的医疗单位自然会得到拥戴，发展为一个势力覆盖巴蜀的教派。

但是，五斗米道并非天下第一，华北、中原一带太平道的"零医疗费"优惠措施，更受欢迎。太平道鼻祖是冀州巨鹿人张角，他自称大贤良师。大贤良师就是拯救苍生的救世主，张角的医疗设备是他手中的九节杖，这根九节杖是万能的，包治百病。张角用九节杖给病人宣布诊断结果，例如摸摸杖上第九节正面可能是心脏疾病，第九节背面是严重心脏疾病，第九节侧面是小恙。张角就这样摸着九节杖，为患者念咒祷告，同时让病人叩头思过，这样就算是治疗了。如果最后病好了，那就是因为患者信道，受到老天护佑；如果病没好，那就是患者不信道，上苍要惩罚他；信道但最后还是死了，那是因为家属不信道。于是，越来越多的人信奉太平道，从华北蔓延到中原，太平道信徒遍布天下，张角按照地域把信徒分为三十六部，称为"方"，大方万余人，小方也有六七千人，每方都有领导人，张角和他的两个弟弟张宝和张梁，后来分别被称为天公将军、地公将军和人公将军，高居于各方之上。一切都表明，张角已经不是一个巫医，而是一个社会秩序的重建者，他在现实政权的金字塔之外，按照巫医特有的秩序观，建立了一个新的金字塔。张角一开始可能真是一个巫医，把医治人的身体疼痛当作使命，但是当拥有几十万支持者之后，巫医就产生了重建社会的想法。

"治好了病，非但不用医费，还能加入太平道，受到庇护，多么划算的事情啊！"在从中山国到涿县的大道上，一个骑着马的人对另一个骑马的人说，他们身后，是庞大的马队。

说话的人是张世平，他的同伴叫苏双，他们来往于中山国到涿郡之间，做贩卖马匹的生意，中山国在冀州，涿县在幽州，两地相隔二百多里，他们在漫长的路上，就靠聊天来打发无聊的时光。

"不要银子和粮米,却要灵魂,这医药费也太昂贵了。"苏双说。

太平道的信徒都要在家门口写上"甲子"二字作为标记,同时每天都要温习那道给人带来憧憬的咒语:"苍天已死,黄天当立,岁在甲子,天下大吉。"今年正是汉灵帝光和六年(183年),干支纪年为癸亥,所谓甲子,是说来年。那么多的人信奉太平道,就是受到这道咒语的诱惑:哈,来年天下大吉,我们就能躲避瘟疫、大旱和洪涝了。人们不去要求政府,却一味祈求上天,这是因为对政府已经绝望了。这几年瘟疫不断,今年夏天大旱,到了秋季,甘肃一带黄河泛滥,内蒙古河岸决堤,而太平道说来年"天下大吉",这多么让人振奋啊,因此越来越多的人皈依太平道。

将灵魂交给太平道的人,不过都是些活不下去的农民而已,像张世平和苏双这样的大商人,有能力把握个人的生活,所以他们不会在别人宣扬的什么来年"天下大吉"里寻找希望。作为成功的商人,他们认为现在的日子就很好了,什么"岁在甲子","天下大吉",不过是一群穷鬼在闹腾罢了。

"有本钱了,谁不想把生意做大啊!"张世平用商人的思路分析张角,"太平道已经如此壮大,张角肯定不满足于只做太平道的'大贤良师'!"

"是呀,这么多信徒,只有从太平道获益,才会坚定地追随他们的'大贤良师',"苏双用商人的价值观分析说,"造反,只有造反,张角才能养得起这么多信徒!"那道神秘的咒语,告诉人们张角在准备造反。"苍天已死,黄天当立",按照五行相生学说,王朝按照木、火、土、金、水的顺序交替。汉朝宣传自己以火德保有天下,但是现在苍天——青之天子已经死亡,将会诞生黄色土德王朝。这一意思明确而叛逆的咒语如今大张旗鼓地流布于天下,可见汉天子是多么不得民心啊!

"张角其实知道自己很难成功,否则他也不会用虚无的咒语来造势了。"

"是呀,太平道信徒图的就是生存,当有人更有效地解决他们的生存问题的时候,他们就会背弃太平道。这人不管是谁,一定都是个乱世的奸雄。"

"是呀,有末世昏君,有大贤良师,有乱世奸雄,哎呀呀,哎呀呀,天下就要乱了啊,我们这生意怎么才能做下去呢!"

"必须找一个能保护我们的人!"

"是呀,你看天下的商人,但凡把买卖做大做好的,不是傍官府,就是傍地头蛇。"

"地头蛇!强盗啊!"

"现在的政府,还不如强盗靠得住。强盗知道遵守自己定的规矩,官府连自己定的规矩都不遵守。"

……

两百多里的路,张世平和苏双有足够的时间讨论找谁来保护贩马生意。在看到涿县县城鼓楼的时候,他们几乎同时说出了一个名字:刘备。

作为成功的商人,张世平和苏双有一个最符合经济原则的方案:扶持某个武力集团,为生意提供保障,这就好像自产自用,远比购买成品实惠。涿县楼桑村的刘备,正是马贩的理想人选。

"真幸运啊,我们做生意的地盘上恰好有皇族居住。"张世平说。商人是最熟悉商务地域内的人事的,因为做生意就得考虑人事。

"如果能把刘备吸收进我们的圈子,哈哈,那我们就有面子了。"东汉时候,经商总被视为不入流的末业,张世平和苏双总是有种穷得只剩下钱的感觉,他们亟须攀上一个身价高的人为自己镀镀金。刘备是皇族,有品牌价值,正好被马贩拿来贴牌长脸。

苏双说:"呵呵,他不过是一个卖草鞋的,他需要钱,我们能送出他需要的钱,他当然会听我们的。"

张世平说:"是啊,有这个年轻人在,在涿县就不会有人抢我们的马,就不会有同行抢我们的摊位,就会有人出头替我们讨债。"

苏双说:"我看行,大耳朵有能量,我们的钱不会白投出去的。"

张世平和苏双各自伸出右掌,击掌,达成一致,这是他们拍板重大投资时的习惯性动作。

大桑树下,刘备和张飞、关羽并肩站着,当然刘备站在中间。

关羽:"我们的兵器不过是锄头、镰刀之类的……"

张飞:"就是嘛,出来进去的,人家以为我们是去庄稼地里打短工呢。"

关羽:"我们的服装也不统一……"

张飞:"看上去,不是种地的,就是做小买卖的。"

关羽:"伙食也不好,上顿白菜萝卜,下顿萝卜白菜。"

张飞:"和猪吃的一样!和猪吃的一样!"

……

关羽和张飞说得唾沫星子乱溅,刘备总是面无表情,一言不发,酷酷的。其实,关羽和张飞也不指望刘备能说什么,他们只是喜欢在刘备面前无拘无束罢了。他们不要求刘备能给他们提供多么安逸的条件,只要是和刘备在一起有兄弟的感觉就好。

虽然是没怎么读书,但是刘备在卢植学院还是有收获的。卢植学院的人来自四面八方,各地信息交融,文化碰撞,刘备自此知道天下比大桑树高的树数不胜数,知道原来不靠编草鞋卖草鞋也能活下去而且活得好,也知道天下即将大乱,到时连草鞋也卖不成。

既然不能卖草鞋,那干什么呢？毕业即失业,从缑氏山回来后,刘备并不着急找工作,因为他根本就没打算去工作,他最喜欢做的事情就是交朋友。他很受朋友喜欢,人们喜欢他沉默寡言的闷骚,喜欢他和气待人的大度,喜欢他喜怒不形于色的内敛。这是一个朝不保夕的乱世,焦虑和恐惧是最普遍的情绪,但是只要来到刘备的大桑树下,人们就有了安全感。这个耳朵出奇的大,双臂长过膝盖的皇裔少年,安静沉稳,内敛谦和,精气神里却透露着猛烈大风暴的能量,他有着海一样的胸襟,每个人在他这里都能找到归宿感。周围的少年豪杰,纷纷聚集在大桑树下,心甘情愿地喊他大哥,这里面就包括张飞。喜欢读《春秋》的关羽,逃亡离家,就像浮萍一样随处漂泊,来到大桑树下,看到刘备,最后决定跟这人一辈子。

刘备一无所有,目前没有能力给追随者什么东西,哪怕一件像样的兵器,一副能够抵挡刀箭的铠甲,但是他可以给大家尊重,给大家兄弟般的情谊,因此源源不断的追随者前来投奔,好在他家很好找,找到那株标志性的大桑树就可以了,史书对此的记载是"年少争附之"。

可是,史书回避了一个最起码的问题：刘备拿什么来供养这么多人？兄弟情谊固然有强大的凝聚力,但是称一声兄弟而不给饭吃,兄弟们能坚持得住吗？把编草鞋的本钱都拿出去,够兄弟们喝几天稀粥？刘备总不可能把编草鞋的家传手艺教给兄弟们,然后领着大家走上大街摆地摊卖草鞋谋生吧？再说,关羽大老远地来投奔刘备,也不可能是为了学卖草鞋吧。

再说,这么多生活无着的年轻人在一起,天天舞刀弄棒的,你可以想象最可能搞出的事情是什么了。

答案很明显,刘备不过是组织了一帮黑道少年,然后到处收保护费而已。可能有的商贩不想被保护,那摊子就会马上被人踢,那时就会乖乖地交保护费了。

张世平和苏双的马队估计也没少交保护费,一来二去,这两个精明的商人就产生了投资刘备的想法。刘备这个年轻人有能量,可以帮助他们在涿县站稳脚跟,可以驱赶其他马贩,可以威慑无理压价的客户,可以催要欠款……经商,不靠政府,那就得靠刘备这样的人。

大桑树下，关羽和张飞停止了喋喋不休的抱怨，因为有两个人正向他们走来。他们认得，这两个人是中山国的马贩张世平和苏双，以前没少收这两个人保护费。家丑不可外扬，关羽和张飞是把刘备当做兄弟的，他们时时刻刻注意维护刘备的权威——刘备的权威，就是他们的权威。他们绝对不会在外人面前抱怨刘备提供的生活条件差，而是分别侍立在刘备左右，让刘备显得特有派儿。

张世平和苏双是来送钱财的。这是一笔巨额财富，关羽和张飞瞪大眼睛，张大嘴，连连惊呼：得收多少回保护费才能有这么多钱啊。

刘备淡定地望着张世平和苏双，说："需要我做什么呢？"刘备想估量一下，马贩需要他做的事情，是不是值这些钱。被需要才会有价值，小时候卖过草鞋的刘备深深懂得这个道理。

刘备正需要钱，张世平和苏双正需要保护，双方本来无需谈判，但是谈判能强调自己的分量，因此他们还是装模作样地谈判了一通，最后达成了协议。

这是刘备人生的第二桶金，第一桶金是他在缑氏山学习时积攒的名气和人脉，例如和公孙瓒的交往。

有了钱，更多的人前来投奔，刘备成了涿郡的英雄。

政府失去了公信力和执行力，人们就会追随个人英雄。我们有段历史，刘备、曹操、孙坚这样的英雄层出不穷，如星空灿烂，我们该为之骄傲还是为之羞惭？

这是一个做人活不下去，做英雄或者奸雄才能活下去的时代。

做英雄，还是做奸雄？

曹操在思考。

孙坚在思考。

刘备在思考。

而那个叫张角的巫医，拥有几十万信徒的太平道教主，既不想做英雄，也不想做奸雄，只想做舍我其谁的救世主——大贤良师。

第二章 青萍之末

◎要是没有张角,曹操也许还是一个充作民主摆设的小议郎,孙坚还是一个得不到提拔的苦情县丞,刘备还是一个靠收取市场保护费度日的黑道少年。社会变平了,再也没有什么可以阻挡他们,在国家的废墟上,他们要建构自己的世界。

◎自卑与骄傲,叛逆与孤独,抵触与奋进,复杂的性格,碰撞,激荡,交融,在曹操矮小的身躯内迸发出强大力量。济南国的人,很快就感受到了这一力量的强大破坏力。

◎各地叛乱已经减了风头,军地两界需要的官员少了,朝廷颁布诏令,淘汰一些因军功而选拔的低级官吏。孙坚这样的地方大员已经动不了了,只能拿低级官吏开刀。上天就是如此残忍,你若不足,他就从你身上拿走。有内部消息传来,怯战的刘备在被淘汰之列。

一　投身时代的熔炉

"岁在甲子，天下大吉。"

这句朗朗上口的咒语，给人以无限的憧憬，谁不希望天下大吉啊！这句咒语一开始是用来煽动人心的，到了最后就成了约定起事的暗号。光和七年(184年)，盼望已久的甲子年到了，太平道三十六方控制的地区，信徒家的大门上都用白土写着"甲子"二字，京城官衙的门上也写着这两个字，这透露出一个消息：官衙里也有太平道的信徒。

三月初五，就是甲子日。人们都是渴望变革的，在六十年(日)一轮回的历法周期中，甲子年(日)是周期的开始，被认为是天下有变的年份。甲子年的甲子日，双甲子，难道不会发生点什么吗？

一处处"甲子"，寻常的文字却散发着诡异的气息，因为这本来就是太平道确定的武装暴动的日子。

暴动本来是极其隐秘的事情，但是张角选择了如此高调的方式传达起事的时间，这是因为他拥有太多的信徒，只能采取这种广而告之的方式。

这不可能不泄密，倒不是朝廷有多精明，而是因为太平道里不可避免地会出现叛徒。张角只得将暴动时间提前到二月底的某一天，杀人祭天，八州三十六方，同时起事，杀向各地的官府。太平道的战士们以头裹黄巾为标志，历史教科书上称之为"黄巾起义"，当时的官方文件却称之为"蛾贼"，既形容其人多，又表明对其的蔑视。汉朝天子早已经不配掌控天下，可是，那个只会用咒语蛊惑民众的巫医，就有资格君临万民吗？

不是信徒就不会被起用,如此狭隘的组织,何来活力?张角宣扬"苍天已死,黄天当立",起事前宣称"黄天"就是他本人,打着为天下谋的幌子图一己之利,当黄巾军战士知道是在为张角一人而战时,定会斗志松懈。号称"岁在甲子,天下大吉",可是起事前仍然不能免俗地杀人祭天,太平道也同样在践踏生命,很难获得民众的真正拥护。

数十万人跟随太平道,并非是太平道本身有多少吸引力,而是无路可走的人无意识选择罢了。要是有人能给这些头裹黄巾的战士指条活路,他们就会转而追随这人。

这人是英雄还是奸雄?这人是曹操还是刘备抑或是孙权?请耐心等待历史揭晓答案。

黄巾军猝然而起,一日之间,天下俱动。积蓄数年的压力,终于得到释放,黄巾军所到之处,焚烧官衙,抢劫城邑,各地父母官往往在黄巾军到来之前先跑了。十多天的时间里,天下响应,京师震动。

放火,抢劫,杀人。和强盗相比,强盗做的黄巾军都做了,唯一不同的就是会念几句咒语而已。他们并无多少战斗力,很难撼动大汉王朝的根基,虽然大汉王朝已经没有生命力。黄巾军之所以在短时间里能有如此破坏力,只不过是钻了东汉国家军制的漏洞。东汉时,全国主要军力集中于南军、北军两大块。南军是野战军,四方征讨;北军是卫戍部队,保卫京师安全。除了南军和北军,另有少量禁卫军,如卫尉、虎贲营、羽林军等。这些都是中央军,东汉没有严格意义上的地方部队,即州郡不能典兵,这当然是为了压缩军费开支,同时也防止地方对抗中央,所以各州县只有治安团之类的武装力量,由都尉、县尉统管,维持地方治安。他们平时对付手无寸铁的草民颇有心得,遇到军事化组织就只会干瞪眼。

现在蛾贼纷起,按说是南军出手的时候,可是南军腾不出手来。数十年来,南军主力一直在西部和北部边境作战。西部,是与羌人战争的泥淖,北部,是与匈奴、乌桓、鲜卑的车轮战。朝廷并没有多少现成兵力投入到与黄巾军的战争中。

黄巾军的主力集中在冀州巨鹿、豫州颍川、荆州南阳三个地区,其中颍川距离洛阳不过一百公里。

京师紧急!

大汉紧急!

天子紧急!

远在大西北的北地郡太守皇甫嵩被征召回京,任命为左中郎将,与右中郎将朱儁急赴颍川,北中郎将卢植奔往冀州巨鹿。这样的兵力部署放弃了南阳,不得已而为之,

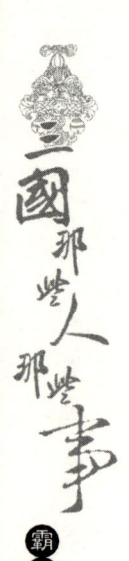

因为朝廷根本组织不起更多的兵力。即使是派往颍川和巨鹿的两路大军,也是一路上在招兵买马。

那段时间,年轻人一见面就问:"今天去报到镇压蛾贼了吗?"皇帝这些年耽于享乐,关键时刻拿不出兵力来,但是他握有现成的国家权力,下诏全国总动员,鼓励官员和民众贡献马匹和武器,特别规定公卿大夫可以推荐明于战阵的列将子孙以及吏民,到官府报到,然后分派战斗任务。当然,大家这么积极踊跃,是因为朝廷许诺战后重赏立功者,有官的升官,没官的封官。

曹操可以归到列将子孙一类,孙坚是吏,刘备是民,他们都投入到了时代的熔炉中,冶炼自己的传奇人生。

曹操担任了骑都尉,率领一支五千人的骑兵部队,作为后援赶赴颍川。骑都尉虽然不在常规编制序列,只是临时职位,但已经是二千石官员,与太守平级。那时的骑兵部队是王牌,曹操可以说是被委以重任。

馅饼为啥会从天上掉下直接砸中曹操?这当然是因为曹操喜欢兵法,引起了人们的注意,要知道那时的人们认为读儒家经典才是读书,只有另类的人才会研究军事理论,所以汉朝缺少军事人才。天下研究兵法的人肯定不止曹操一人,为什么唯独他被任命为帝国王牌之师的统帅?这其中,曹家的人脉和财富起了决定性的作用。曹家有的是钱,给朝廷贡献了一大批战马,估计那支骑兵部队里的很大一部分战马都是从曹家牵出来的。曹嵩把这些马牵出来时,对人说:"这些马认得我家吉利,它们只听吉利的。"

皇甫嵩曾经担任议郎,与曹操是同事。作为武将,他对这个喜欢兵法的年轻人印象深刻,当然会推荐曹操。还有,军界权威张奂和张温目前虽然因为边境战事没有出现在剿除黄巾军的战斗行列里,但是他们在军事方面说话还是很管用的。作为曹腾提拔起来的将军,他们在关键时刻会拉曹操一把的,不就是写封推荐信嘛,举手之劳,成人之美,何乐而不为!

"曹操的确可胜任骑都尉,可是江东的孙坚也有能力担当司马之职。"朱儁说。朱儁是会稽人,孙坚是吴郡人,会稽毗连吴郡,同属扬州两大郡。朝廷用人之际,朱儁想起家乡时总会提起一个叫孙坚的人,于是把他征调到帐下,任命为佐军司马,相当于副参谋长之类的职位。当然,与曹家捐助战马曹操才获得骑都尉之职一样,孙坚给朱儁带去了一千多人马才获得他的认可。

当听说北中郎将卢植是黄河以北平叛的统帅之后,刘备兴奋得直揪大耳朵,他对张飞和关羽嚷嚷说:"快把我上学时的作业本拿出来!"张飞听了,立马跑进卧室,从刘备的枕头下掏出了那个被刘备视为宝贝的破作业本。刘备一直把张飞和关羽看成兄弟,喝酒、谈天、吹牛还未尽兴的时候,他们三个大小伙子就会挤在一张床上,谁也不嫌谁的脚丫子臭,因为他们也分不清谁的脚丫子更臭。张飞当然清楚刘备枕头底下的秘密。

关羽看着刘备宝贝似的捧着那个作业本,不屑地说:"一个作业本,擦屁股都不好用,还当宝贝,天天睡前翻看一遍!"

刘备翻到一页,指着上面的一行字,说:"瞧见这字了吗,北中郎将当时给我写的批语!"现在主持北方剿除蛾贼的北中郎将卢植当年正是刘备的授业老师。

关羽是个阅读爱好者,熟读《春秋》,他对文字很感兴趣,抢过作业本来一看,说:"哇,好评啊!"

他不禁又翻阅了几页,发现了问题,问刘备:"怎么获好评的这一页,字体格外不同呢?你当时训练两种字体写字吗?"

刘备说:"这获得好评的部分,是伯珪兄替我做的!"伯珪是公孙瓒的字,从缑氏山毕业回家后,被推举为孝廉,任命为辽东属国的长史,已经成为一名边关名将。刘备不止一次地向张飞和关羽夸耀说:"在缑氏山,公孙瓒要是有一个铁哥们,那就是刘备。要是有两个铁哥们,一个是刘备,另一个还是刘备。"

张飞还是不明白,说:"看来,我们可以投奔卢将军,可是,既然他认识你,你还拿作业本去干啥?"

刘备没说什么,把作业本揣在怀里。张飞已经习惯了刘备突然间莫名地紧紧闭上嘴巴的情况,他不知道,刘备带作业本去,是唯恐卢植想不起他来。当年在缑氏山,短短两年时间,刘备旷课比上课多,卢植很少见到他,还真不一定能对他有印象。

怀揣这个作业本,刘备带着张飞和关羽,带着手下兄弟,来到了卢植帐下。卢植对刘备没有多少好印象,碍于师生情面,摆摆手说:"留下吧,只要是有人愿意带你!"

刘备用哀求的目光看着卢植面前的诸多军官,他的目光朝向谁,谁就把目光转向别处。他的人马太少,装备太弱,没有人愿意理这群土包子。

一个叫邹靖的校尉收留了他。邹靖先前与公孙瓒是战友,在一次追击胡人的战斗中,他被围困,幸亏公孙瓒回师援救,邹靖才捡了一条命。看在公孙瓒的面子上,邹靖才同意带领刘备。

当然,邹靖是不会给刘备增加兵力和装备的。刘备只能带着自己的人马,在战场上自生自灭,幸亏,他还有两个好兄弟:关羽和张飞。

现在,曹操、孙坚、刘备都出现在了剿除黄巾军的战场上,他们的背影开始印在历史的大幕上。

二 在国家废墟上崛起

颍川战场,官军有四万人,黄巾军人数却有数倍。一开始,官军接连吃败仗,最后皇甫嵩下令退缩在一个叫长社(今河南长葛东)的小县城。

长社的常住人口平时也就是几千人,现在潮水一般的涌入数万官军,城外数倍于官军的黄巾军又潮水一般的跟来。

突围吧,很多人提议,这样下去不被蛾贼攻破,也会饿死在城里。皇甫嵩摇摇头:时机不到。

其实,从一开始,官军并未实打实地抵御黄巾军,只是一味败退,现在直接退到兔子腔大的小城里等死了。皇甫嵩却不急不躁,似乎有所凭借。

五月份,气候干燥,天气炎热,黄巾军都挤在树丛和草丛里宿营,皇甫嵩命人准备火把。

将士们这时才明白皇甫嵩一路败退,只是为了把黄巾军引到长社这个小地方,让他们集中在一起,然后便于对他们发动火攻。

火把准备好了,将士们纷纷请战,皇甫嵩却说:"再等等!"

等来了一道羽檄:骑都尉曹操率领五千骑兵赶到!

进攻!

官军手持火把和引火的东西,冲出长社。黄巾军阵营,火光冲天,人仰马翻,黄巾军战士四下逃散。人数处于下风的官军,眼睁睁地看着敌人从眼前逃走。

这时,曹操率领着骑兵杀到。广袤的平原,正适合发挥骑兵的优势。黄巾军战士从火海里惊惶逃出,眼看着就要摆脱官军的刀箭了,却被骑兵追上,闪亮的锋刃反射着火光,结束了黄巾军战士的生命梦想。

原来,皇甫嵩一直在等待的人就是曹操。火攻容易,但是火攻之后叛军逃跑,官军还是不能摧毁叛军主力。现在,曹操的骑兵赶到,黄巾军战士一个个地倒在了马蹄之下。皇甫嵩、朱儁、曹操三路兵马合在一起,纵横驰骋,斩首数万。颍川黄巾军主力被摧垮,无奈退往南阳。

饱饮了鲜血的大地,战后分外寂寥,曹操骑在马上,回望如血的残阳,以胜者的姿态离开了。这是曹操第一次出现在战场上,他领略到了骑兵的爆发力和破坏力,以后的争霸风云里,他的骑兵部队一次次地令敌人闻风丧胆。

官军乘胜追击。此前和此后的战斗,孙坚都参加了,史书对他的战场表现有四个字的评语:"所向无敌"。

六月,官军发动了与黄巾军的西华(治所在今河南西华南)战役。官军占了上风,孙坚带军冲在前面。士兵们都看到,那匹冲在最前面的战马,载着一团火在飞奔,燃烧了整个战场。孙坚,这个30岁的男人,喜欢头裹红巾,很潮、很酷、很热烈。

敌人暂时退下去了,士兵们找不到那团火了,孙坚不见了。所有人都害怕起来,而在这时,一匹战马悲鸣着回来了。所有人的心都沉了下去:这是孙坚的马,但是马背上没人。

战马来到众人面前,奇怪地回转身,朝着战场的方向,四蹄急促蹬踏,哀鸣着,用请求的眼神望着众人。有经验的老兵说:"马有灵性,这是要我们去救它的主人呢!"

在战马的带领下,人们找到了昏倒在血泊中的孙坚。那方红头巾,早就被鲜血染透。

吴县,3岁的孙权问母亲:"这么多红布干啥啊?"

"孩子啊,这些红布都是爹爹的红头巾。"

"爹爹为啥戴红头巾呢?"

"显眼啊,这样将士们第一眼就看到他,就能振作。"

"敌人也能看到啊!"

吴夫人身体一颤,针尖刺进了指尖,她把指尖放进嘴里,吮着上面的鲜血,似乎这样就不疼了。良久,她摸着孙权的头,幽幽地说:"要是爹爹如你考虑这么周全就好了。"

吴夫人的担忧不无道理,从前线传回来的消息说,孙坚未等伤口痊愈,又投入到了战斗中。她的内心无比纠结:作为女人,她喜欢男人这样勇敢;作为妻子,她反对丈夫这样冒险。

皇甫嵩被调到东郡战场,带去了曹操。朱儁被调到南阳战场,带去了孙坚。在颍川战场失利后,黄巾军逃到南阳一带,但是在这里他们也是节节败退,最后龟缩在宛城。只要攻克宛城,便可扫荡黄河以南的黄巾军。

进攻,拿下宛城!

又是红头巾!

孙坚就像一团火，燃烧着、奔跃着，冲在所有人前面，第一个登上矢如雨下的城墙，三军将士都被这团火牵引，争先恐后地前进，宛城很快被攻克了。

朱儁很有成就感：哈哈，我挖掘的人才，是国之栋梁啊！他上报朝廷，汇报孙坚的英勇战斗表现。

短短3个月，黄河以南的黄巾军被扫荡殆尽，黄河以北的黄巾军一时间却很难被清除，这并不是因为张角兄弟在北部战场，而是因为负责北部战事的卢植，遇到了比黄巾军更难对付的人——宦官。卢植的两个学生刘备和公孙瓒都在他麾下战斗，战争一直在卢老师的把控之下，张角兄弟被围困在了广宗。卢植就像一位耐心的中学教师，在广宗城外修堡垒、挖壕堑、造云梯，准备一战定乾坤。可是，这时灵帝特派的大宦官左丰来了，名义上是慰问，其实是监督。戒备大臣而亲信宦官，灵帝到死也没改正这个臭毛病。左丰向卢植索贿，书呆子卢植以为为国效力无须请客送礼，对他没有丝毫表示。于是左丰返京后，向灵帝汇报卢植怯战。灵帝大怒，将卢植专车接回京城，不过这车是囚车。

老师被治罪，学生刘备急坏了，快要把大耳朵揪下来了。老师啊，老师，送礼能办到的事儿，还算是事儿吗？刘备抱怨老师：你被关起来不要紧，谁给我记功？谁给我提官啊？

代替卢植的人是后来臭名昭著的董卓。董卓从一个街头痞子起家，狠、黑、辣，会哄、会唬、会忽悠、会拉关系，被提拔为并州刺史。左丰踢掉卢植，其实就是给董卓腾位子。董卓跑官买官有一套，可对付黄巾军却没招，无奈辞职。皇甫嵩被调来接替董卓，张角这时却不合时宜地不幸病故。张角用咒语符水治病救人，神乎其神，却没能救得了自己，太平道的信仰崩溃了，斗志消散，战斗力锐减。官军在广宗完胜黄巾军，张角的两个弟弟张梁、张宝先后被杀死。从三月发动，到十二月灭亡，黄巾军在历史上留下了昙花一现的身影。

皇甫嵩功劳最大，被封为槐里侯，拜为左车骑将军，同时兼任冀州牧。朱儁升为右车骑将军，回京后改授光禄大夫，封钱塘侯。

曹操被任命为济南国相，东汉的"国"是皇族藩王的封地，不过藩王只享有国内的赋税，朝廷派去的国相负责政务，职务相当于郡守，响当当的地方大员。

孙坚被拜为别部司马，这主要是得益于老乡朱儁的极力推荐。先前他是佐军司马，级别不高，没有资格独立带兵，但别部司马是将军的属官，可以独立带兵，职级已经相当高了。

刘备那边的情况不太妙,第一是他起点低,第二是他的老师卢植中途退出,皇甫嵩可能根本不认识他,不可能给他上报多少功劳,所以他只是被派到安喜县做县尉。即使是这个县尉职务,朝廷也只是用来敷衍他的,很快就会把这一职位收回去。不过,无论如何,刘备由一介草民一跃而升为官府人员,由民至官,也是一大突破。

黄巾军虽然失败了,但是几十万人的暴乱,搅得帝国朝野不宁。劫持、焚烧、流血、逃亡……乌鸦在天空前呼后拥地飞过,兴奋地传递着哪里有成片死尸的消息。太平道没能实现"岁在甲子,天下大吉"的宣言,却将国家变成了一片废墟。

这一年的运气实在糟糕,灵帝下定决心改变现状,他想的办法就是改年号,不顾这一年还有几天就结束,下诏将年号改为中平,表明天下已经走向安宁和平。

他不知道,真正的天下大乱还未开始。

先前还有墙壁和门窗阻挡,现在一切都变成了废墟,那些有能力跨越废墟的人,可以到达自己想到的任何地方。

要是没有张角,曹操也许还是一个充作民主摆设的小议郎,孙坚还是一个得不到提拔的苦情县丞,刘备还是一个靠收取市场保护费度日的黑道少年。

社会变平了,再也没有什么可以阻挡他们,在国家的废墟上,他们要建构自己的世界。

三 感谢折磨你的人

20 岁时,你会预想自己的人生高度吗?

曹操 20 岁的时候,被举荐为孝廉,就为自己制定了人生高度:郡守。56 岁的时候,曹操写了一篇《让县自明本志令》,开篇回忆了他在 20 岁时的人生规划:"我刚被举荐为孝廉时,年纪很轻,以为自己不是隐居山林的名士,恐怕会被人看作平庸之辈,就想当一郡守,好好地做好行政和教化,使世人都能正确地看待我。"

《让县自明本志令》透露了曹操在 20 岁之前的心理阴影:因为童年孤独形成的乖逆性格,还有宦官之后和养子之后的双重出身,曹操从小就备受轻视,虽然在剿除黄巾军的战斗中立功,但是他远未摆脱早已经渗透进血液里的自卑,也许,血液流尽的那一刻,自卑这个魔鬼才会离开他的身体。

可是,这个自卑的家伙是谁也不服的。强盛的家庭,让他轻而易举地就拥有了很多人奋斗一生也得不到的东西。与他同一年被举荐为孝廉的,很多都已经是40多岁的半截老头子了。30岁的时候,就能与天下最有威望的宿将皇甫嵩并肩战斗,这怎能不让人骄傲呢?三十而立,曹操当了济南国相,达到了20岁时确定的做郡守的人生高度。他的才能,其实早就超过了这一高度。

自卑与骄傲,叛逆与孤独,抵触与奋进,复杂的性格,碰撞、激荡、交融,在曹操矮小的身躯内迸发出强大力量。

济南国的人,很快就感受到了这一力量的强大破坏力。

济南国隶属青州,辖境相当于今山东济南市、章丘、济阳、邹平等十余县市,汉代济南国的县,有时是十个,有时是十四个,中等偏下的规模。一听说30岁的曹操来担任相国,济南王刘康很失望:来了一个新手,即使胜了他,也不过瘾啊。刘康与那12个县官勾结在一起,又与朝中的当权宦官保持联系,组成了一个实力强大的关系网,历任相国来济南上任,只有两个结局:要么加入刘康的关系网,沦为同类;要么处处被刘康的关系网掣肘,最后灰溜溜地离开。

曹操来了,却选择了第三种结局:打破这一关系网。

曹操要烧上任后第一把火的消息很快传了出来:曹相国要整顿吏治!大家笑了:呵呵,果真是新手,不知轻重,难道把所有的县官都罢免了不成!前几任相国,明知地方官为非作歹,却不敢处置,甚至还会充当他们的保护伞。评论起济南国的县官,人们总是说:"济南国里没好官。"

不怕黑社会,就怕社会黑,哼,姓曹的要整顿吏治,莫非他要换掉济南国所有的县官?别忘了,一个官员背后就是一个关系网,要是没有过硬的后台,这些人也当不上县令、县长了,姓曹的敢得罪这么多人吗?

该吃就吃,该喝就喝,姓曹的这犊子能翻了天不成!济南国的县官根本不考虑自己的后路,反而替曹操担心起来:这么冲的性子,以后咋在官场混?

可是,很快他们就没时间为曹操担心了,因为他们被罢免了。曹操明察暗访,掌握证据,上报朝廷,罢免了8个县令、县长。

天啊,一共才十几个县官,曹操一下子就拿掉了8个,习惯于温良恭俭让的人们无不倒吸一口凉气,再看到曹操时,都把看怪物的眼神悄悄地投向他。

曹操的吏治风暴向纵深处延伸,继而查处各级大小官吏,该杀的杀,该关的关,一时间,那些作奸犯科之辈无不震恐,纷纷逃到外郡避难。

济南国的人没想到自己也能看到青天,立刻,济南国成为最适合百姓生活的郡国。

可是，官场人士却暗暗嘲笑曹操：小子啊，打击人谁不会呢，笼络人心才是生存之道呢！是呀，曹操做的这一些，前几任相国难道做不到吗？只不过是人家不想得罪人而已。

你砸人家的饭碗，夺人家的位子，杀人家的头，关人家牢房，人家会饶过你吗？你以为你得罪的只是济南国的人？谁做官不找个靠山呢，那些被曹操整治的人都跑到京城里找人哭诉去了：爷，打狗还看主人面，姓曹的这小子整我也就罢了，可他这是打您老的脸呐！京城里的高官皱着眉说："混账东西，曹操整治吏治，何过之有！但是，他要是有违法事实，朝廷就饶不了他了！"哭诉的人会意地笑了：哦，看来需要给曹操找毛病了。于是，针对曹操的检举信，雪花一样地飞到朝廷高官手里去。

本来，朝廷也没打算替济南国那些小鬼出气，甚至，曹操还获得了来自朝中高官甚至是灵帝的感激。曹操免掉那么多官员，腾出来那么多位子，得卖多少钱啊！原来，就在曹操就任济南国相之后，几个月，灵帝在皇家花园西邸卖官，对各种官职明码标价，公开销售。以前买官卖官可耻，现在买官卖官光荣，因为是在响应皇帝。西邸的标价是品秩一石合一万钱，四百石的县长标价四百万钱，六百石的县令标价六百万钱。伟大的曹操一下子罢免了8个县令、县长，8顶县级官帽，那可是好大好大一笔巨额收入啊！要不是本家刘康老来告曹操的黑状，灵帝就给曹操颁发嘉奖令了。买官可不是买白菜萝卜，这个摊儿不行，就换个摊儿，要知道灵帝卖官是垄断经营，很多人想买官，找不到门路，就拐弯抹角地托关系，找到能与灵帝说上话的朝廷高官身上，于是，西邸的卖官生意也富了一大批高官。这些高官，也很感激曹操。

可是，曹操接下来的行动，却很让他们生气，直骂曹操不知好歹。

在青州地区，立祠庙祭祖敬神的风气很盛，这本无可厚非，但是好经往往被念歪，一些有权有势的人往往超越礼制建立祠庙，是为淫祠，然后超越礼制祭祀，是为淫祀。他们借助淫祠淫祀自抬身价，宣扬祠祀应验神明，可定祸福，于是，到祠庙里进香上贡的人越来越多，祠庙也越来越多，曹操上任前，济南国的祠庙竟然达到六百多座。这些祠庙是当地权贵的摇钱树，皇宫里的宦官见有利可图，也纷纷入股修建祠庙。淫祠淫祀不仅仅增加了老百姓的负担，扰乱了治安，而且那些把控祠庙的人打着祈福、禳灾、驱邪的幌子，把控人心，使得济南国百姓但知有祠庙，而不知有官府。

在济南国站稳脚跟之后，曹操开始对这一社会瘤瘤开刀，下令严禁官民再搞淫祠淫祀。济南国的人们已经领教了这个敢说敢做的小个子的作风，习惯于服从曹操，于是淫祠淫祀禁绝了。

曹操,算你狠!济南国的权势们又找到朝廷高官那里去,这些高官有的是皇帝信任的宦官。

大鸿胪卿曹嵩知道儿子得罪了人,并且打听出有人准备对儿子下手,甚至要把他也牵扯进去。狗小子,老子费尽心机给你谋了相国之位,是让你升官发财的,可是你现在闯下了灭门大祸。曹嵩让曹操悬崖勒马,抓紧让出济南国相的位子,这样才能保全全家性命。

真的错了吗?哪儿错了?曹操想不通,可是为全家着想,他还是主动提出辞去济南相,请求留在京城做宫禁保卫方面的差事。要求这样的差事,是因为喜欢看到坏人被惩处。

哼,你做洛阳北部尉,棒杀蹇硕的叔叔;做济南相,你又搅得鸡犬不宁,要是让你参与宫禁保卫,大家在京城还能活下去吗?

于是曹操被任命为议郎,六百石的官员。早在23岁时曹操就已被征召为议郎,现在他三十多岁了,打黄巾军立过功,当济南国相有过辉煌,怎么到了今天又成了一个小议郎?

议郎是个光说不练的虚职,这样曹操就妨碍不了大家的好日子。要是没有父亲曹嵩在里面斡旋,说不定曹操就被他们搞进监狱里去了,被弄死也是可能的。

心冷了。打狗不成,被塞了一嘴狗毛,曹操明白了,天下不是他想怎样就能怎样的,因为有人想天下怎样就怎样。

感谢折磨你的人,他会让你懂得更多。

曹操懂得了,这个世道不肯接纳他,能接纳他的,只有永远的孤独。

做议郎又能怎么样?曹操想起二十多岁时做议郎的情景,一次次煞费苦心的上奏,道理那么明显,皇帝偏偏不理不睬!与其在朝堂上担任皇帝愚弄臣民的木偶,不如在家里睡大觉,曹操开始泡病号,连朝也懒得上了。

长子如此心灰意冷,曹嵩急了,托关系,告门子,然后到西邸按标价交钱,给曹操讨来一顶官帽儿:东郡太守。你交钱,我给官帽儿,灵帝的卖官颇讲商业规则。

担任了东郡太守,又能做什么?延续在济南国的做法,会遭到打击报复,甚至会给全家带来灭顶之灾。同流合污,沦为奸邪小人的同类,又岂是曹操所为!

不如归去。曹操没去东郡赴任,称疾归乡。

这一年是中平四年(187年),曹操33岁,风华正茂,正要大展宏图,却无奈只能做一名闲散的隐士了。

此时，南方零陵、桂阳一带的战场上，一支部队迅猛地冲出营寨，杀向敌阵，最前面，一方红头巾在飞奔的战马上闪耀。

对，你猜对了，这人不是孙坚是谁呢？

四　以此获罪，何愧海内

"朱大人，以后我要依靠谁呢？"

孙坚在老乡朱儁帐下得到重用，在对黄巾军的战斗中成名，被拜为别部司马，可以继续勇敢，继续立功，继续升官。可是，朱儁母亲去世了，朱儁要按照礼仪回家守丧。

"天下大乱，英雄自有用武之地。"

朱儁勉励孙坚，很快他就把这个最得力的部下介绍给了好友张温。186年，边章、韩遂在西北作乱，朝廷先派董卓征讨，总是失败，有人建议董卓改名为"董不赢"。朝廷无奈，派遣司空张温行使车骑将军的职责，代替董卓平叛。张温是朱儁的朋友，在朱儁围攻宛城黄巾军时，一开始围攻十分艰难，朝中有人建议撤掉朱儁，张温据理力争，灵帝才没撤掉朱儁。那次宛城之战，孙坚表现异常勇敢，立下殊功，后来，朱儁没少向张温提起孙坚。现在，张温要率军出征了，上表请求孙坚随征，朱儁虽然在家守丧，却成功地把孙坚推了出去。张温让孙坚担任参军事之职。参军事虽是临时职务，但是级别很高，当时与孙坚同时在张温帐下担任参军事的还有陶谦，而陶谦当时的正式官职是幽州刺史。这说明，孙坚这时已经是高级军官了。

张温是持节出征的，可以代表皇帝，有权征召军队，也有权处置不听军令的大将，斩杀二千石以上的官员。张温征召董卓，董卓却拖了很长时间才来到张温营帐，孙坚当时就建议杀了董卓。可惜张温胆小怕事，没有听孙坚的。这说明，孙坚有权直接提议行动方案，在军中有了很高的威望。

出征归来，孙坚被拜为议郎，虽是六百石的虚职，但毕竟是中央干部，而且具备了出任地方大员的资格。没有强大的背景，只有苦熬的背影，能混到今天，知足吧。

命运之门向孙坚打开了。就在这一年，长沙人区星叛乱，自称将军，军力达到万余人，攻城夺邑，朝廷震怒，质问长沙太守：怎么搞的，怎能让区星成了太阳？长沙太守辩解，区星太难对付了。

那就换一个认为区星好对付的人做长沙太守，议郎孙坚受命于危难之际，被任命为长沙太守。

孙坚来到长沙，只用了十多天就镇压了暴乱，区星成了早晨的残星，很快陨落。

造反成了时尚，周朝、郭石在零陵、桂阳暴乱，响应区星。区星被消灭了，周、郭二人方兴未艾，长沙太守越境征讨，取得了胜利。

"恳请长沙太守出兵相助。"庐江太守陆康的侄子担任宜春县长，被反贼攻打，给孙坚发来求援信。孙坚的主簿反对援救宜春，太守就应该好好地在自己地盘上治理政务，如果以征战为功，而且越界作战，那就是狗拿耗子多管闲事，而且拿的是别人家的耗子。

"以此获罪，何愧海内！"孙坚进兵，直奔宜春。啊，那红头巾要来了，这人打仗从来不败，大家快逃吧。史书对此的记载是："贼闻而走。"

累计功劳，长沙太守孙坚被封为乌程侯。与孙坚同岁的曹操，这时却被迫辞官归乡，看来只能等父亲死了去继承费亭侯的爵位了。

孙坚有朱儁保举，加上个人的勇敢善战，获得了朝廷赏识；曹操虽有父亲为之经营奔走，但是他的个性不被官场接纳，被排挤出局。

五　有时也不怯战

该说说刘备了。

他空有皇族身份，没有家庭背景，唯一可以依赖的人是老师卢植，可是卢植被宦官迫害，差点儿进了监狱，虽然后来事实证明他是无辜的，并又被任命为尚书，但没多少实权。卢植自保不暇，又怎能顾得上学生？何况他的学生遍布天下，刘备只是其中一个，而且是并不优秀的一个。

因此，和曹操、孙坚相比，刘备的日子就难过多了。

为了对付黄巾军，朝廷动员全民参战，许诺战后依功封赏。年少觅封侯，刘备抱着无限憧憬，领着张飞和关羽，带着辛辛苦苦聚集起来的人马，来到了血与火的战场上，最后获得安喜县尉的官职。曹操出道做的第一个官就是洛阳北部尉，他在这个位子上，棒杀蹇硕叔父，名动京师，可是，刘备在这个位子上毫无作为。是官位来之不易，畏首畏尾，还是没有后台，不能为所欲为？

皇帝已经开始卖官，刘备没钱，而且灵帝卖官是卖方市场，刘备即使再从中山马贩那里拉来一大笔赞助,但是无人引荐,也很难买到更高的官位。

刘备对着上天祈祷:快有人造反吧!有人造反,他才会有机会再上战场,才有可能再立功,才有可能升官。

这天,刘备正在默默祈祷,突然听说有文书来了,天子马上驾临安喜县了。不可能,要是天子真来安喜县,应该提前一年就该准备了,可是安喜县一直没动静啊。不过,刘备还是急匆匆地向县衙跑去,要是天子来安喜县,安保级别应该是空前的,他这个县尉就有用武之地了。

"举当代汉,告天子避位,敕公卿奉迎。"

"举",即前泰山郡守张举。前中山国相张纯联合张举造反,张举称"天子",移书州郡,要求各地承认。

要来安喜的所谓"天子",原来是贼首啊。见不到合法的天子,刘备反而高兴起来。张角造反,草鞋摊主成了安喜县尉,张举造反,安溪县尉又该如何升官呢?

可是,谁会推荐刘备参加征讨呢?

刘备又把那个作业本揣在怀里。关羽和张飞相视一笑:哈,大耳朵又要去找公孙瓒了。二人私下里称呼刘备为大耳朵,是因为亲密,但是公开场合,他们总是毕恭毕敬地侍立在刘备两侧,一左一右,双煞无敌,衬托得刘备十分威风。人们都说,他们三个人私下里是兄弟,场合里是君臣。

公孙瓒这时正以骑都尉的身份,在幽州牧刘虞的指挥下,讨伐张举。他给平原县的刘子平写了一封信,信是因为刘备而写的。

信里说,他有个叫刘备的同学,有武略,又勇敢,希望刘子平推荐刘备参加对张举的平叛战争,让这个小小县尉建功立业。公孙瓒说,刘备求他帮忙,但是他如果亲自推荐,就有徇情之嫌,还是由第三方举荐为妙。公孙瓒这时已经有资格掌握战局的核心情报,青州刺史即将被召平叛,青州军队赶赴前线,必然经过平原县,这为刘子平说项提供了机会。

于是,按照公孙瓒的安排,刘子平向青州军队的统帅推荐了刘备:"此君武勇兼备,可当重任。"

青州军队统帅是奉诏出征,有征调各州郡人才的权力。于是,安喜县尉刘备以"武勇"形象,搭上征讨张举的顺风车。

关于刘备何时授安喜县尉一职,史载并不一致。根据晋人陈寿所著《三国志》,刘备在黄巾军初起时参战,因功授安喜尉,当在184年。根据魏人鱼豢《典略》,刘备在187年参与征讨张举,后来以军功授安喜尉,最早应当是在187年。

两个时间,至少相差三年,哪一个是正确的呢?

黄巾之乱,天下震动,一代枭雄刘备没有理由蛰伏于大桑树下,此时他定然参加了剿除黄巾军的战争,杀敌立功,而朝廷也于184年末开始大行封赏,曹操和孙坚都是在这时升官的,想来安喜尉的官帽儿,也是在这时落在大耳朵上的。而到了187年,因功封官的诏书,已经变成了淘汰因军功而得官者的诏书,刘备的安喜尉之职不可能是因为征讨张举的战功而被授予的。

搞清了刘备是在184年就已经是安喜尉,就能明确刘备煞费苦心地参加对张举的战争,非但没有立功升官,反而因表现不好而被免去安喜尉之职。

刘备费尽周折,获得了出战机会。马蹄声急,角鼓声咽,官军与叛军遭遇,一场恶战,一具具尸体倒下,生命在此时变得还不如血泊中的野草值钱,因为野草最起码不会互相杀戮。

颤动的野草终于安静下来,双方息战了,杀戮停止了,战场上正如坟场一样安静。

大耳朵不见了! 张飞大叫。

大耳朵不见了! 关羽大叫。

尸体那么多,却没有一具回答张飞和关羽,刘备到底死在了哪里?

血映残阳,有一具"尸体"摇摇晃晃地站起来,向张飞和关羽招手,喊:"喊什么喊,我又没死!"

说完,他又倒了下去。他受伤很重,倒下去不是可以伪装的。但是他刚才是诈死。战斗中,刘备受伤,他没有血战到底,而是倒下装死,躲过了贼军的屠杀。

刘备被张飞和关羽用车运载回军营,他佯死怯战的丑闻不胫而走。

刘子平埋怨公孙瓒:"怪不得你不愿意出面推荐这个懦夫! 原来是怕落下识人不明的恶名啊!"

公孙瓒说:"我倒是有些敬佩他。战场上,能活下来就是胜利。"

各地叛乱已经减了风头,军地两界需要的官员少了,朝廷颁布诏令,淘汰一些因军功而选拔的低级官吏。孙坚这样的地方大员已经动不了了,只能拿低级官吏开刀。上天就是如此残忍,你若不足,他就从你身上拿走。有内部消息传来,怯战的刘备在被淘汰之列。

中山国的督邮来到了安喜县,督邮是郡守或者相国的属官,主要负责督察各县长吏。督邮来安喜县,一项主要任务就是收回刘备的县尉大印。

过河拆桥！

卸磨杀驴！

来不及愤怒,刘备来到馆驿门前,求见督邮大人,要申明为国效力的衷心。可是,督邮懒得和这个没钱没后台的小小县尉说废话,根本不给他见面的机会。

刘备回到官衙,集合手下,带领着回到馆驿,这里面,张飞和关羽是少不了的。刘备带人向门内闯,门卫阻挡,刘备一瞪眼,喝道:"相国密令我拘押督邮,谁敢阻拦,就是妨碍公务！"

督邮正悠闲地躺在床上,不提防刘备带人来到床前,三下五除二,将他绑了,带出安喜县界。

刘备把县尉印绶从腰上解下来,挂在督邮脖子上:"你不是要收回去吗?给！给！给！"

然后,命人把督邮捆在路旁的拴马桩上,连鞭带杖,打了一百多下后,张飞问:"还打吗？"

刘备回答:"打！"

张飞问:"再打多少下啊！"

刘备回答:"不知道！"

看来,他是要打死督邮的。督邮这时才明白,刘备有时也不怯战。督邮再也威风不起来,低三下四地哀求刘备放过他。

刘备放过了督邮,因为他要抢时间逃跑。督邮是朝廷命官,刘备以下犯上,固然过足了瘾,却犯了诛天大罪。

刘备带人逃向洛阳。他为何选择洛阳呢？

第三章 沧海横流

◎ 天下人都看不惯董卓，但是第一个举兵讨伐董卓的人是曹操。董卓第一个做螃蟹，曹操第一个吃螃蟹，三国就这样拉开序幕。

◎ 坚强的人在哪里跌倒就在哪里爬起来，更坚强的刘备在哪里爬起来就在哪里跌倒。扶不起，打不死，活下来就是胜利，这种弱者适应乱世的活法，刘备运用起来得心应手。敢折腾的曹操，能担当的孙坚，都不如打不死的刘备适合做草鞋摊主。

◎ 在讨伐董卓这场考试中，曹操70分，孙坚90分，而刘备最大可能是得0分……而刘备，则站在围观者身后，在讨董的大舞台上，连个影子也没留下。

一　人生在此拐弯

刘备如此决绝地断了在中山国的后路,是因为他找到了别的退路——朝廷在洛阳募兵。

虽然张角兄弟被镇压了,但是各地的叛乱却频频发生,在神州大地颇有"遍地开花"之势。184年十二月,西羌地区的汉人杀死地方官,在凉州属官韩遂的带领下发动暴乱。凉州的军司马马腾,投靠韩遂,与之结为异姓兄弟,并肩作战,基本控制了凉州一带,威胁关中。并州西河白波谷,黄巾军郭大率众攻打太原郡。河北一带张燕发动了差不多一百万人的黑山反政府军。东部,青州和徐州的黄巾军再次壮大起来,有众百万。大西南,马相与赵祇在益州绵竹县起事,打着"黄巾"的旗号,杀掉益州刺史郤俭。

这个年代,好好做人没有活路,好好造反,过把瘾就死,还能图个解气。汉灵帝不骂自己昏君,却大骂刁民叛贼,以为暴力才是维稳的不贰法宝,决定扩军,先组建一支新军再说。

平叛不利,灵帝认为是大将捣鬼,因此他决定将这支新军交给最信任的宦官蹇硕指挥,让他担任上军校尉。新军的指挥部设在皇家苑囿西园,史称西园军。

可是,谁愿意到一个阉割了的人手下当兵呢?灵帝叹口气,将募兵的任务交给大臣。灵帝舍不得动用自己卖官的小金库组建军队,就想出了用兵力换取官位的高招:人人可以私募军队,最后谁募的人多,就让谁担任西园军军官。

高,这个高招,是怎么想出来的呢?灵帝很崇拜自己。可是,他想不到的是,臣下却在这个过程里发展起来,以至于有力量挑战政府,最终天下三分。

安喜不留爷,自有留爷处。募兵令满天飞,刘备来到了洛阳,报名、登记、入册,他投身在一个身材矮矮的人帐下。他早就听说这个小个子的传奇故事:洛阳北部尉上棒杀蹇硕叔父,议郎任上直言敢谏,骑都尉任上狙击黄巾军,济南国相任上铁腕治吏。

曹操这么矮小的身躯,为何看起来如此高大?刘备暗自诧异。

曹操看着刘备,也暗自赞叹:一个卖草鞋的,看上去却如此轩昂高贵!大耳朵,长过膝盖的手臂,本就引人注意,何况身边总是如影随形跟着两名护卫,左手是关羽,右手是张飞,这俩看上去都是以一敌万的猛将。

不过,此时刘备并无多少名气,而且没有拿得出手的功绩,曹操对他,也只是刹那的关注而已,并未对他过分重视。

后来的三国鼎立,三方势力的核心人物第一次有了正面接触,发生在魏和蜀之间,因为双方实力悬殊,并未碰撞出什么火花。

刘备作为部属,跟随曹操回沛国征兵。曹操绝对想不到,眼前这个听他差遣的人以后会和他争夺天下。

名位原来真的能让人趋之若鹜!曹操看着征兵告示下踊跃的人群,感慨无限。

曹家在沛国虽然已经是望族,但毕竟是宦官之后,被世人不齿。张让虽然被灵帝称为爹,但他仍然被士人看不起,他父亲死了之后,家乡有名望的士人都羞于去吊唁,只有一个叫陈寔的人偷偷摸摸地去了,张让非常感激,恨不得跪下喊陈寔为爹。宦官之后的出身,一直让曹操感到自卑。可是,现在沛国的男人们都以投奔曹家从戎为荣。

"别忘了,曹家是三公之家啊!"看大家自豪的样子,似乎被曹家征募,自己也是三公了。民之上是吏,吏之上是百官,百官之上是九卿,九卿之上是三公,三公之上再无臣民。三公之位,至尊至贵。

看着络绎不绝前来报名参军的人,曹操耳边回响起父亲的那句话:"三公之位的威望,是金钱买不到的。"

去年,就是184年十一月,曹嵩花一亿钱买得太尉一职,一举成为买官的标王。今年四月,曹嵩就被免去了太尉职务。花一亿钱买官,干了不到二百天,折合一天五十万钱以上,一个小时两万钱还要多。也就是说,吃顿饭的工夫,曹太尉两万块钱没了。即使做太尉的那5个多月的时间里,曹嵩也没体验到三公的滋味。太尉掌管全国军事,但是当时的实际兵权却被大将军何进掌握,曹嵩的太尉之职只是一个有职无权的闲官。

花天价买这样的官儿,还不如把钱扔到水里听响声呢!谁不说曹嵩钱多人傻呢?可是，曹嵩期待用三公之位洗清人们对曹家宦官之后出身的轻蔑，这番良苦用心，谁又能知！

曹嵩以恨铁不成钢的语气对曹操说："要是你小子争气，我还用得着花这笔冤枉钱吗？"

曹操的不争气，就是他不懂得为官之道，被人从济南相的位子上撸下来，上了权贵们的黑名单，曹嵩想为他买官也做不到了。曹嵩只能咬咬牙，掏天价买得太尉一职，极大地推动灵帝的卖官事业。只要是皇帝高兴，就不愁曹操做不上官。曹嵩很快知趣地让出太尉位子，让灵帝继续有钱赚。而作为回报，灵帝就答应了让曹操重返官场的要求，于是，在家隐居的曹操被拜为都尉。

本来，曹操归隐，并没有打算与涡河一起慢慢变老。表面看来，他真的打算要与涡河一起慢慢变老，他在谯县城东五十里的河边，修建了一所房子，秋夏读书，冬春射猎，比日夜奔流的涡河水还要淡定。后来，他在《让县自明本志令》里表露了当时的心曲，他觉得自己还很年轻，与他同时被推举为孝廉的人，有的已经50岁了。"再等二十年，我不是才五十岁吗？"曹操这样激励自己。

二十年，就不信天下还能如此昏暗。一天天地对着奔腾不息的涡河幻想，曹操坚信终有一日能够有所作为。

可是，这时一封信打破了他的平静生活。

当时宫内传出消息，灵帝要回河间国老家看看。从洛阳到河间国，必经冀州。冀州刺史王芬与星象学家襄楷、已故太尉陈蕃之子陈逸、沛国人周旌、南阳人许攸密谋，要做一件惊天大事：挟持灵帝，另立合肥侯。

他们需要一个帮手。虽然曹操此时正在涡河边安静地看流水，但是仍然得到了他们的密信。

天下之大，为何唯独选中了曹操？

这四个人里，周旌是曹操的老乡，许攸是曹操的好友，但这不是曹操入选的主要条件。曹操敢作敢为，标新立异的个性十分最适合参与废立之事，而且，他还是太尉之子，把太尉作为起事的招牌，肯定有号召力。

可是，他们忽视了一点，曹操固然是个追求理想的人，但是他身上更多的是现实主义的基因。他是理智务实的，从来不会被夸大的幻想支配。曹操果断回信，明确表示他们根本就是不自量力，若莽撞行事，必会招致危险。

结果正如曹操所料，王芬他们根本就没有行动的机会。最后王芬自杀，行动无果而终。

这样的皇帝其实早就该废,为什么还要为了这个昏君去牺牲几个热血志士,何况他们不是老乡就是老友。因此,曹操并没有按照"忠君"的原则检举他们。曹操不赞同废掉灵帝,并非维护灵帝,只是不想轻举妄动,陪着王芬做无谓的牺牲罢了。

曹操只想做能做的事情,后来的《让县自明本志令》里公开了他这时的想法:讨贼立功,封侯做征西将军,最后,死的时候,在墓碑上刻上一行字"汉故征西将军曹侯之墓"。多想想死的时候,会活得更有意义。

东汉军职体系,最高一级是大将军,再往下是车骑将军、骠骑将军、卫将军,这两级都能参与国家决策,再往下是四方、四征、四镇将军,位同九卿,四方是前、后、左、右将军,四征是征东、西、南、北将军,四镇是镇东、西、南、北将军。

太尉之子将四方将军定位为人生理想,并不是奢望,但是东、西、南、北,曹操为何选择了征西将军?

就当时的局势看,韩遂和马腾在西凉的造反最有声势,是朝廷亟须镇压的。英雄只选择一个地方,那就是时代最需要的地方。说起来,曹操与韩遂也是熟人了,韩遂的父亲,与曹操是同一届的孝廉,两人的生活是有交集的。

因为贡献了可观的兵员,曹操被任命为西园军的典军校尉。西园军一共设有八大校尉,除了蹇硕和曹操,最有名气的当属中军校尉袁绍了。

曹操说父亲做了几个月的太尉,他家也算是三公之家,袁绍笑了。袁家从袁绍的高祖父袁安以下,连续四世有人位居三公,"四世三公"之家,天下无双。

曹操说他家有钱,袁绍笑了。袁家门生故吏遍及天下,婚丧嫁娶,逢年过节,跑官求官,送礼的人络绎不绝,各式车辆经常有数千辆,更不用说三公之位的俸禄和赏赐了。

曹家说他懂音乐,能写诗,会书法,武艺高,是魅力男人,袁绍笑了。袁绍认为曹操的错误不是长得丑,而是长得丑却出来吓人。只有他这样的帅哥才能出来,他一出来,阴天变晴天,落花变开花,老母鸡变小天鹅。

袁绍说他是全国最著名的高富帅,袁术笑了。袁术本来是袁绍的同父异母兄弟,但是袁绍过继给伯父,他们就成了堂兄弟。无论袁绍多么牛,袁术在袁绍面前是永远神气的——他是嫡生,袁绍是庶生,而且袁绍的生母连一个妾的身份都没有。牛什么牛啊,不知哪里来的野种。曹操和袁绍在西园军任职的时候,袁术担任虎贲中郎将,掌管禁卫军。

后来,袁绍和袁术兄弟,都成了曹操争夺天下的强劲对手。

西园军在188年八月组建，曹操加入后摩拳擦掌，准备西去征战立功。可是，等过了秋，又等过了冬，迎来了189年的春，曹操始终没有接到西征的命令。

这是因为灵帝遇到了麻烦事儿——生病，而且病得快要死的样子。

一看皇帝要死了，群臣纷纷请立太子。灵帝有两个儿子，一个是何皇后生的刘辩，14岁，一个是王贵人生的刘协，9岁。灵帝偏爱刘协，但是也不敢立他为太子，因为刘辩的舅舅是大将军何进和车骑将军何苗，手握重兵，得罪不起。要是一个卖豆腐的，两个儿子争夺遗产，吵一顿打一架，大不了把豆腐挑子砸了。可是，灵帝的遗产是天下，处理不好谁是太子的问题，那就会血流千里，天下大乱。

对垂危的灵帝来说，黄巾军也好，韩遂马腾也好，都不是最危险的敌人。身边的敌人才是最危险的敌人，所以他的西园军迟迟没有出征，就是为了制衡何进。

189年四月十一日，灵帝驾崩于洛阳南宫嘉德殿。这个中国史上著名的昏君，活着时，尽情折腾国家，要死了，仍意犹未尽，还给臣民留下一个隐患：将刘协托付给蹇硕，嘱其扶持刘协即位。

蹇硕要实现灵帝的遗愿，就必须要过何进这一关。他不惧怕何进，因为他掌握着西园军，但是，杀猪匠出身的何进技高一筹，先出一手，控制了局面。

四月二十三日，何进扶持刘辩即位。何进的妹妹何太后临朝主政，何进与袁绍的叔父太傅袁隗共同辅政。

何进下令处死蹇硕，又逮捕亲刘协派实力人物骠骑将军董宠，董宠当场自杀。又过了一个月，亲刘协派最大后台董太皇太后暴病而亡，何太后涉嫌下毒。

快刀割肉一般，屠户出身的何家迅速地登上了权力最高点。

袁绍极力怂恿何进，清除宦官，一个不剩。可是，何太后却害怕皇帝陷于外戚之手，她一个妇道人家只能依靠宦官制衡兄长何进，于是，她阻挠清除宦官的计划。

"召外兵入京，就能放心地掀起扫荡宦官的风暴了。"袁绍很佩服自己能想出如此高明的主意。

噌，噌，噌……何进发出八道檄令，令八路大军赴京，其中就有并州牧董卓、武猛都尉丁原。董卓这两年在凉州参与平叛，虽没功劳，但有苦劳，更关键的是他跑官是高手，逐步升官，现在成了并州牧。

这里说一下"牧"。东汉有十三州刺史部，各州由中央派遣刺史。各郡守直接对朝廷负责，刺史是监察官，无权干涉地方政务。灵帝末年，各州郡叛乱四起，他以为全是郡守无能造成的局面，就接受皇族宗亲刘焉的建议，选拔重臣去各州做"牧"，镇安天下，推行州牧制。刘焉则被任命为益州牧。州牧管理本州军政,成为手握重权的地方实力派人物。渐渐地,一些有野心的州牧,有足够实力独霸一方,或者,那些有足够实力独霸一方的人,总得先搞顶州牧的帽子戴上。东汉末年的割据局面,以至最后的三国鼎立,与州牧制的推行是分不开的。

征尘嚣张,各路大军一起扑向京城,何进这时才意识到袁绍给他出了一个引狼驱狗的馊点子,他急忙下令,要求外将停止前进,就地驻扎。

何进疯狂地抽打自己的脑袋,就像以前卖肉时拍打猪头一样,他后悔没听曹操的话。当袁绍建议征召外兵时,曹操说:"要治宦官的罪,除掉首恶分子,杀几个头头就行了,一个狱吏就能办好这件差事,何必把外将召来呢。"

何进记得当时曹操最后说了一句:"而要杀光宦官,事情必定败露,一定会失败!"看得出,曹操当时极力忍着,但最后还是忍不住笑了。脑残不可笑,脑残却自以为高明、天下第一,那就可笑了。

想着曹操笑的情景,何进无奈地抬起头,看看门外的瓢泼大雨,居然从水里嗅出了死亡的味道。从六月开始,洛阳就开始下雨,不停地下,一直下了八十多天。没有人认为这样的天气不正常。朝政如此混乱,必定会有灾异天象。

何进叹口气,决定再次进宫,劝说妹妹诛杀宦官。这个屠户出身的大将军,以为杀人就像杀猪一样,杀得越多越好。

何进不知道,他这次进攻,走进了阴谋里。他一进宫,早就磨好刀的宦官扑了上来,像围攻一头猪一样,把何进杀了。人头落地的刹那,何进眨巴一下眼睛,想起这一天是中平六年(189年)八月二十五日。

何进的人头被扔出紧闭的宫门。何进部将和虎贲中郎将袁术对宫城发动疯狂进攻。张让带领着宦官们挟持了何太后、刘辩、刘协,仓皇逃出皇宫。

宫城的大门一时难以攻破,袁术就下令放火助攻。他同时下令,见到宦官就杀,一个不留。这项命令在执行的时候,变成了只要是看到没胡须的男人就杀,除非你脱下裤子证明自己不是宦官。

这一刻,中国没有了君主,每个人都可以自由地实现自己的诉求——只要你有足够的实力,没有实力也可以赌一把,万一成了呢?何进部将吴匡,平时与何进弟弟车骑将军何苗有仇,居然把何苗杀了。至此,曾经登上权力顶端的屠夫之家,完全覆灭。庞大的何氏部队成了无主财产,等着幸运儿来捡。

驻扎在洛阳城西夕阳亭的董卓,带着趁火打劫的快感,带兵向城里疾驰而去,他要去做捡拾最高权力的幸运儿。

谋杀、自卫、挑衅、复仇、死亡、绑架、出逃……短短一两天里,黑幕在幽闭的皇宫里层层拉开,除了袁绍、董卓这样的阴谋家,每个中国人都不知道国家最高层发生了什么。当然,也没有人知道少年天子被绑架去了哪里。

一直到八月二十七日深夜,卢植带领人在黄河小平津渡口找到了皇帝。大家把皇帝和刘协从宦官手里抢出来,把他们扶上马,摸着黑回宫。

半路上,他们遇到了一支西凉军队,统帅正是董卓。西凉军队第一次来京,不认路,在皇帝带领下回宫,反倒成了护驾有功。董卓真是幸运儿。

董卓的好运还在继续,他进京后,很快收编了何氏部队,又诱使吕布杀了丁原,吞并了丁原的并州军团。

有兵就有话语权。九月一日,董卓废掉刘辩,改立刘协为帝,这就是汉献帝。三天后,何太后被鸩杀。

董卓被封为郿侯,擢升为相国。东汉官职序列里没有相国,追溯起来,只有西汉初年设有此官,相国就是丞相,典领百官,无所不统。东汉光武帝刘秀为保护皇权,分设司徒、司空、太尉三公共同执政,废掉丞相。现在,董卓为了独揽大权,恢复相国之职。

昏君死了,宦官基本被杀光了,曹操本以为他后来在《让县自明本志令》里所说的"待天下清"可以实现了,没想到又一个暴君横空出世。董卓控制了朝廷,他生性残暴,嗜杀血腥,虐刑滥罚,奸乱宫女,夜宿龙床。宫廷内外,人人自危,京城攘攘,杀机四伏。

袁绍与董卓闹翻了,他把朝廷先前颁发的符节挂在洛阳上东门,逃到了冀州勃海郡。袁术逃到了南阳。兄弟俩逃的方向,一南一北,亲兄弟并未抱团取暖。

二　是是非非逃亡路

和袁绍不同的是,曹操并没有公开挑战董卓,而且还被董卓任命为骁骑校尉。大将军麾下有五部,一部各由一名校尉统领,其中一部校尉被称为骁骑校尉。大将军何进已死,其部队被董卓霸占,大将军一职其实是董卓在担任,五部校尉,董卓就让曹操占了一席,可见对其欣赏器重。

"我们共同谋事,如何?"董卓对曹操说。曹操哭笑不得。王芬要废帝,找曹操;董卓要篡国,找曹操。想做坏事的人,怎么都找上了他?曹操哭笑不得。

14岁的刘辩,爹死了,娘死了,奶奶死了,姥姥和舅舅也死了,一个孤苦无依的孩子,却占着天下至尊至贵的帝位。一个孩子,抱着宝物,独自一人走到大街上,很难抵达目的地,抢夺宝物的人太多了。这时,想要得到宝物的人,只有把那些抱有同样想法的人一一消灭,才能对孩子下手。

天下人都看出董卓对这个孩子有想法,他必定会被群起而攻之,傻瓜才会跟着他送死。可是,要是不归附他,却马上会死掉。曹操拿着拜他为骁骑校尉的诏书,就像拿着催命书。

三十六计,走为上计。

这时,卞氏和刚满两岁的曹丕也在洛阳。退隐谯县时,曹操并非无所作为,春天归乡,冬天卞氏就为他生了曹丕。长子是曹昂,是刘氏所生,刘氏去世,曹昂由丁氏抚养。而现在,曹操连老婆孩子都顾不上了,带着几个人,骑着马,悄悄出了洛阳城,然后快马加鞭,向东疾驰而去。他的目的地是陈留郡,那里的郡守是张邈,他的好朋友。

董卓没能等来曹操向他磕头谢恩,却等来了曹操潜逃的消息。

混蛋,都像他这样不合作,不就冷场了嘛!通缉曹操,天下,现在都是老子的地盘,除非他变成鸟人飞上天。

曹操没法变成鸟人飞上天,他走到成皋差点儿丢了性命。

曹家有的是钱,出逃时,曹操专门挑了几匹好马,特意多带了些钱物,本想着这样赶路顺利些,没想到惹麻烦的就是这些钱物。来到成皋,曹操想起老朋友吕伯奢就在这里,就想与他见一面。不巧,老吕不在家,小吕和一帮狐朋狗友在家。这帮年轻人见财眼开,要抢曹操的马和财物,曹操亲手杀了这帮不知好歹的年轻人。

这是正当防卫的版本,见于魏国人王沈编写的《魏书》。

这件事的另一个版本是,曹操到了老吕家,老吕不在家,五个小吕在家,按照宾主礼仪招待他。可是,他却无端怀疑小吕们如此殷勤是要害他,就亲手杀了五个小吕和另外三个闲杂人员,一共八条人命。

这是假想防卫的版本,见于西晋人郭颁写的《魏晋世语》。

还有一个流传最广的版本,情节与假想防卫版本基本相同,但是绘声绘色地描写了曹操疑心的情形。小吕为曹操杀猪杀鸡,曹操听到刀子相撞的声音,以为是兵器相击,就先动手把他们都杀了。杀完还说了一句奸贼名言:"宁我负人,毋人负我。"

这一版本被《三国演义》采用,又虚构了另外一个情节:曹操在已知误杀好人的情况下,还将买酒款待自己的吕伯奢挥剑砍于驴下,以防他得知儿子们惨死后追杀复仇。

《三国演义》将那句奸贼名言演义为"宁教我负天下人,休教天下人负我",将曹操置于人类的对立面。

这一版本可以称为演义蓝本版,见于东晋人孙盛写的《杂记》。

三个版本,哪个是真实版?从情理上说,曹操急于逃亡,一路都是通缉令,应该是低调行事,又怎么会以寡犯众,主动杀人呢?因此正当防卫版最可信,演义蓝本版最不可信。那句奸贼名言,曹操不会与人说出来,那些死去的人也不会说出来,只能是作者的想象虚构。

继续东逃,曹操的麻烦还没完。到中牟时,一个亭长见他形迹可疑,就把他扣押起来,押解到县上。县里有通缉令,上面就有曹操像,但是画工水平一般,画得不怎么像,加上曹操逃离洛阳以来,风餐露宿,惶惶然如丧家之犬,灰头土脸,容貌变化很大,一班人对着通缉令,把握不准眼前这个倒霉蛋是不是曹操。

中牟功曹(县组织部长)把县令拉到一边,压低声音说:"此人便是曹操,我见过他。"

"怎么不早说?哈哈,赏银来了!赏银来了!"

"一己之赏银,与天下之祸福,孰轻孰重?今天下方乱,不宜拘禁天下雄杰。"

"传说中的天下雄杰,就是这个小个子?"

"天下皆知。"

"我怎么不知?"

"那是因为你心中无天下。"

"那放了他吧,省得我落个心无天下的千古骂名。哦,不应该说放了他,应该说他不是曹操。"

"对,对,他不是曹操。"

此时,曹操已被天下人当作英雄。

一路提心吊胆,终于来到了陈留郡。太守张邈握紧了曹操的手。

三 让人失望的联盟

朋友归朋友,事业归事业。曹操选择陈留郡,不能全靠张邈,最终还是要靠父亲曹嵩,因为曹家在这里的己吾县有一份家产。从太尉的位子上下来后,曹嵩就来到己吾,专心整治家产。

"花钱买官,天下讥笑。花钱买兵,讨伐国贼,青史留名。"曹操提出了用家产募兵的想法。"一次次给你买官,你一次次丢官。也罢,花钱买兵吧,起码能保护我家的百车财产。"曹嵩说。曹嵩最放心不下的就是他家可装一百多辆车的财产。天下大乱,官府衙门一个个被攻破,要保护家产,还得靠自己。

拒绝了董卓以朝廷名义授予的官职,曹操此刻便无任何官职,一介平民而已,征兵没有号召力。好在有钱能使鬼推磨,何况张邈还是他的好朋友,曹操很容易就获得了以政府名义征兵的批文。

获得了征兵批文,曹操还不能开始募兵,因为可能会有地头蛇来砸场子。陈留最大的地头蛇是孝廉卫兹。

卫兹是哪一位啊?当地人就会告诉你:往前走,遇到那个走路鼻孔朝天的人,就是他了。卫兹这样走路,当然是因为清高,三公府的征辟诏书,他看都不看,直接拿它当了手纸,最后抱怨征辟诏书污染了他的屁股。曹操知道,征服了卫兹,也就征服了陈留。于是曹操坚持不懈地到卫兹那里去,去了就说卫兹是非凡人物。卫兹也对曹操有了了解。

渐渐地,人们发现卫兹走路不再鼻孔朝天了,而是脸朝前方喜滋滋的样子。

"天下即将安定,怎能不高兴呢?"卫兹说。

"天下方乱,何人可安?"有人问。

"平定天下的人,必定是曹孟德。"他说。

正是因为有了曹操,卫兹才觉得世上总算还有英雄。卫兹对曹操,可不是停留于口头支持,他拿出大量家产资助曹操募兵。

有了官府、民间、家庭的三重支持,曹操开始大张旗鼓地征兵。

北海国有个叫孙宾硕的人,也被吸引而来。一见到曹操,他就后悔来这里了。当时曹操正混在铁匠群里抡锤,他本来就长得不精致,现在被烟熏火燎,整个成了黑炭团了。

"你应该考虑去做大事,怎能与铁匠一起铸刀呢!"孙宾硕摇着头说。

"你看这把卑手刀(一种军用短刀),能否用来砍杀董卓老贼?"曹操抄起未完工的刀,向空气中砍几下,对孙宾硕说:"能大能小,又有何妨?"

有了刀,就可以杀贼了。就在这年(189年)十二月,陈留郡己吾县变得无比热闹起来。一个小个子,站在一块大石头上,领着下面的几千人振臂高呼:讨伐董卓!

围观的百姓诧异:这么一个小个子,怎能号令得了这么多人高马大的军人。史书记载,曹操以五千人起兵。

天下人都看不惯董卓,但是第一个举兵讨伐董卓的人是曹操。董卓第一个做螃蟹,曹操第一个吃螃蟹,三国就这样拉开序幕。

很快,天下各州郡纷纷树起了反董旗帜,这些州郡都在函谷关以东。函谷关以西地区,本来就是董卓的势力范围,因此这些讨伐董卓的军队,被称为关东义军。

190年一月,陈留郡的酸枣县,黄河就在城外呜咽,似乎在为天下命运担忧。这个平时安静的小县城,突然间变得热闹非凡,关东义军汇聚在这里,有的英雄虽然兵马在别处,但是也派使者来到这里。

关东义军一共有十一路:

第一路:后将军袁术

第二路:冀州牧韩馥

第三路:豫州刺史孔伷

第四路:兖州刺史刘岱

第五路:很内太守王匡

第六路:济北相鲍信

第七路:勃海太守袁绍

第八路:山阳太守袁遗(袁绍堂兄)

第九路:陈留太守张邈

第十路:广陵太守张超(张邈弟弟)

第十一路:东郡太守桥瑁

这里面没有曹操的名字,因为他没有官方身份。他拒绝了董卓以朝廷名义的骁骑校尉任命,就成了一个民。民讨厌官,但同时认可官的权威,一些事非得官出名似乎才有效力。因此,曹操要师出有名,还得挂靠一个官,这个最合适挂靠的官就是陈留郡太守张邈。曹操一开始只是张邈的一个部下而已。后来的事实证明,张邈只是一只守卫个人门户的犬而已。犬能带领一只猛虎吗?二人闹翻,是早晚的事请。

"赖我之力,宦官势力才被扫荡。"躲在渤海郡的袁绍逢人就说。宦官势力为害日久,万民憎恨,灭绝宦官的首功人物袁绍自然获得拥戴。再就是,"四世三公"的金字招牌,确实让人敬仰。皇帝成了傀儡,董卓成了国贼,习惯于臣服听令的中国人就另外选择一个人来崇拜——袁绍,让他做了盟主。而首倡义举的曹操,则不过是被极少数人赏识的英雄而已。

既然是盟主,那就要高高在上,袁绍开始对人们说:"请叫我车骑将军!"在没有大将军和太尉的情形下,车骑将军就统管天下兵马了。董卓是国相,讨伐他的人当然也得有相当的身份。

"与一个没有官职的人站在一起,相当难为情。"袁绍对曹操说,于是表奏曹操为奋武将军,与其说是表奏曹操,不如说是在表明他作为车骑将军的职责。袁绍认为曹操需要考察,让曹操行(代理)奋武将军。在曹操面前,袁绍的谱拿捏得很到位。

袁绍开了个人表奏的先例。本来官员任命要由天子批准,但是现在天子控制在董卓手里,让董卓批准反董人士的任命,没门儿。于是袁绍就来个自行批准,然后报告朝廷。

奏不奏看我的心情,准不准你随便,反正我是准了,和你说一声是眼里还有你。讨伐董卓本来是正义的,但是却需要否定天子,因为天子已经被董卓控制。而否定了天子,也就有了群雄割据,有了三国鼎立。

被表的,脸上有光;表的,落人情。你表我,我表你,做官成了哥们之间吭一声的事儿。各人表各人的,有时会出现一个坑好几个萝卜的现象,一个郡可能会有好几个太守。

袁绍做盟主,是民主推选的结果,但是济北相鲍信却认为盟主应该另有人选——那就是连会盟成员也算不上的曹操。他私下里对曹操说:"就才略而论,能够拨乱反正的,非君莫属。依我看来,不是真正有才干的人,即使一时强盛,最终也会失败。""不是真正有才干的人",当然是指袁绍。

人生得一知己,足矣。曹操望着鲍信,感觉到了温暖。可是,再回头看看身后的军帐,听着里面传出的饮酒行令的喧哗,曹操皱起了眉头,说:"我们聚在这里,是为了饮酒吗?"

他是问营帐里的人,还是问鲍信,或者就是问他自己?其实,他是在问上天。

起誓时辞气慷慨,行动时神气犹豫,酸枣诸将本来打着讨伐国贼的旗号征兵征粮,然后来此会盟,却都按兵不动,唯恐消耗个人实力。无事可干,他们就聚集在一起饮酒。

一月,各路大军会盟,诸将饮酒。

二月,董卓杀废帝刘辩,诸将按兵不动,饮酒。

吕布焚烧洛阳,大肆洗劫,挖掘皇陵,盗取墓中珍宝,诸将按兵不动,饮酒。

董卓迁都长安,几百万人被迫随迁,尸体铺满道路,诸将按兵不动,饮酒。

……

当诸将再次端起酒杯痛骂董卓时,曹操闯了进来,对这群酒徒说:"我们举义兵诛除暴乱,现在大军会合,你们还有什么可以迟疑的呢!董卓劫持天子,焚烧宫室,天下震动,这是上天要灭亡他啊!一战而天下可定,机不可失啊!"

大家都喝醉了,把头埋在酒杯里,谁也听不到曹操说什么。谁也没有勇气响应曹操,只能装醉。

英雄从来不孤独。鲍信站了出来,卫兹站了出来,他们来到曹操身边,要跟随这个唯一的真心英雄。

曹操有五千人,鲍信有一万多人,弟弟鲍韬随行,卫兹从张邈那里讨来一小股人马,三人组成一支混合部队,向西进发。

荥阳汴水,曹操军队与董卓军队遭遇。董卓派出的是久经战阵的西凉精兵,曹操联军却大都是新兵,未经实战。结果可想而知,曹操联军大败。士兵减员大部分,鲍信受伤,卫兹战死,鲍韬战死。曹操被流矢射中,坐骑也受了重伤,后面的追兵眼看就要追上来,生死攸关时刻,一匹战马飞驰而至,悄无声息地停在曹操面前。曹操认得,这是曹洪的坐骑,名曰白鹄,之所以叫白鹄是说这匹马飞奔起来,就像鸟儿飞起来一样,只听得到风声,马蹄似乎并未踩在地上。在曹洪的一再坚持下,曹操骑上了白鹄,撇下曹洪一人,成功脱逃。

曹操浑身是血地回到酸枣大本营,却看到诸将仍在置酒高会。

曹操本来就不喜欢隐藏真情实感,他愤怒了,说:"请袁渤海(袁绍)率河内之众兵临孟津,我酸枣诸军进守成皋,控制敖仓,阻扼轘辕关和太谷关之险,袁将军(袁术)率南阳之兵威慑三辅地区,三路大军可先深沟高垒,不与敌兵交战,告谕天下大势,然后以正义之师讨伐叛逆,天下即可平定。"

没有人搭理这个疯子,诸将埋头喝酒。今朝有酒今朝醉,像卫兹和鲍韬那样,被曹操忽悠了去打仗,命都没了,也没人给个说法,连酒也喝不成了,要多傻就有多傻。

曹操终于翻脸了,说:"如果我们犹疑不敢进兵,不仅天下人失望,我也为诸位感到羞耻。"

与这群猪在一起,会被猪粪味儿憋死。曹操离开了酸枣,到扬州募兵。

曹操从前线惨败,酸枣诸将更无人敢出战了,但是饭不少吃,酒不少喝,军粮很快耗尽了,酒也喝不上了,他们就解散了,从哪里来,就回哪里去。这时,先前对董卓按兵不动的他们自己却干上了,兖州刺史刘岱把东郡太守桥瑁杀了。

从一开始,豺狼一样的董卓,就没把这群猪一样的人放在眼里。这么多猪挤在一起,你扯我,我绊你,有劲都搞内斗,哪有心思去对付外面的豺狼呢?

四　一个让董卓害怕的人

倒是独来独往的猛虎，让豺狼胆战心惊。有一个人，董卓分外害怕，他曾对长史刘艾说："关东军多次失败，都畏惧我，只有孙坚这个愣头青，很懂得用人。应该告诉诸将，让大家都提防他。"

董卓想不到，南线反董领军人物袁术也在提防孙坚。

最近的敌人，才是最危险的敌人。因为近，所以利益相关，反而需要格外提防。

"张公(张温)要是过去听从我的话，那时就杀了董卓，朝廷今天也不会遭此磨难了。"孙坚得知董卓为祸朝廷时，不禁捶胸长叹。

曹操起兵反董的时候，孙坚毅然响应，举兵北上。

到了鲁阳(今河南鲁山县)，孙坚拜访了正在这里一筹莫展的袁术。袁术逃出洛阳，在鲁阳停下，说是寻找机会，其实是无路可走。天下掉下一个孙坚，要跟着他打董卓。当然，孙坚对袁术也是有所求的，那就是要袁术抬高他的地位。袁术表奏孙坚为破虏将军，兼任豫州刺史。袁术离京前，接受了后将军的任命，而后将军是有权力表奏杂号将军和刺史的。孙坚选择的不是袁术，而是后将军。

袁术这个表奏传开，豫州刺史孔伷掀翻了吃饭桌子。什么阿猫阿狗都可以做豫州刺史吗？

对付董卓这样的国之硕鼠，还是孙坚这样的阿猫阿狗管用。孔伷这种平庸的猪，只适合守着自己的位子吃吃喝喝。他也是在酸枣盟约上签过字的，但是从未见他发动一兵一卒。他真应该主动让出豫州刺史的位子。

红头巾，还是那方鲜艳的红头巾，从鲁阳出发，直抵阳人(今河南汝州西)。阳人东南百余里是鲁阳，西北百余里是洛阳，在董卓的势力范围内。曾经同在张温帐下，董卓深知孙坚厉害，就派出他手下的明星班出场：吕布、华雄、胡轸。

阳人之战很搞笑，敌我之间的战争远不如双方各自的内战激烈。

吕布一方，吕布设计使己方士兵逃散，使得主帅胡轸无法攻城，最后无奈退兵。吕布这样做，仅仅是因为他与胡轸有私怨。

孙坚一方，前线鏖战的生死关头，突然间得不到军粮供应了。原来，有人对袁术说："孙坚如果攻占洛阳，那你就无法控制他了，这就是除狼而得虎啊。"于是，袁术就断绝军粮供应。第二天的早饭没着落，孙坚连夜驰马，奔波百余里，返回鲁阳，对袁术说："我之所以奋身不顾，是上为国家讨贼，下慰将军家门之私仇。我与董卓并无灭门之怨，将军听信逸言，反而猜疑我！"

这里说一个灭门惨案。袁绍、袁术、袁遗，十一路反董大军，袁家就占了三路，而且盟主也是袁家人，董卓一声令下，太傅袁隗和袁术哥哥太仆袁基，连同袁家上下五十多口人，全被杀光。

不为国仇，单为家恨，袁氏兄弟就该担当讨董急先锋。可是他们非但畏首畏尾，还给讨董者出麻烦。在他们的世界里，没有爱与恨，只有得与失。

一番慷慨陈词，并未打动袁术，孙坚准备撂挑子，对袁术说："大功垂成而军粮不继，这就是吴起饮泣于西河，乐毅遗恨于垂成。"

吴起为魏国担任河西太守，秦兵不敢进犯，但是因为有人诽谤而被迫去了楚国；乐毅为燕国攻齐，将要成功时，因遭到离间而被迫去赵国。孙坚用这两个人的典故说明自己是被诽谤，也表明自己要离开的想法。

袁术打仗全指望孙坚，他知道孙坚是说到做到的，于是急忙调拨军粮。

吃饱了饭，打仗格外来劲，孙坚大破董卓军队，斩杀华雄。

董卓派来的特使李傕来了。李傕掏出一张纸，刺史，郡守，不管什么官，不管是谁，只要是孙家子弟，孙坚可以随便写，朝廷马上批准任命。

孙坚不看这张纸，他怕脏了眼睛，愤然说："董卓逆天无道，颠覆朝廷，而今不诛你三族，把你的头砍下，悬挂起来以告示四海，我就死不瞑目！又怎么会与董卓老贼和好！"

孙坚挥兵推进到大谷关，距洛阳只有九十里。董卓害怕了，无奈迁都。

"惹不起，躲得起，董卓也懂这样的道理啊！"刘备说。他经常与张飞、关羽谈论天下大事。

关羽和张飞互相看了一眼，彼此都读懂了对方的眼神：大耳朵他自己遇上事儿就跑，还说人家董卓。

五　刘备有可能得0分

曹操和孙坚在讨董战争中崭露头角，已成天下瞩目的英雄，而刘备却默默地过着寄人檐下的尴尬日子。

在曹操手下募兵之后，刘备又到了一个叫毋丘毅的都尉手下，到丹杨募兵。走到下邳(今江苏睢宁西北)，遇上一支反政府军，那时叫"贼"，今天历史教科书上叫"农民起义军"。这次运气好，对手不怎么强大，刘备最后"杀贼立功"，或者说"残酷地镇压农民起义"，被拜为下密(今山东昌邑东南)县丞。

没等把县丞的位子坐热乎，刘备又丢了官。刘备丢官的原因不详。过了一段时间，刘备又做上了高唐县尉。史书未记载刘备本次升官的原因，不过，根据当时的社会环境，刘备没钱没背景，只能靠"杀贼"也就是"镇压农民起义"立功升官。

安溪县尉——下密县丞——高唐县尉，在官场上，刘备就像一只蜗牛，爬到一定高度就跌下来，然后再爬，到这个高度再跌下来。

老天终于不忍心看刘备如此狼狈，赐他一点好运，让他突破了这个高度，从高唐县尉直升高唐县令，成了六百石的地方长官。

很快，刘备就知道做上高唐县令原来是老天对他的捉弄。反政府军攻打高唐，刘备还没从升官的喜悦中醒过来，就晕晕乎乎地被打败了，而且一败涂地，直接被赶出了高唐。其实，说赶并不恰当，因为刘备根本没进行像样的抵抗，就主动逃跑了。好不容易招来几个人，被打光了，以后还怎么混世界？

坚强的人在哪里跌倒就在哪里爬起来，更坚强的刘备在哪里爬起来就在哪里跌倒。扶不起，打不死，活下来就是胜利，这种弱者适应乱世的活法，刘备运用起来得心应手。敢折腾的曹操，能担当的孙坚，都不如打不死的刘备适合做草鞋摊主。

刘备又拿出那个作业本的时候，张飞和关羽知道，刘备要领着他们去投奔公孙瓒了。

公孙瓒在抵御鲜卑入塞和讨伐张纯的战争中立下赫赫战功，升任骑都尉，又升任中郎将，封都亭侯，而且他在幽州颇有话语权，有与上司幽州牧刘虞分庭抗礼之势。而刘备，被乱军打得无处可去，连栖身之地都没混出来，都是同学，差距怎么这么大呢？

在讨伐董卓这场考试中，曹操70分，孙坚90分，而刘备最大可能是得0分。刘备是公孙瓒的部下，只能听从公孙瓒的命令。在天下掀起讨董热潮的时候，为了撇清与董卓的关系，公孙瓒也宣布反董，但他并无什么实际行动，连个打酱油的都算不上，最多算是一个围观者。而刘备，则站在围观者身后，在讨董的大舞台上，连个影子也没留下。

第四章 野兽丛林

◎红头巾饱饮了主人的鲜血。37岁的孙坚正处于武将的黄金年龄，就这样死在了权力野兽的丛林里。他，本来是一个救国英雄，误入丛林，也就成了一只野兽。这一年，他的长子孙策17岁，次子孙权9岁。这两个长江边上的追风少年，还会踩着父亲的足迹，进入野兽丛林。

◎他似乎没有什么可以给人的，但是他能给人的，却是让人看得比生命还要珍贵的东西：兄弟情义。靠打兄弟牌，刘备获得了很多人的拥戴，名声渐渐地传开去了。

◎日后的魏、蜀、吴三方之间，第一次产生的敌对发生在魏方和蜀方之间，曹操是一方老大，刘备是一方跑龙套的，双方不在一个层面上，并未碰撞出火花。

一　诸君北面，我自西向

诸君北面，我自西向——

深夜，沛国境内的龙亢县，一支四千人的部队驻扎在野外，主帅的营帐里，亮着灯光。曹操独坐灯下，紧皱眉头，心潮澎湃，为国家未来而焦虑。

让他略感欣慰的是这次扬州募兵也算是不虚此行，他的太学同学扬州刺史陈温，帮他募得四千人。而且曹洪去丹杨募兵，想来也会有所收获，别忘了，丹杨太守周顾也是曹操的太学同学。

寂静的深夜，灯光映红了曹操兴奋的脸庞。他人在营帐，心却似乎在领着新募来的士兵冲锋陷阵。

噼啪——灯花爆裂，发出骇人的声音，营帐里也亮了许多。灯花的爆裂声越来越高得离谱，营帐里也亮得离谱了。曹操回头一看，营帐外火光通红，火舌在营帐上翻腾跳跃。

营帐被人烧了！喊杀声，脚步声，刀剑撞击的声音，大火燃烧的声音，组成一部让人焦虑而惶恐的变奏曲，与这时的天下大势所带给人的感觉一样。

曹操抓起放在枕边的剑，跳起来，冲了出去。新兵叛变，烧了曹操的营帐。好在士兵们只是想制造混乱逃跑，并不打算要曹操的命，否则，四千人趁夜一起围上来，一人一泡尿也会把曹操淹死。

还是有一些极端分子围上来。曹操挥舞着剑,左劈右刺,连杀数十人。叛卒们害怕了,放过曹操,各自逃散。小时候曹操舞刀弄棒,被儒生们讥笑为"放荡",而现在,正是儿时学会的生活实用技能救了他。人童年时做的一切,会在一生中的某个时刻发生作用。

清点人数,辛辛苦苦募来的几千人只剩下五百人,一些连逃跑也不敢的懦夫。曹操仰起头,似乎在质问幽深的夜空。自诩为英雄的刺史、郡守们一味退缩也就罢了,而遭受国贼暴政的民众,一旦变身为军人,要他们去攻击国贼,却也未战先逃。董卓戕害天下,天下无人反抗。莫非,天下不是天下人的天下?

不!即使剩下我一人,也要走下去!

曹操擦擦溅到脸上的血,整顿残兵,继续前行,在铚县、建平县招了一些人,总兵力达到了一千多人。他带着这一千多人来到黄河北岸的怀县。袁绍正驻扎在这里。袁绍是关东盟军盟主,况且与董卓有灭门大恨,他肯定会红着眼杀向董卓的,曹操这样想着,投奔了袁绍。

袁绍的确把曹操看作朋友,与曹操一起规划未来,问:"如果我们讨伐董卓不成功,那么可以向什么地方发展势力呢?"

袁绍关心的不是讨伐董卓,而是发展个人势力。曹操的心冷了,但是他还想看看袁绍到底有多平庸,不动声色地等着他继续说下去。袁绍说:"我想,南面拒守黄河,北面凭借燕、代(今河北北部及山西东北部),兼有乌桓之众,向南争夺天下,这样就可以成功了吧?"

大名鼎鼎的天下盟主,原来如此平庸。曹操哈哈大笑:"我想依靠天下人,用正道统御他们,这样就无往而不胜了。"

一个争夺地盘,一个争夺天下人,哪一个高明呢?

道不同,不相与谋。后来发生的一件事,曹操惹得袁绍很不高兴。

袁绍不着急讨伐董卓,是因为他有一个登上权力顶峰的捷径:另立新帝。立了新帝,他就是新朝廷的缔造者,就能拥有一人之下万人之上的权威。

袁绍要曹操表态,曹操说:"董卓之罪,天下皆知。我们同举义兵,天下莫不响应,这是因为我们的行动是正义的。现在皇帝幼弱,受制于奸臣董卓,可是皇帝本人并无过错,凭什么要废掉他呢?"

袁绍板着脸,一副要坚持到底的神色。

曹操也要坚持到底,说:"如果废掉皇帝,那别人也可以效仿,另立他人,那天下就会更不安定。如果你们真的这样做,那就请诸君北面,我自西向!"

皇帝面南而坐,臣下面北觐见,向新帝称臣,就叫"北面"。而当朝天子被挟持到长安,要迎回他,必须向西讨伐,这就是"西向"。

"诸君北面,我自西向",这话太决绝,看来曹操是不打算与袁绍搅在一起了,他决心要走自己的路。

袁绍再次派人去劝说曹操,对他说:"现在袁公势盛兵强,二子已经长大,天下群雄,谁能超过?"袁绍有三个儿子:袁谭、袁熙、袁尚。兄弟仨都表现出过人才能,成为袁绍吓唬人的资本。但是,无论是一个家庭还是一个集体,能人太多了反倒容易出事,最后袁氏兄弟的结局可以有力地证明这一点。

哼,就不信我们几个爷们整不了你曹操!袁绍把儿子都搬出来了,已经是威胁了。

面对威胁,曹操保持沉默。袁绍以为他是害怕了,但是曹操却是在想:袁绍将会成为又一个董卓,务必除掉此人。如此隐秘的想法,怎能说出来呢?

如果袁绍真的将另立新帝的阴谋实现了,曹操真的有勇气撕破脸皮地阻挠,袁绍有冀州牧韩馥做后盾,有兵力,有地盘,曹操却是寄人檐下。撕破脸皮后,袁绍会放过曹操吗?

一个人的表态化解了曹操的生存危机,曹操确定的新帝人选是幽州牧刘虞。刘虞是光武帝的六世孙,出身正统,德高望重,深孚众望,是新帝的最合适人选。

刘虞说:"天下分崩离析,天子蒙难,我等深受重恩,不思雪耻,反而行叛逆之事,于情于理何堪!"刘虞又放出狠话,如果非逼他做皇帝,他就出走到南匈奴那里去。

袁绍没辙了,曹操也没必要立即与袁绍撕破脸皮了。曹操安全了。

其实,袁绍这时也没心情睬曹操,因为他的同父异母兄弟袁术,已经成了他最大的敌人。相比如日中天的袁术,曹操你算个屁啊!嗯,就先留着曹操这个小个子吧,反正他活着,站着和躺下,都占不了多少地儿。

二 吾当谁与戮力乎

袁绍盘算着另立新帝时,孙坚却前进前进前进前进,猛攻洛阳,在191年二月,由洛阳南门之一的宣阳门攻入城中。

洛阳,大汉王朝的帝都,从189年八月到191年二月,被一个变态的杀人狂和权力狂霸占,长达十八个月。在这十八个月里,天下人莫不以讨伐董卓的英雄而自居,但莫不是在趁火打劫以自肥。慷慨赴国难,义勇无所辞,敢于用生命践行诺言的,又有几人?曹操有心杀贼,却无力回天。一雪国耻,将董卓势力完全赶出洛阳的,恰是那方招摇的红头巾。

洛阳,我来了!

战场上,死亡之神一次次扑来时,孙坚没有流泪;战胜了,站在光复的城池里,孙坚流泪了。这座曾经最繁华的都城,而今不见一点儿人烟,成了一座坟墓,埋葬着被董卓残杀的无数臣民,也埋葬着一个王朝的耻辱。

孙坚下令打扫宫殿、太庙,填平董卓军队盗挖的皇陵。他的勤王之举,获得了回报,士兵们在洛阳东南的甄官井里,发现了传国玉玺。洛阳之乱,宦官们挟持天子出逃,混乱之中,掌管玉玺的小宦官把传国玉玺扔井里去了。拿着这块帝王才能拥有的玉玺,孙坚踌躇了:天子远在长安,玉玺交给谁呢?最后,孙坚把玉玺作为生日礼物,送给了吴夫人。

袁术知道了,找到吴夫人,说:"孙坚本是我的部下,他缴获的东西理应属于我。只有我,才能配得上玉玺!"吴夫人怎么舍得把如此珍贵的生日礼物拿出来,就摇摇头说:"我一个妇道人家,哪里见过什么玉玺啊!"袁术一摆手,吴夫人就被关押了起来。吴夫人可不想为一块石头丢了性命,就说:"我倒是见过一块石头,上面刻着八个字,不知是不是什么玉玺。"袁术听了,眼睛发亮,问:"那八个字是不是'受命于天,既寿永昌'?"吴夫人作出苦思的样子,好大一会儿才说:"也许是吧,不过,也许不是,拿来看看就知道了。"拿来一看,怎能不是玉玺呢?玉玺上刻着"受命于天,既寿永昌"八个字,天下皆知,吴夫人却说不知道,托词而已。

这件事情传开去,袁绍睡不着了。袁绍从小就烦袁术,庶生与嫡生,本来就有不可调和的矛盾。袁绍谋立刘虞时,最先表态、最强烈表示反对的,不是曹操,而是袁术。曹操反对,是为天下;袁术反对,是为自己。他们兄弟俩都唯恐对方占了上风。

袁绍不能容忍袁术蓬勃发展下去,他表奏周昂为豫州刺史。这样一来,豫州同时有了三位刺史:朝廷牌的孔伷,袁术牌的孙坚,袁绍牌的周昂。

袁绍认为自己不愧是天下最最有谋略的人。任命周昂为豫州刺史,不仅给袁术添堵,而且砍掉了曹操一半实力。周昂是曹操从扬州带来的,他手下的丹杨精兵是曹操主力,而且他此时还是曹操的军师。任命一个豫州刺史,打压两个人,一箭双雕,袁绍很崇拜自己。

袁绍牌豫州刺史周昂攻占阳城,威胁袁术大本营鲁阳。袁术手里唯一的一道牌就是孙坚,他急忙下令让自己的豫州刺史孙坚回师。孙坚本想追杀董卓残军,但此刻他只能撤兵。

孙坚慨然长叹,潸然泪下,"大家为救国家,同举义兵,董卓刚被赶走,大家就互不相容,彼此相攻。吾当谁与戮力乎!"

孙坚回兵,轻而易举地打败了周昂。孙坚却并没有体会到丝毫胜利的喜悦。自相残杀,会有一方是胜利者吗?

周昂昂着头进入豫州,低着头离开豫州。袁术又面临新的威胁。

袁术在南阳郡扎根,且有占据荆州之势,这让董卓很不爽。董卓一纸诏书,把刘表派到荆州做刺史,让他去搅和一下。在当地豪族蒯家和蔡家的支持下,刘表迅速在荆州站住脚,很快学会了对董卓说不。董卓很生气,将其列入了黑名单,说:"只要是杀了二袁、刘表、孙坚,天下自会服从我了!"

董卓还是多虑了,还没等他动手,这四个人就开始了相互残杀。天子被挟持到了长安,国家就相当于没了天子。人人可以为王、个人意志泛滥的野兽丛林,在中国历史上出现了。董卓在中原时,他是最凶猛的野兽,群兽尚能面和心不合地对付他,而当他被赶到长安时,群兽们便争当森林之王,你咬我,我咬你。袁绍和袁术的兄弟之争自不必说,现在刘表和袁术的荆州之争则显得分外迫切。袁术的根据地在南阳,而南阳郡隶属于荆州。荆州刺史刘表要实现对荆州的完全控制,袁术要蚕食荆州,一山不容二虎。杀机四伏的野兽丛林,随手抓一把空气,也会拧出血来。在这里,你只有两个选择:1.杀死别人;2.被别人杀死。

191年,袁术派孙坚攻打刘表,进军襄阳。在岘山之战中,又是孙坚第一个冲在最前面,把所有人都远远地落在后面,这时,从路边的竹林间,雨点般的箭射了出来。孙坚的红头巾十分醒目,本来就容易受到攻击。

红头巾饱饮了主人的鲜血。37岁的孙坚正处于武将的黄金年龄,就这样死在了权力野兽的丛林里。他,本来是一个救国英雄,误入丛林,也就成了一只野兽。

这一年,他的长子孙策17岁,次子孙权9岁。这两个长江边上的追风少年,还会踏着父亲的足迹,进入野兽丛林。

孙坚死的消息很快传到北方。曹操说:"死倒是没什么可计较的,为谁去死才要计较一番。"

曹操在为孙坚感到不值。为袁术这样的人去死,再壮烈也是屈死鬼。而袁绍,与他的兄弟有得一比。

一定要离开袁绍,越早越好!

三　不是自己死就是让别人死

利用和帮助,朋友和敌人,在野兽丛林里本没有绝对的概念。吃掉其他人,自己才能活下去,这才是绝对真理。当初,袁绍逃亡到冀州,冀州牧韩馥收留了他,那时,袁绍对韩馥说:"没有你,我活不成。"刘虞这个傻子,竟然连皇帝也不想做。袁绍自立朝廷以抬高自我的算盘落空了。袁绍必须要寻找新的途径。他看着眼前晃来晃去的韩馥,突然想:"没有这人,我就会活得更好。"于是他要公孙瓒攻打韩馥,当然公孙瓒是有出场费的,那就是半个冀州。

公孙瓒打仗的确有一套,韩馥根本不是对手。袁绍派人劝说韩馥:"哎呦呦,怀揣冀州牧大印,压力多大啊!你还不如把这个压力转给袁绍呢!"韩馥这只误入野兽丛林的小白兔,这时才明白自己被袁绍算计了。他哆哆嗦嗦地将冀州牧大印拱手相让于袁绍,然后跑到兖州投靠陈留太守张邈。袁绍派人到张邈处,韩馥当时在座,使者对着张邈耳语一番,韩馥看到,想:完了,这肯定是让张邈杀我,有袁绍在,我活不成,还是我自己动手吧。

想着,他跑到卫生间,用一把刻书刀自杀了。可怜的韩馥,你没有错,是这个时代错了。

"他也配拥有冀州吗?"韩馥死后,袁绍拒绝兑现与公孙瓒平分冀州的诺言。公孙瓒恼羞成怒,在袁绍自任冀州牧的情况下,任命严纲为冀州刺史,摆明了要与袁绍抢夺冀州到底。

专权夺利的袁绍是中原最大的恐怖分子。鲍信对曹操说:"早一天、晚一天,袁绍会对我们动手的。"他向曹操建议,脱离袁绍,向黄河以南发展势力,然后伺机而动。

"袁绍会让我渡河吗?"曹操自言自语。

这一天,袁绍把曹操叫去:"孟德,劳你渡河铲除黑山军。朗朗乾坤,岂容乱民嚣张!"袁绍此时已经认为自己拥有代言天下人的权力。

曹操强压住内心的喜悦,故意皱着眉,说:"这个……这个……黑山军可是不好对付啊!"

和黄巾军一样,黑山军也是反政府军。黑山是太行山余脉,在太行山南端,地势错综复杂,适合于游击战。抗日战争时期,中共领导的八路军的大本营一度设在太行山。这些地方出现了大大小小的反政府军,多达二三十支,各占山头为王,有了战事相互帮忙。袁绍、韩馥、公孙瓒争夺地盘的时候,黑山军活跃起来。191年秋,黑山军十余万人攻击魏郡和东郡。东郡太守王肱迎战黑山军,惨败。

感谢黑山军!感谢王肱!

东郡处于兖州刺史部最北端,与冀州毗邻。已经取得冀州的袁绍,要向南发展,跨进东郡就行了。但是这一步不好迈出,因为兖州刺史是刘岱而不是袁绍。你是只要抬抬脚就能迈进邻居家,可是这一脚你能随便迈吗?然而,如果这时邻居家进了贼,而且邻居被贼揍趴下了,你就能迈出这一脚了,因为这是见义勇为。

"王肱无能,那就让有能力的包围东郡。"袁绍派曹操去东郡攻打黑山军,倒不是他真的认为曹操有能力,而是只有这样说,他才有理由让自己的势力渗透进兖州。

曹操出发了,身后有一双眼睛望着他。荀彧本是韩馥任冀州牧时特别引进的人才,但现在韩馥败亡,荀彧能不受牵连地活下来已是祖上积德,更不用说得到重用了。已经沦为"冀漂"的荀彧,急需改换门庭。他隐隐觉得,曹操此番出征东郡,很可能是一去不复返,一旦复返,那定是王者归来。

人们再次欣赏了曹操的军事表演。他举重若轻地肃清了东郡境内的黑山军。

袁绍笑了,他终于有理由在兖州钉下第一枚钉子。未与兖州刺史刘岱打招呼,他就表奏曹操为东郡太守。冀州长官任命兖州的地方官,袁绍就是要自己这么霸道。

陈宫笑了,有曹操在,终于可以过安生日子了。陈宫是东郡府吏,在整个兖州颇有名气。

荀彧笑了,终于有明主可以托身。他从袁绍那里不辞而别,投奔东郡。

曹操没有笑,因为又有两支黑山军和一支匈奴兵杀过来。曹操再次让世人欣赏了他的军事表演,取得完胜。一直纵横太行山的黑山军,在曹操的两次打击下,一蹶不振。

兖州人喘了一口气:终于不再受黑山军侵扰了,伟大的曹操!

可是,他们刚喊完,抬头一看,百万青州黄巾军就像蝗虫一样扑过来了。

奶奶的,青州黄巾军跑我们兖州干什么!

青州黄巾军用刀回答:要是青州能待下去,谁稀罕来兖州这个破地方!

黑山军东进的时候,青州黄巾军开始活跃。中国人喜欢跟风,讨伐董卓凑热闹,造反也凑热闹,不管有没有效果,那至少能浑水摸鱼捞一把呢。据说,青州黄巾军有一百万人。

青州刺史焦和没见过如此大的场面,吓得气都不敢喘了,一口气没上来,死了。

袁绍高呼:焦和万岁!黄巾军万岁!他找到了渗透进青州的理由。他派臧洪入主青州。臧洪是个狠角色,一到青州,就打得黄巾军落花流水。青州黄巾军无奈,转移到了兖州境内。

无事家中坐,贼从天上来。青州惹不起,兖州就是豆腐渣做的?黄巾军造反也选地方,兖州刺史刘岱要气疯了,他不顾鲍信的劝阻,冒险出击,结果被黄巾军杀死了。

刺史一死,兖州人更加认识到黄巾军不是谁想打谁就能打,要打仗还得看曹操的。陈宫站出来,对曹操说:"现在刘岱已死,州中无主,和朝廷失去联系,王命无法贯彻。"也就是说,兖州可以自成王国了。

既然是王国,就要有国王,陈宫确定的兖州国王是曹操。"资之以牧天下,此霸王之业也。"陈宫第一个对曹操明确提出称霸天下的目标,可以想象,陈宫的建议在曹操的心里激起了多大的热情。

刺史死了,黄巾军更加活跃,兖州的头面人物正对局势的失控感到束手无策。陈宫来了,带来了好消息:"东郡有军事高手,如果由他掌管州牧,一定能担负起阻击黄巾军的重任,并且可以保护本州,使地方得到安宁。"

济北相鲍信第一个鼓掌赞同。曹操的能力摆在那里,黄巾军的威胁也摆在那里,于是兖州人把曹操推上了州牧的位子。这一年,曹操38岁,成了一名由民主推选出来的州牧,明显区别于朝廷任命。

作为兖州牧,曹操必须要拿出真本事来,才能对得起热情的兖州人。他毅然肩负起了责任,披甲持胄,亲临战阵,明确奖惩制度,激发士气,稳扎稳打,伺机而动。黄巾军遇上了对手,渐渐后退。他们的首领给曹操写了一封求和信,套一番近乎,然后说大汉玩完了,天下要换主子了,你还为朝廷效力,傻不傻啊。

一群反贼,竟然也想做曹操的人生导师!曹操读完这封信,踩在脚底下,用脚后跟碾来碾去,突然,脑子里灵光一闪,就像黑夜里有火星儿闪烁,照亮了脚下的路,抬抬脚就踏上了。原来,黄巾军并非不讲道理,他们只是要一条活路而已。时刻想着活路的军队是最容易被打败的。曹操改变了策略,下令作战时要尽量给黄巾军留一条活路,为他们逃走提供方便。

寒冬十月,黄巾军逃到济北(今山东济南市长清一带),再退就只能跳进黄河里喂鱼了。最痛苦的是从青州转战到兖州,一路苦战,没有根据地,供给断了,吃的穿的都成了问题。百万黄巾军,战士只有三十万人,其余都是随军的家属。冻死、饿死、病死,战士们眼睁睁地看着亲人们在冰天雪地里倒下,这时,他们面对的敌人不是曹操而是死亡之神。

一定要找出一条活路!

《资治通鉴》记载:曹操追黄巾军至济北,悉降之,得戎卒三十余万,男女百余万口,收起精锐者,号青州兵。

从此,曹操成了霸主。清朝学者何焯曾校订《三国志》,评价此事说:魏武之强自此始。

从此,袁绍成为浮云。

可是,史书并未记载,曹操用了什么手段让百余万黄巾军甘愿放下武器。还有,这百余万人如何安置呢?

就在这一年,谋士毛玠建议曹操"修耕植,蓄军资",后来陆续启动的屯田制也表明,曹操当时应该只对黄巾军说了一句话,就让他们踊跃地放下了武器。"放下武器,拿起锄头,我让你们有地种,有粮吃。"没有活路才造反,现在曹操给了活路,为什么还要折腾呢?

双赢!曹操用最简单最实用最温情的方式,将本为贼寇的百万黄巾军转为自己的一笔财富。

曹操给兖州带来了和平,董卓却想摘取胜利果实。董卓虽然立志要把郿坞坐穿,但并未放弃称霸中原的野心。他听说刘岱战死,便任命了一个兖州刺史,名叫金尚。金尚带人前来上任,曹操怎会愿意将刚刚开创的事业送给一个不相干的人!他派兵驻扎在兖州边界,单等金尚到来。金尚颇有自知之明,骑在马上,无奈地望了兖州的土地一眼,就灰溜溜地跑到南阳郡投奔袁术去了。

用烈士鲜血换来的江山,若拱手相让,烈士在九泉之下岂能瞑目!

想到这里,曹操眼眶湿润了,眼前依稀浮现出鲍信的音容笑貌。

惨案发生在汶水岸边。曹操和鲍信带领一小股侦察部队,潜入敌阵摸情况,在汶水岸边暴露了,黄巾军大队人马赶了上来。鲍信安排精兵护卫曹操撤退,自己拦击黄巾军。曹操逃了出来,鲍信却死于乱军之中,年仅41岁。鲍信死后,连尸首都没了下落,曹操命工匠用木头雕刻了鲍信的模样,给它穿上鲍信的衣服,举行隆重的祭吊仪式。

战友走了,知己走了,曹操放声痛哭。

擦干泪,曹操的目光变得从未有过的冷峻。

野兽丛林里,不是自己死就是让别人死,没有第三种选择。

四 没有资格说仁义

黄巾军本是农民自发组织起来的,松散随意,很难做到统一行动。当大批青州黄巾军转移到青州去的时候,北海国的黄巾军却没有离开,因为在北海相孔融面前他们很有成就感。

说起来,孔融也是一个响当当的人物,他是孔子的二十世孙,四岁让梨名动天下,现担任北海国相,穷什么也不穷教育,他每天的主要工作,不是主持文化讲座,就是出台公民道德纲要,上班领着大家诵读"文明十要十不要"之类的条令。这个书呆子,以为念几句祖宗留下来的经典句子,就能天下无贼。但是,吃不饱肚子的黄巾军不买他的账,纷纷起来造反。打起仗来,《论语》之类的国学经典远远不如一块可以御敌的石块管用。孔融接连惨败,弃郡而去,又被围困在都昌(今山东临朐东北)。眼看就要像梨子一样被黄巾军吞吃,喊天天不应,叫地地不灵,最后他叫出了一个名字:刘备。

孔融能知道刘备,这还要感谢公孙瓒。看在那个破作业本的面子上公孙瓒收留了刘备,但是他并未重用刘备。他倒不是格外看不起老同学,而是看不起天下人。他常常仰天长叹:江山如此美丽,却被袁绍、曹操这样的蠢货掌管,可惜啊,可惜啊!他怎能容忍江山被庸才糟蹋,他任命严纲为冀州刺史,田楷为青州刺史,单经为兖州刺史,还有若干郡守、国相以及县令。他任命官员辖属的州郡大都在袁绍、曹操控制之下,所以他任命的官员只能"遥领"这些地方。各位霸主都宣称自己对天下拥有绝对权力,可以任命任何地方的官员,但是那个地方可能在敌人的控制之下,因此所任官员只能遥领那个地方。遥领就是宣告对控制之外的某地的主权,这个词后文我们还会多次接触。任命的官员多了,公孙瓒这时感到自己拥有的人才太少了,最后连给他做饭的、牵马的、浇花的,也都被任命为县令。直到191年十月的一天,公孙瓒一抬头,看到大耳朵同学正满怀热望地望着他,就顺手下了一道任命书,让刘备做别部司马。别部司马既是将军属官,又相对独立,这个职务安排很巧妙,避免了同学关系变上下级关系后带来的尴尬。别部司马秩千石,而此前刘备的最高官秩是高唐县令的六百石。出生入死这么多年,奔波经营这么多年,历险逃亡这么多年,不如一个能证明同学关系的作业本管用。

袁绍任命长子袁谭为青州刺史,攻打公孙瓒任命的青州刺史田楷。公孙瓒人手不够，就把刘备推到了前线。吃我的，穿我的，做我的官，怎么也得给我出点力啊，要是战死就算是你报恩了。

刘备多次立功，公孙瓒发现刘备原来多多少少也有点儿实用价值，就让他去平原县做县令。不过，他对刘备的能力仍然不很信任，就给他规定了试用期，《三国志》对此说"试守平原令"。试用期满，考核合格，刘备被就地提拔为平原相。虽然只是同学赐封，未经朝廷认证，但刘备还是像模像样地做起了二千石官。二千石官每天要面对的人很多，比在涿县摆地摊卖草鞋时要面对的人还要多。可是，刘备没有因为人多而表现出丝毫不耐烦。凡是来找他的人，他必定同席而坐，同吃一个碗里的饭菜，没有半点儿架子。他没有什么可以给人的，但是他能给人的，却是让人看得比生命还要珍贵的东西：兄弟情义。靠打兄弟牌，刘备获得了很多人的拥戴，名声渐渐地传开去了。

刘备没学过严格意义上的心理学，但是他的行为却契合马斯洛理论。1943年，美国心理学家马斯洛提出人的需求层次理论，他将人的需求分成生理需求、安全需求、归属与爱的需求、尊重需求和自我实现需求五类，依次由较低层次到较高层次排列，而那些有理想有原则的人，则更会被后三类归属与爱的需求、尊重需求和自我实现需求所激励。在刘备这里，你会体验到兄弟的爱，得到兄弟的尊重。不伤歌者苦，但伤知音稀，如果你还在为知音难觅而发愁，那就与刘备聊聊吧，这个大耳朵兄弟，理解你的一切，包容你的一切。海居于下，能容百川。刘备的人脉越来越强大，平原国的人都在称赞刘备。

人脉资源就是一个大蛋糕，刘备吃得多一点，其他人就会吃得少一点，刘备占了上风，平原国的一些人就不高兴了。刘备在平原的人气越来越高，刘平就越来越睡不好觉。刘平是平原国的地头蛇，刘备这个外来的强龙让他很不舒服。一个卖草鞋的，蹭饭吃的乞丐，却成了大家赞美的对象，这是什么世道啊！刘平决定要杀死刘备，让大家去赞美一个死人。

这一天，刘备接待了一个人，这人一看就是练武之人。刘备热情地拉着他的手，说他是天下武功第一，什么关羽什么张飞在他面前都是浮云，还说一看他就是传说中的仗义大侠，他所到之处，那些不仗义的人全都惭愧得自杀。老天作证，刘备不是说客气话，因为在他看来，他和关羽、张飞都很强大，都值得尊敬和赞美，都是兄弟。

刘备说得正带劲，这人猛然站起来，从腰里掏出刀，刘备吓得跳到一边去。这人说："我受刘平派遣前来刺杀你，可是我要是杀了你，以后还怎么在道上混呢？希望你以后小心为妙！就此别过！"说完，这人很有成就感地走了。他绝对不能杀刘备，要是杀了刘备，他还是刘备口中的"仗义大侠"吗？他回去后，宣扬刘备是天下第一仁义君子，这样就能为不杀刘备的行为辩解了。

刘平赔大了,本来是收买刺客除掉刘备,最后却掏钱为刘备做了广告。

刘备的名声越来越大,人人都说大耳朵是一个最仗义的兄弟。孔融被黄巾军打得抬不起头时,这时居然想起向刘备求援。北海国隶属青州,平原国隶属冀州,刘备与孔融的关系相关度并不高,而且从北海到平原,走直线要穿过齐国、济南。按照就近的原则,孔融此时应该是先向齐国、济南两地求援,而且,北海东连东莱郡,南靠城阳郡,北邻乐安郡,从地理上说,这三个郡都应该是孔融求援的对象。无论如何,刘备都不应该是孔融的首选,最多算是替补。最大可能是这些距离北海较近的郡国也遭受黄巾之乱,泥菩萨过河,怎能救得了孔融呢?根据历史记载,这个时期青州与徐州的黄巾之乱最严重,而刘备所在的冀州,则因为公孙瓒和袁绍的强势,黄巾军很难在此掀起风浪,刘备是有余力做志愿者的。也有可能,周围郡国巴不得黄巾军吃掉孔融,这样他们就能分占北海了,而地盘不是梨子,可以拱手相让,所以孔融舍近求远,就想起了遥远的刘备。

无论如何,孔融在生死攸关时刻能想起刘备,最起码说明刘备当时已经有了急人所急的仁义之名。去平原请刘备的人是太史慈,《三国志》记下了他当时对刘备说的话:"以君有仁义之名,能救人之急"。太史慈是纯朴的赤子(见《三国那些人那些事·吴卷》),这话虽是客套话,但也有几分真心在里面。此前刘备与太史慈并没有交集,但仁义之名已经传到太史慈的耳朵里去,这说明刘备的口碑打造得确很成功。

大名鼎鼎的孔融也找上门来,刘备自己也想不到刻意打出的仁义牌如此成功,他说:"孔北海知世间有刘备也!"他即刻发兵三千随太史慈前往北海。黄巾军其实并不想攻城拔寨,只不过是抢点吃的穿的活下去而已,现在该抢的抢了该拿的拿了,刘备的援兵又要到了,他们就主动撤退了。

这次见义勇为,刘备其实没有任何付出,但是因为救的人是孔融,刘备的仁义之名于是传得更远了。

可是,在这个丛林社会里,没有人有资格说自己是仁义的,因为仁义的人都被吃掉了。没有谁能靠仁义在丛林社会里长久立足,活下来的,都是凶猛而狡诈的兽。

公孙瓒派刘备来平原,当然不是让他见义勇为,单等着救人,而是要他配合田楷与袁谭作战。田楷是公孙瓒任命的青州刺史,二人的主要任务就是抢夺青州。《资治通鉴》记下了战争带来的惨状:"袁绍与公孙瓒所置青州刺史田楷连战二年,士卒疲困,粮食并尽,互掠百姓,野无青草。"

这里面,当然也有刘备的"功劳",否则,公孙瓒也不会把他推到国相的位子上去。

这期间，刘备还参加了与曹操抢夺兖州的战争。

袁术要向北发展，公孙瓒要向南发展，都必须首先占据兖州，因此，二人有了共同利益。192年冬天，袁术和公孙瓒南北配合，同时对曹操发起进攻。袁术的先锋部队很快进驻匡亭，深入陈留郡一百多里，再往前二三十公里就是曹操的大本营东郡。袁术在后方听到捷报，大笑起来：曹阿瞒，从今以后天下将不会再有你这个人！

可是，袁术笑得太早了一些。曹操发动反击，连败袁术军队。袁术非但没有攻下曹操的一寸土地，反而不得不放弃大本营，率领残兵败将逃到九江（郡治寿春，今安徽寿县）去了。

袁术喘口气，开始思考一个问题：公孙瓒这小子干什么去了？

袁术本来指望公孙瓒能从北面牵制，让曹操无暇南下。公孙瓒有利可图，他任命单经担任兖州刺史，就是为了染指兖州。袁术一路北上的时候，单经率部进驻平原国，刘备率部进驻高唐县，威胁兖州北部。

可惜，袁术与公孙瓒的军事联合缺少默契，单经和刘备到达约定地点后，袁术并未如期出现在应该出现的地方。联合行动变成了单独行动，预期的合力没形成，单经和刘备部队很快被曹操军队击退，袁术部队也因为孤军深入而溃败。

日后的魏、蜀、吴三方之间，第一次敌对发生在魏方和蜀方之间，曹操是一方老大，刘备是一方跑龙套的，双方不在一个层面上，并未碰撞出火花。

第五章 天下逐鹿

◎叛逆，决定了曹操知难而进；孤独，决定了曹操行动极端；倔强，决定了曹操永不放弃。争霸，要么失败而死，要么胜利而让别人死，但是必然引起无数人仇恨，最后还是死。

◎一方是曹操领兵，一方是刘备领兵，这是后来成为三国霸主当中的两方第一次直接对抗。结果是刘备败给了曹操。曹操的战场雄风在刘备心里留下了阴影，在以后的多次交手中，刘备只要一听说是曹操亲自出场，大多数情况下是拔腿就跑。

◎可是，和曹操一样，一旦成了霸主，孙策也变得血腥了。一旦尝到权力的滋味，就会贪恋上这种美妙的滋味，就会不择手段地捍卫权力，就会采用血腥手段。无论是中年人曹操，还是年轻人孙策，因为权力巅峰的感觉太过刺激，都变得疯狂起来。

一 一件惊天血案

长江后浪推前浪,前浪死在沙滩上,人们对曹嵩谈论起曹操来,总喜欢引用这句前浪后浪的话。

曹嵩虽位至太尉,但那是花亿钱买来的,而且连一道让士兵放屁的命令也未下过,只是一个空头太尉。曹操呢,被兖州人跪着求着,当上了兖州牧,号令手下几十万青州兵,如狼似虎,想灭谁就灭谁,绝对话语权,绝对控制力——曹操做到这一切,一个子儿也没从兜里往外掏。父子比较,曹嵩就是拍死在沙滩上的前浪。

屁!曹嵩不屑,老子买官是用钱,臭小子买官还是用命,是全家人的命!

自从曹操做出头鸟,树起讨伐董卓的旗子,曹嵩就知道曹家再也没有好日子过了,而且随时有灭顶之灾。为了避免被董卓迫害,发生袁家那样的灭门之祸,曹嵩率领全家到琅邪避难。琅邪在徐州刺史部最北端,相当于今天山东省日照一带,东临大海,是夫人卞氏的老家,董卓对这里鞭长莫及,曹家可以在这里栖身。

面朝大海,提心吊胆,曹嵩每天所做的事情就是领着家人在沙滩上演练如何躲避官府的追捕。董卓掌控朝廷,能以官府的名义杀人。儿子成为一个反政府的恐怖分子,曹嵩很无奈。

董卓死了!

从遥远的长安,传来一个好消息:在司徒王允的精心策划下,吕布亲手杀了董卓。史书精准地记载着董卓覆灭的时间:初平三年(192年)四月廿三日辛巳日。

董卓被宣布为逆臣,全家五十多口被杀,尸体堆积在袁家坟墓旁焚烧。董卓的尸体在长安中心广场示众,然后肚脐眼上被人插了一根灯捻,点燃,光亮如烛,烧了几个昼夜。

曹操这位反董急先锋,曾经的全国通缉犯,一朝成为国家英雄,曹家也该成为光荣之家了。

可曹嵩不喜反忧,他跺着脚,无比绝望的样子。董卓死了,天下不是开始安定,而是更加动荡。董卓死了,但是像他这样的强势人物暂未出现,一个个野心家都蠢蠢欲动,群兽逐鹿的时代才刚刚开始。知子莫如父,曹嵩知道曹操肯定会加入这场争霸风云中去。叛逆,决定了曹操知难而进;孤独,决定了曹操行动极端;倔强,决定了曹操永不放弃。争霸,要么失败而死,要么胜利而让别人死,但是必然引起无数人仇恨,最后还是死。

有人会把对曹操的仇恨转嫁到曹家的无辜成员身上,这是最令曹嵩绝望的。

长江后浪推前浪,后浪总被前浪推回去。曹嵩的人生经验告诉他,以后,曹操每走一步都是要踩着鲜血的。现在做官都要经历生与死,太不值了,花钱就可以买官的岁月,多么让人怀念啊!

可是,父亲认为不值的儿子,出了家门口却前呼后拥地被人拥戴。董卓被杀之后,其余部李傕、郭汜攻入长安,杀了王允,赶跑吕布,挟持献帝。192年冬天,曹操派王必通使长安,向朝廷表忠,其实就是想让他的兖州牧之位获得国家认定。李傕和郭汜没有舍得正式任命曹操为兖州牧,但是也回赠曹操礼物,算是默认他为兖州牧。就连朝廷最高层的人都要给曹操面子,偏偏曹嵩自己看不起自己的儿子,没办法,老子就是老子。

做儿子的出息后,总喜欢把父母接到身边。193年夏天,也就是把袁术赶到九江之后,曹操决心让父亲结束在海边做缩头乌龟的日子,要他带领全家到兖州。

儿子不让人省心,世道更让人烦心,还是白的黄的细的软的,让人感到心里踏实,因此曹嵩积攒了不少家产。曹嵩也是见过大场面的人,大家奇怪他怎么能忍受得了在海边的寂寞生活,很少有人知道,他是从妾那里得到了慰藉。他的妾无比肥胖,对曹嵩来说,肥胖的肉体更能激发他的情欲,疗治现实的伤痛。有钱,有女人,有海风,有沙滩,曹嵩在琅邪的日子还过得去。去兖州有什么好啊,看见那个小兔崽子就生气,曹嵩宁愿躲在海边的世外桃源里。

可是,曹嵩读完曹操的信之后就变了脸色,下令家人准备出发到兖州。信是绝密的,曹嵩没有对任何人透露一个字。

白的黄的细的软的，装了一百多辆车，胖妾也被装在车里，曹嵩带着全家急匆匆上路。

按照曹操的安排，兖州刺史部泰山郡太守应劭到华县一带迎接曹嵩。这是应劭义不容辞的任务，华县处于徐州刚刚进入兖州的地段，在泰山郡的地盘上。

应劭不仅仅是一郡之守，还是天下闻名的学者，热门书《风俗通义》的作者，现在为曹操做家政工，他十分抵触，行动也就慢慢腾腾的。

等他带领士兵赶到华县时，没见到一个活着的曹家人，只看到几十具血淋淋的尸体乱七八糟地倒在那里。

来晚了！应劭闭上眼睛，呻吟一声。

曹家数十口人被杀，百余辆辎重也不见，现场证据表明，这是一个抢劫杀人案。这是一件惊天大案，不仅仅案件标的数额巨大，受害人众多，而且受害人曹嵩与曹德是新兴霸主曹操的父亲和弟弟。

这件惊天大案，在各种历史记载里却是一笔糊涂账。

郭颁《世语》记载，陶谦派人追杀曹嵩，在华县一带追上，先把曹德杀了。曹嵩往后院跑，后院墙上有一道缝，他完全可以从这里钻出去，但是胖妾太胖，钻不过去，曹嵩舍命不舍妾，带着她跑到厕所里躲起来，最终被陶谦的人发现，死于非命。曹嵩用来提升生活质量的女人，最终把他拉进了鬼门关。这是陶谦策划版。

《后汉书·应劭传》记载，曹家车队遇到陶谦部队伏击，全家被杀，辎重被抢，但是不是陶谦指使并未明确。这是陶谦涉嫌版。

韦昭的《吴书》则有另外一个说法，陶谦派部将张闿带领二百人护送曹嵩，张闿见财起意，人杀光，东西抢走，然后跑到淮南袁术那里去。这是陶谦无辜版。

哪个版本是真实的，仁智互见，但有一点是无可置疑的，曹家人是陶谦的人杀的。应劭没有完成任务，弃官而逃到邺县投奔袁绍。

此仇不报，誓不为人！

二　复仇只是假象

秋天第一片黄叶飘落的时候，曹操举兵讨伐徐州。

曹军上下和徐州军民，都被曹操的复仇情绪感染，人们总是喜欢煽情的东西。其实,复仇只是假象,争霸才是本意。

在打败了南方袁术之后,向东边徐州扩张成了曹操的战略。陶谦地盘小、人马少,实力弱,软柿子一个,可以放心地捏。而陶谦也把刚刚在兖州立足的曹操看成软柿子,有向西边兖州扩张的打算。曹操和陶谦,各自拉上北边的袁绍和公孙瓒结为同盟,形成了[曹操+袁绍]PK[陶谦+公孙瓒]的对局。早在曹嵩被害之前,陶谦已经对曹操动手了。这年五月,有个叫阙宣的人造反,自称天子,身为朝廷命官的陶谦,不镇压伪天子也罢了,反而与之联合,发兵占据了华县和费县,掠夺了任城郡。因此,华县虽在兖州治下,但是陶谦部下却能出现在此地,杀了兖州牧的父亲和弟弟。

曹操写信给父亲,让他尽快离开徐州刺史部的琅邪郡,就是准备与徐州开战。曹嵩读到曹操的信时,非常紧张,就是因为上面写的事情非同小可。曹嵩不被徐州人杀害,曹操也要开战。曹嵩之死,只不过送给曹操一个动兵的理由吧,这也算是曹嵩对儿子霸业最后的支持吧。

这是曹操第一次主动进攻他人地盘,并无必胜把握。出征前,他对卞夫人说:"我如果回不来,那你就领着孩子前往陈留郡投奔孟卓(张邈的字)。"

无论世事多么险恶,还有一个张邈可以托付,曹操觉得自己还是很幸运的。虽然袁绍一直挑拨,但是曹操一直相信,如果世上有一个人绝对不害他,那就是张邈。吕布离开长安后,先后投奔袁术和袁绍,都不被接纳,在去投奔河内郡太守张杨的路上,受到张邈的盛情款待,二人相谈甚欢,最后把手共誓。分别时刻,可以握手,可以拥抱,可以垂泪,可以叮咛,共誓却显得过分诡秘。张邈和吕布共誓何事,是十分隐秘的事情,无人可知,历史当然没有记载,但是一年多之后发生的事情,让天下人都知道了二人共誓之事。袁绍派到张邈身边的间谍很可能也探知了二人共誓之事,袁绍知道后,直接给曹操下了一道命令:"杀了张邈。"袁绍仍然把曹操看成可供驱遣的部属,当然,为了让曹操愉快地接受命令,他少不了拿情报来交换:张邈与吕布共誓要把曹操赶出兖州。曹操以为这是袁绍要报复张邈。袁绍当了联军盟主,摆谱要大牌,张邈看不惯,批评了袁绍几句,袁绍心比针眼儿还小,从此嫉恨张邈。曹操才不给袁绍当枪使呢,他拒绝袁绍:"孟卓,亲友也,是非当容之,今天下未定,不宜自相危也。"宁可得罪袁绍,曹操也不肯伤害张邈。正是因为这样的交情,曹操才会有把家人托付给张邈的想法。

连托付家人的想法都有了,说明曹操抱有宁死必胜的斗志。有斗志,又有谋略,曹军在徐州所向披靡,一口气拿下十几座城池,直捣徐州军事重地彭城。陶谦死守,龟缩不出。

曹操在城外喊："有种的出来打！"

陶谦躲在雉堞后面，缩着头，同样用力喊："有种的进来打！"

果真是曹操更有种，战事一边倒，曹军大胜，攻克彭城，大开杀戒，有近万人被杀。陶谦打不过曹操，但是跑得过曹操，撤退到郯县躲了起来。

对于这场大战，有多个版本的历史记载。

《三国志·武帝纪》："秋，太祖(曹操)征陶谦，下十余城。"

《三国志·陶谦传》则明确了徐州方战死人数，"死者万数"，被杀死的接近万人，尸体阻塞了河道，"泗水为之不流"。

后来，不知怎么回事，在《资治通鉴》里，曹操成了嗜血杀人狂，"初，京洛遭董卓之乱，民流移东出，逼操至，坑杀男女数十万口于泗水，水为之不流……鸡犬亦尽，墟邑无复行人"。

一次活埋数十万人！每次读《资治通鉴》至此，总是读得特别快，不忍心阅读如此血腥的文字。

可是，这是真相吗？

据《后汉书》记载，顺帝永和五年(140年)全国总人口是49,150,220人，当时彭城全部人口为493,027人。顺帝之后大汉就进入衰微的桓灵二世，民生凋敝，人口不会增加太多，甚至可能负增长，又经过黄巾之乱，全国人口锐减，徐州是黄巾之乱重灾区，人口减少更多，虽然有洛阳一带百姓为躲避董卓之乱而逃避到徐州，但是人数不会太多。乐观估计，曹操攻打徐州时，彭城的人口也就是三四十万，可以称为数十万人了。《资治通鉴》上说曹操屠杀数十万人，莫非把有的人埋两次甚至更多次进行统计？曹操一边攻城拔寨，一边把彭城的所有人都抓起来，然后全都杀死，最后都扔到河里，这可能吗？真要这样，曹军士兵累也累死了，不用说打仗了。

一个很明显的错误记载，却被大多数人相信，这是因为血腥场面更能激发人的兴奋度，更值得人们追逐。至于其中科学与否，却往往被忽视。

抛下这桩公案，回到193年的徐州战场。一直攻无不克的曹军，在郯县停下了胜利的步伐。千里远征，曹军师劳力疲，军粮供给成了问题，战斗力下降，攻城不克。

更让曹操头疼的是，郯县来了一支援军。

三　角色的转变

陶谦敢向曹操叫板,就是因为背后有公孙瓒支持。194年2月,公孙瓒派青州刺史田楷带领刘备救援陶谦。这就是曹操在郯县打不开局面的一个重要原因。

刘备只有一千多士兵,公孙瓒舍不得给他增兵,但是刘备意识到发展个人实力的机会到了,他募集了一批乌丸族骑兵,一路上又抓饥民参军,到徐州时已经有数千人了。饥民最需要的是粮食,吃饱了训练后才能上战场,有违救援的本意,但是刘备理直气壮:老子出生入死为你们徐州而战,你陶谦怎么也得管碗饭吧。本是救援别人,却借别人力量壮大自己,刘备不愧是地摊主出身,空手套白狼,只赚不赔,可真有一套。

陶谦又拨付给刘备四千丹杨精兵,于是,刘备就拥有了近万人的部队。陶谦把刘备当作驴马,先喂肥了再使唤。

可是,刘备刚刚把那四千丹杨精兵点完名,曹操就退兵了。

曹操其实不想退,但是从小就熟读的孙子兵法告诉他必须要撤退了。"攻城则力屈",兵法上说长期围城会消耗大量军力,例如最根本的军粮。曹操选择秋季发动进攻,是因为能在敌占区就地解决粮草补给,这就是孙子提出的"因粮于敌"。打仗已经打到第二年的早春,青黄不接,只有钻墙角抓老鼠吃了。

陶谦,先让你的狗头暂挂在你脖子上几天!

曹操果断下令撤退,他本来就是一个懂得当舍则舍的人。

前面就是兖州地界了,曹操看到有个人伫立在早春的寒风中,眼眶湿润了。张邈亲自来迎接了!

握住朋友温暖的手,曹操再也控制不住,泪如泉涌。

半年了,血海里趟过,死尸堆里爬过,与死亡一次次擦肩而过,心早已被血渍泡得坚硬无比,现在感觉到了友谊的温度,心马上变软,化为了泪水。

曹操只顾着流泪,没注意到张邈眼角的泪水似乎突然结冰,隐隐地透着一股寒意,不,是杀意!

让张邈瞬间发生感情变化的,是曹操身后的一员猛将。公孙瓒派刘备和田楷助阵陶谦,袁绍也派朱灵率领三营士兵助阵曹操。曹操从徐州撤退了,袁绍派来的诸将本应该回去,朱灵却说:"我经历的人也很多了,还没有超过曹公的。您可真是明主啊!现在遇上了,可我又能投奔谁呢!"他留了下来,从袁绍麾下大将,变为曹操麾下大将。

张邈的角色也转变了，从无间的朋友，变为心怀鬼胎的敌人。朱灵的出现，让张邈以为曹操和袁绍是穿一条裤子的。张邈坚信自己的判断，袁绍能够委托曹操去杀他，那这二人的交情该多么好呢。

"为了报答袁绍，曹操一定会杀了我的！幸亏我早有防备。"张邈很佩服自己的超前危机意识。既然曹操有可能与袁绍联合来对付他，那他就可以联合别人来对付曹操。吕布与张邈本无交往，却突然受到张邈的盛情款待，绝非无缘无故地吃吃喝喝。

吕布与张邈把手共誓，原来真的是在策划联手对付我的惊天阴谋，曹操痛苦地闭上眼睛，确认袁绍先前提供的情报是正确的。

身为兖州牧，曹操个人的生存是绝对安全的，他只要考虑维护权威就行了，但是他忽视了还有人在为生存而焦虑。张邈当初正是为曹操的雄霸气质折服才支持他，可现在曹操的雄霸气质却让张邈感到恐惧。

自从王匡倒下后，张邈就对曹操感到了恐惧。王匡也是讨董联军中的一员，被董卓打败后，他回到老家泰山郡，征募士兵，打算与张邈联合，并未向曹操示忠。曹操很快就出手，联合王匡的仇人，将他杀了。张邈想："这是防备我坐大啊！"张邈断定，即使不为袁绍，曹操也会除掉他。以前，张邈罩着曹操，感觉比较爽，而现在曹操成了兖州牧，张邈却依然是兖州治下的陈留郡守，张邈很难接受自己从保护者到被保护者角色的转变。

在陈留郡，一个叫高柔的小伙子对乡人说："曹操占据了兖州，他本来就有争夺天下的打算，不会安然坐守兖州，而张邈太守首先占领了我们陈留郡，我担心变故随时发生，我们还是离开陈留郡躲避战祸吧。"

除非左手打右手，张邈和曹操才会翻脸打仗。没有人相信高柔，高柔只好叹息着离开陈留，带着全族人去投靠袁绍麾下一个叫高干的人。高干是袁绍的外甥，是高柔的堂兄，高柔投靠他就是为了找一个没有战争的地方生活。

曹操本来是兖州人找来打黄巾军的，那时他的角色是保护神。黄巾军被解决了，曹操坐稳了兖州牧。本来是请来打短工的，可活干完，短工成了东家。怪不得当初他那么着急来，原来就是为了取得州牧之位啊，兖州人纷纷抱怨。在兖州人的眼里，曹操的角色也成了一个坑蒙拐骗的无赖。

而曹操自身也在不知不觉地发生着改变。与黄巾军作战时，是为兖州万民效劳，而做兖州牧，需要捍卫权力和地位。效民时需要弯下腰，牧民时则喜欢挺着腰。曹操的腰板挺得格外直，兖州是我打下来的，本来就该属于我，兖州人都要听命于我，曹操这么想。

就这样,兖州人与曹操的关系,悄悄地发生了变化。陈留郡有一个叫边让的人很出名,孔融瞧不起天下人,唯独对他极力称赞。他对曹操压根儿就瞧不起,提起曹操时,往往用讽刺鄙视的语气。曹操杀了边让,把他的头颅割下来挂在城墙上,告诉兖州人:破坏我的权威,下场与此头同。

兖州人从边让的头颅下经过时,总是低头加快步子,曹操想兖州人还是挺乖的。他不知道,兖州人其实是在想,如此专横之人,怎配掌牧兖州!

陈宫狠抽自己耳光,脸都肿了。后悔的时候,他喜欢打自己耳光——正是他首倡,大家才把曹操迎来兖州。他暗暗发狠:我能把曹操搞来,也能把他搞走。

陈宫被自己的义愤感动,觉察不到他只是在报复而已。陈宫在东郡也是实力派,他认为曹操是赖他之力才坐上兖州牧的位子,理应给他派个大红包:东郡太守。可是,曹操却让心腹大将夏侯惇做了东郡太守,要陈宫听命于夏侯惇。

要命的是,曹操对自己在兖州人心目中角色的转变丝毫不觉,还以为自己在兖州人眼里是为兖州平定黄巾之乱时的香饽饽。征兵、征粮、征徐州,把兖州人拖进战争的泥淖。

"曹嵩又不是我们兖州人的爹,凭什么拖累我们啊。"兖州人骂曹操。

四　同样的角色

这时候,刘备在徐州扮演的角色,正如曹操最初在兖州扮演的角色。

不同的是,曹操是兖州人敲锣打鼓请去的,刘备是赖在徐州不走自己要留下的。

"我要留下来,帮助徐州。曹贼定会卷土重来,就让我为徐州人承担箭雨吧。"刘备对田楷说,拒绝跟他回到公孙瓒那里。

刘备现在拥有近万部卒,翅膀硬了,可以单飞了,而且又脱离了公孙瓒的势力范围,他可以不再扮演"公孙瓒的同学"这一角色了。人们提起他,总是说"公孙瓒的同学",这时刘备就会揪着大耳朵,厌烦地想,人家有名字啊,叫"大耳朵"也可以啊。在公孙瓒那里,他的角色是部属,在陶谦这里,他的角色是VIP贵宾,因此他留在了徐州。

事实证明,刘备这步棋走对了。陶谦表荐刘备为豫州刺史,让他驻扎在小沛。徐州牧表荐豫州刺史,着实搞笑,但陶谦借此表明刘备不是他的部属,让刘备不能再赖在徐州不走。小沛属于豫州刺史部,曹操要进攻徐州,刘备可以先在小沛狙击,为陶谦赢得时间优势,因此,刘备扮演的还是挡箭牌角色。

在小沛,刘备还客串了一个角色:新郎,他娶了甘氏。刘备虽然三十多岁了,但是历史没有记载他这时有儿子。但愿甘氏能给他生个大胖儿子!

新郎刘备很爽,但是豫州刺史刘备却多多少少有些不爽,因为除他之外,还有两位豫州刺史,一位是朝廷任命的郭贡,另一位是袁术任命的孙贲。卖草鞋的话,扎堆摆摊尚能创造规模效应,但是做官就不同了,权力只有独享才有滋味。一想起世上还有孙贲和郭贡二人,刘备就用力揪自己的大耳朵,仿佛这样就能缓解痛苦。

把耳朵揪得发红发热之后,刘备开始鄙视自己:和孙贲计较个什么劲呢,他不过是个野鸡刺史罢了。

孙贲是孙坚的侄子,孙坚死了,他就是孙家的旗帜人物了。孙坚的部属被袁术接管,作为补偿,袁术任命孙贲为豫州刺史。孙贲未经朝廷任命,在刘备看来就是个野鸡刺史,不值一提。可刘备却选择性遗忘了他也没有经过朝廷任命,孙贲是野鸡刺史,那他就是野鸭刺史。

"孙贲,庸夫而已,何足道哉!倒是孙策,虽然只有十八九岁,但是颇有心机,有他在,我总是感到不安。"陶谦对刘备说。

堂堂徐州牧,敢和曹操叫板,却忌惮一个孩子,莫非这个孩子有三头六臂?

孙策当然没有三头六臂,只不过长得比别人帅了一点而已,被称为"孙郎"。按照礼制,孙策在曲阿为父守丧25个月。父亲死的时候,他是一个17岁的追风少年,守完父丧,他是一个19岁的当家男人。身为长子,他肩负起照顾母亲和弟妹们的责任。最大的弟弟孙权,不过10岁,指望不上,孙策便自己毅然扛起了所有担子。

最大的担子就是报杀父之仇。《礼记》上说:"杀父之仇,弗与共戴天。"报杀父之仇,对曹操来说只是假象,而对孙策来说,则是人生驱动力,刘表和黄祖是必定要死的,而且必定要死在孙家人之手,所谓血债血偿。已近不惑之年的曹操,早就浸染为社会关系的人,做事靠功利驱使;血气方刚的孙策,还保留自然天性,做事靠内心驱动。内心驱动的力量更为强大,因此陶谦畏惧孙策,而不畏惧手握军权的孙贲。

曲阿守丧完毕,孙策带着家人迁到江都。从孙策来江都的第一个晚上,陶谦就再也睡不好了。江都在徐州地盘上,曾是孙坚的地盘,但现在徐州牧是陶谦。曹操欺负老子也就罢了,一个嘴上无毛的雏儿也来给老子添堵,陶谦非常不爽。

按道理说,陶谦没有理由和孤儿寡母过不去,但是孙策和吴夫人不是一般的孤儿寡母。孙坚死了,但是孙家的架子没倒。孙贲被袁术表荐为豫州刺史,吴夫人的弟弟吴景为丹杨太守,而且孙家的老少爷们,随便拉出一个来,马下能战,马上能征。还有一点,更让陶谦寝食不安。天下人都认为孙家是效忠于袁术的,而袁术曾经进攻过徐州,而且以后还会再次进攻。陶谦认为,孙策来江都,是为了给袁术打前站。已经有证据表明,孙策有一个叫吕范的部下,正为袁术从事间谍活动。当然,这些证据也许是真的,也许是陶谦指使人伪造的。

要是孙策在江都扎根,那徐州就多了一重隐患。下手还是要趁早,陶谦决定将孙策扼杀于萌芽状态。可是,陶谦不想惹麻烦,不打算公开得罪孙家人,就把吕范抓了起来,下令江都官员严加审问。

江都官员向陶谦汇报:"吕范拒不招供。"

"太好了,他不承认那就有理由继续拷打他了。"

"打死了怎么办?"

"胡说,我们有过刑讯逼供吗?他死了,难道不是梦中猝死吗?"

吕范幸而没有"梦中猝死",孙策带人把吕范救了出来。江都官员吓坏了,哆哆嗦嗦地向陶谦汇报,陶谦却夸奖江都官员:"干得好!"陶谦的目的其实就是要赶跑孙策,现在孙策成了劫狱犯,在陶谦的地盘上肯定是混不下去了。

孙策只得到寿春投奔袁术。和陶谦一样,袁术一开始也以为孙策是来避难的,但是他很快就发现孙策其实是来"讨债"的——讨要孙坚的部队。

谁肯把到口的肥肉吐出来,老狐狸大耍赖账手段,百般敷衍,就是不还给孙策兵权。

孙策才19岁,怎么可能耗得过袁术啊!

陶谦是个悲剧角色,他时刻生活在焦虑中。这不,刚刚赶跑了孙策,又迎来了曹操。

五　意料之外的新年礼物

春天回师,整顿军马粮草,曹操在夏天再次进攻徐州。又是势不可当,直扑郯县。这一次他能突破郯县吗?

陶谦把刘备推了出来,让他与徐州大将曹豹屯兵郯东,截击曹操。吃我的,喝我的,把你推上刺史位子,不就是为了在这一刻使唤你一下吗?

一方是曹操领兵,一方是刘备领兵,这是后来成为三国霸主当中的两方第一次直接对抗。结果是刘备败给了曹操。曹操的战场雄风在刘备心里留下了阴影,在以后的多次交手中,刘备只要一听说是曹操亲自出场,大多数情况下是拔腿就跑。

这次进攻,曹操仍然采取血洗政策,所到之处必定血流成河。在琅邪国的阳都县,有一个14岁的少年,厌恶地盯着铺满道路的尸首。幼小的他很难想得通:这人为何会如此残忍!从大家恐惧的谈论里,少年知道这人是一个叫曹操的人。从此,曹操在他心里成了恶的代表,以至于长大后,他仍然容不下曹操,并且成为曹操一个强劲的对手。这个阳都少年,名字叫诸葛亮,字孔明。

人都被杀死了,眼前的尸骨无人掩埋,不久就会纷纷化为白骨。残酷的景象,让人想起四句诗:

白骨露于野,千里无鸡鸣。

生民百遗一,念之断人肠。

这是曹操诗作《蒿里》中的的点睛之句,因为形象概括了东汉末年军阀混战的人寰惨剧,千古传唱。可是,那曝露于野的白骨,又有多少是他一手制造的呢!当他为战争而断肠长喟时,可曾想到他正是战争的发动者。

一面是悲悯的诗人,一面是血腥的霸主,哪一面才是曹操的真面目?或者,一面此,一面彼?是因为诗人的感情太过激烈,他才向徐州人举起屠刀,还是因为霸主的气魄足够强大,他才能写出如此振人肺腑的诗句?

刘备不堪一击,曹军顺利地占领了距离郯县仅四十里的襄贲。这一年,陶谦63岁了,在那时已经算是老人了。老人总是更能看透人生,他从城墙上望去,遍地是死尸,心中突然升起同情,对曹操的同情——杀这么多人,只是为了抢夺一块地盘,死了不过是占用六尺之地而已。

罢了,把徐州让给你吧!

陶谦让两个儿子陶商和陶应把他从床上扶起来,指挥着家人打点行装,准备回丹杨郡老家养病去。60多岁的老人,面对如此大的压力,一病不起。现在,他的敌人不再是曹操,而是病魔带来的消极情绪。

徐州,就让大耳朵和曹阿瞒去争吧,谁死谁活,让他们互相折腾就是了。

而这时,一个好消息传来:曹操退兵了!

徐州欢呼。陶谦病怏怏地靠在枕头上,问:"兖州出现什么问题了?"曹操正占上风却退兵,肯定是后方出了大问题。

"张邈和陈宫叛曹,陈宫派人迎接吕布担任兖州牧,已经占领兖州大部分地区。"吕布与张邈的把手共誓,终于付诸行动了。

"非刘备不能安此州也。"陶谦安排身后事,对属官糜竺说。糜竺是徐州东海郡人,大富豪,资产过亿,僮客就有一万多人,同时还担任别驾,处于徐州权力层的核心,陶谦要在死后把州牧之位让给刘备,必须获得糜竺的支持。糜竺还有一个弟弟叫糜芳,有一个妹妹,名字不详,暂且称之为糜小妹。

陶谦有两个儿子,却把州牧位子拱手相让,因为州牧位子现在是一个烫手山芋。西有曹操,南有袁术,北有公孙瓒,个个都不是善茬。东边虽没有威胁,但是临近大海,没有退路。

徐州牧是个苦差事。可是,毕竟是州牧之位啊,多么诱人啊!

"我已经34岁了,也许,出人头地的机会终于来了。"刘备沉思。草根出身的皇族,草鞋摊主起步的英雄,一直以来,刘备只能遥望心中的灯塔。而现在,命运一下子就把他推到灯塔之下。

登上去吗?那样就能达到一直遥望的高度。

转身离开吗?那样跋涉多远才能再次来到这里呢?

犹豫,纠结,面对糜竺,刘备一时拿不定主意。糜竺迫切需要有个强势牧守抵御曹军,他可不想亿万家财被来自兖州的贼人哄抢。陶谦一死,他就捧着陶谦的遗嘱,带人来到小沛,迎接他们的州牧。

"嗯,嗯……是否还有更能胜任之人?"刘备含混地说,没有拒绝,但也没跟糜竺走。

广陵太守陈登也来到小沛,对刘备说:"现在汉室衰败,天下动荡,建功立业,就在今日。徐州殷实富庶,人口百万,我们想委屈您担任州牧。"

刘备说:"袁术近在寿春,此君四代人出了五个位在三公的,天下仰慕,您可以把徐州交给他。"

袁术志大才疏,天下无人不知,刘备却说他能胜任徐州牧之位,只是想确认陈登为代表的徐州官民是否真的愿意贯彻陶谦遗嘱。

陈登急忙表态:"公路骄豪,非治乱之主。现今我们为您召集十万大军,上可以扶助天子,拯救百姓,成就春秋霸业,下可以守卫安定一方,青史留名。您如果不答应我们,我也不会由着您。"

陈登不允许刘备拒绝,可是刘备要是铁了心想拒绝,徐州人总不能把刀架在他的脖子上吧。陈登这样"胁迫"刘备接受州牧之位,是算准了刘备不会拒绝,他只是在给刘备搭个梯子,让他顺着爬上去。

孔融也跑来了,劝说刘备接受:"袁术岂是忧国忘家的人,至于他家那些当过三公

的先辈,不过是冢中枯骨而已,何须介意!今日之事,百姓拥护的是有能力的人。天予不取,悔不可追!"

北海相孔融的出现十分蹊跷,他是青州刺史部的官员,却越界过问徐州牧人选,说好听了是热心肠,说难听了是狗拿耗子。刘备先前援救孔融,虽然没使上劲,但是孔融欠了他一个人情。有人情不还,怎能对得起圣人祖宗?

人之将死,其言也善,陶谦遗言"非刘备不能安此州也",想来是肺腑之言。糜竺、陈登等徐州权力层核心人物也都寄厚望于刘备,就连看不起天下人的孔融也来激励刘备。也许,刘备的确有几把刷子,值得期待。

羞羞答答,半推半就,194年十二月,刘备担任了徐州牧。今年过年不收礼,收礼就收州牧之位。

拿人礼物,为人办事,刘备必须要解决来自曹操的威胁。曹操虽然回去对付张邈和吕布了,但他时刻会卷土重来。曹操两次进攻徐州,采取屠杀政策,徐州人得了"恐曹症"。

"不用一兵一卒,便可解除来自曹操的威胁。"刘备淡然一笑,拿出那份与公孙瓒同学时留下的作业本,撕得粉碎。

既是老同学,刘备就相当了解公孙瓒,知道他是一个难有作为的人,非但指望不上,还可能受他牵连。刘备一担任徐州牧,就要抛弃曾经在他无路可去时收留他的公孙瓒。及时舍弃,便能获得。陈旧款式及时淘汰,草鞋才会卖得快,刘备的政治智慧来自于摆地摊卖草鞋的经验。他担任徐州牧之后,做的第一件事情,就是在公孙瓒任命的青州刺史田楷还在任的情况下,表奏孔融为青州刺史。你支持我做了一个徐州牧,我给你一个青州刺史,够意思吧。孔融是天下名人,表奏他为刺史,天下人就会问:"这个表奏孔融的人是谁呢?"这样,刘备就能在短时间里出名。最关键的是,这样做就能宣告与公孙瓒的决裂,就能讨好袁绍。陶谦活着的时候,与公孙瓒结成同盟,而现在刘备背叛公孙瓒,削弱公孙瓒的力量,对于正陷于与公孙瓒战争中的袁绍来说,这无疑是一个利好消息。

而此时,陈登到袁绍那里,汇报说刘备做了徐州牧,袁绍为了让徐州更彻底地与公孙瓒划清界限,就慷慨表态,说刘备就是为担任徐州牧而生,再恰当不过了。

这时的曹操,在兖州被吕布缠住了,水深火热,正需要袁绍的支援,讨好袁绍还来不及,更不用说反对了。凡是袁绍拥护的,曹操也拥护,袁绍说刘备可做徐州牧,曹操就点头说那是必须的。

兖州人目瞪口呆，没想到刘备会以这种方式解除了来自曹操的威胁。无缘无故遭到背叛的公孙瓒，下令在他治下，任何学生再也不能使用作业本，违令者拉去徐州攻打刘备。有人对公孙瓒说："你的同学刘备……"公孙瓒就会打断别人的话，说："你才是刘备的同学呢！你全家都是刘备的同学！"

六　麦子决定战争走向

张邈、陈宫和吕布搞的动作很大，张邈和陈宫在兖州是实力派，实力根深蒂固，人脉盘根错节，吕布又是天下闻名的武将，这三个人组合在一起，很快就占领了几乎整个兖州，只有鄄城、东阿、范三个县还在曹操势力的掌握中。

徐翕背叛！毛晖背叛！回师路上，郡县守将背叛的消息接踵传来。曹操在部下面前很没面子，想了很久，想起来一个人，就说"所有人都背叛我，魏种也不会背叛我！"魏种是曹操来兖州后举荐的孝廉，他在曹操面前表态效忠，感天动地，曹操印象深刻。

"魏种叛逃了！"曹操一踏上兖州，就有人向他汇报。曹操大怒，发誓说："他只要不逃到南越和北胡，我定饶不了他！"

第二年夏天，麦熟季节，曹操在与吕布的战争中占得上风，连连得胜，一直到了乘氏（治所在今山东巨野西南），再往前不远，就是徐州地界了。

曹操打算暂且放过吕布，先解决了刘备再说，让人们知道单凭耳朵大是不能做州牧的。

刘备担任徐州牧已经有半年了，此刻面临新的考验，他能给拥戴他的徐州人一份满意的答卷吗？

与吕布的战争，曹操一开始并不占上风。从徐州撤回兖州，曹操与吕布的第一仗就差点儿丢了性命。那是在濮阳之战中，攻方是曹操，守方是吕布。曹操为打不开局面发愁时，濮阳城中的大姓财主田氏雪中送炭，与曹操约定打开城门，里应外合攻取濮阳。

曹操率领大军从洞开的城门里进城，散步一样。为了激励将士奋勇杀敌，曹操下令烧毁城门，以示决不后退的决心。大火燃起正是信号，埋伏在城中的吕布精兵从四面八方杀出来，刀光映着火光。

"中计了！"曹操呻吟，田氏原来是吕布撒下的诱饵，而曹操轻易地就上了钩。曹军阵势溃散，曹操与将士失去联系，成了独行侠，被吕布的一队骑兵挡住了。

"喂,那个矮子过来!"骑兵命令曹操过去,然后问,"曹操那个狗贼在哪里,快说!"

曹操是个小个子,他一直为此感到自卑,但是现在却成了幸事,吕布的骑兵想不到,威震天下的曹操居然会是一个如此矮小的人。

"是他,骑黄马的就是曹操!"曹操指着前面的一个倒霉蛋说。

"好!"骑兵放过曹操,追赶那个骑黄马的人,他们离开得那么急切,唯恐吕布悬赏的银子落入战友腰包。

"好!"曹操在心里也暗叫一下,策马朝东门疾驰而去。

"不好!"曹操对着东门燃烧的大火,暗暗叫苦。刚才为了表示必胜的信念,曹操焚烧了城门,现在大火正旺,挡住了生路。

回头一看,吕布的骑兵纵横驰骋,曹操知道他们很快就会发现那个骑黄马的人不是他,那时他们就会赶上来。没有其他选择,曹操伏下身子,贴在马背上,狠狠地踢了战马的肚子一下,从熊熊的火焰中穿过。

在穿越火焰之后,曹操从马上坠落在地上,精通武艺的他急忙用手掌撑地。一个叫楼异的司马也逃到这里,正好遇到曹操,急忙把他拉了起来,又扶上了马。战马飞驰而去,曹操这时才安下心来,才感觉到左手掌心剧痛。原来,他刚才从马上掉下时,左手掌下正好是一块燃烧的木头,他的掌心被烧伤了。

而这时,大本营内,陆续逃回来的将士们找不到曹操,都感到害怕。完了,曹操不被吕布骑兵杀死,也得被火烧死,大家都这么想。

"我曹操是不死的!"曹操出现了,他骑在马上,"哈哈……哈哈……敌人也就是这点本事了!"

曹操豪气冲天地大笑,使得三军将士忘记了刚刚遭遇的失败。曹操亲自劳军,置办攻城器具,再次展开进攻。

今年大旱,收成不好。双方相持百余日,粮食一天天消耗,尸体一天天增加。战争仍然没有结果,曹操和吕布都在艰难地支撑。

已是秋季,正是蝗虫活跃的季节。一碧如洗的天空,有一角突然涌上了阴霾,是要下雨了吗?

接着,四周村落里响起了急促的锣鼓声。吕布要发动偷袭吗?不对啊,吕布要偷袭,应该是从前面濮阳城里出来才对啊。曹操惊愕地看看濮阳城,那里死一般的寂静。

百姓从四面八方跑出来,曹操很熟悉他们的表情,这是徐州百姓见到他们的军队时的表情,但是,与徐州百姓不同的是,百姓并不躲避士兵。曹操走向人群,问最近的一个人:"怎么了?"

"蝗……蝗……蝗虫来了!"那人的声音无比恐惧,手中的铜锣掉在了地上。

蝗虫!曹操变了脸色,抬头向前方望去,才发现刚才的阴霾是土灰色的,云是没有这种颜色的。果真是蝗虫!

这种大群的蝗虫被称为"飞蝗",也就是蝗灾。蝗虫有集体行动的本能,成群结队的蝗虫云一样卷过绿色的原野,落了下来,等再飞起来时,刚才它们降落的地方就只剩一片土黄,就连野草也被它们吃光了。

百姓并不懂得如何消灭飞蝗,只懂得集合起来敲锣打鼓乃至敲击一切能够发出声音的东西,试图驱走飞蝗,但是,这种心理安慰似的方法对飞蝗没有丝毫威胁。此时正是秋季作物收获的季节,灰色覆盖的天空之下,农民只能枯立着,眼睁睁地看着他们的劳动果实和下半年生活的依托,转眼之间变成蝗虫吃剩下的残渣。

"谷一斛五十万,豆麦一斛二十万",《后汉书》精确记载了当时粮价较往年上涨数千倍,粮食比人肉还要贵,人吃人反倒成了相对实惠的选择,"人相食啖,白骨委积"。每个人都不敢睡觉,因为一觉下去自己就会只剩一堆白骨,身上的肉已经被身边的人争食。

无论是曹操还是吕布,无论多么给力的英雄,谁都无法战胜饥饿。双方各自撤兵,回到自己营中与饥饿这个恶魔作战。

与吕布相比,曹军的饥荒更加严重。连续两年征讨徐州,又陷于战争中,军粮储备早就耗尽,而且曹操只占有东阿、鄄城、范县三个县,而吕布却拥有兖州其余的七十多个县。吕布的地盘多,筹粮相对容易一些,而曹操却只能为筹粮而愁眉不展。

寿张县令程昱站了出来,试探着说:"请允许我到老家去看看有无筹粮的可能。"

程昱的老家在东阿,也遭受了旱灾和蝗灾,程昱又如何筹粮呢?

盼星星,盼月亮,程昱终于回来了,他惭愧而无奈地对曹操说:"抱歉,只带回来了三天军粮。可是……可是……我尽力了。"曹操说:"让您受委屈了。"程昱为了完成筹粮任务,把老家都抢光了,这得需要一颗多么强硬的心啊。士兵们领来军粮,发现里面掺杂奇怪的东西,仔细一看,原来是干脯,就是晒干的肉块,再仔细一看,士兵们恐惧地发现,原来是人脯。人脯是怎么做成的,士兵们无暇顾及,只顾往肚子里塞,实在是饿坏了。程昱为了曹操的霸业,不仅抢了老乡的粮食,还把乡亲们杀了取肉做成脯。

与其眼睁睁地让大家饿死在军中,变成游走营帐间的鬼,还不如让大家离开。曹操下达了裁员裁兵令,特别是那些刚刚招募的新兵,作战能力差,饭量却一点儿也不差,还是都辞退合算。

曹操把别驾毕谌找来,对他说:"你也走吧。"

别驾是州刺史身边最高的佐吏,当时兖州没有刺史,毕谌其实就是兖州牧曹操的佐吏。毕谌是东平县人,张邈刚刚叛乱时,把毕谌的母亲、弟弟以及老婆孩子都抓了起来,然后给毕谌放出话来:离开曹操,家人活;继续跟随曹操,家人死。当时家人被张邈劫持的,不仅是毕谌,曹操一方不少人都面临着毕谌的窘境:要么背叛曹操,要么舍弃家人。

看着这些人犹疑彷徨的眼神,曹操的心疼了起来。缺少母爱的灰暗童年,父亲和弟弟惨死的血腥场面,在曹操眼前重叠浮现。

"你的老母亲在那里,你可以离开。"曹操最终对毕谌说,这也是对和毕谌同样遭遇的人采取的政策。

毕谌显然感动了,他跪下,对曹操叩头,表态说自己并无二心,坚决跟着曹操走。这种情况下还有人如此忠诚,曹操也感动地流下眼泪,把毕谌好好表扬了一番:"既然你选择做忠诚之人,那我绝对不会亏待你。"

毕谌转身离开,他走远了,曹操还在望着他的背影擦眼泪,感慨毕谌的忠诚。可是,他还没把眼泪擦干,就有人来报:毕谌跑了!

曹操的泪水又涌了出来。刚才是感动,现在是遭到背叛而感到耻辱。

不能总靠程昱搞来的人脯维持军心,这样下去会有王谌张谌李谌郭谌……无数人选择离开。

曹操做了一件他最不愿意做的事,那就是向屯兵邺县的袁绍求援,要粮要人。邺县的回复很快就到了,袁绍不提如何出兵出粮,反而要曹操把家眷送到邺县。

袁绍这是在谈合作条件,要曹操把老婆孩子送到他那里做人质。在中国古代,强弱之间,上下之间,以家属当抵押品是常见现象,称作"质"或"质任"。

欺人太甚!曹操骂了一句,很快平静下来,因为他发现自己没有资格骂。他把卞氏和儿子们找来,对他们说:"你们准备到邺县去住几天,那里起码有粮食吃。"说是住几天,也可能永远回不来。曹操这时已经有了曹昂、曹丕、曹彰、曹植四个儿子,曹植才三岁,看样子也要离开父亲了。

程昱听说了这件事,快马加鞭,见到曹操,问:"听说将军要送走家属,与袁绍联合,确实有这件事吗?"

"嗯……嗯……嗯……"

"我私下里认为将军大概是事到临头而产生了恐惧,要不然怎么考虑得这么不深远呢!"

程昱说把家眷送到邺县,那就是认袁绍为主,袁绍智谋不够,屈从于这样的人,让人羞愧,兖州虽然破败,人马还有上万,只要曹操努力,有荀彧等人扶持,一样能成就霸业。

程昱说什么不重要,关键是他的态度让曹操看到还是有人支持他的。曹操重拾信心,再次把老婆孩子找来,说:"不要去邺县了,这里也会有粮食的。"

粮食最终还是袁绍支援的,这倒不是因为袁绍突然间成了人道主义者,而是他也需要曹操活着。兖州处在中原,挡住了袁术北上的步伐,还拖住了吕布,要知道,袁绍与这两个人都是死对头。要是曹操丢了兖州,那袁绍就得直接面对这两大劲敌了。不但给粮,还给兵,袁绍对曹操的支持是全方位的,他派臧洪进入东郡,加入对吕布的围剿。

有了袁绍的支持,曹操重整旗鼓,在冬天就开始发动收复兖州失地的战斗。曹操步步紧逼,吕布节节败退。第二年五月份,一直到了乘氏,曹操停了下来,犹豫着是不是先把刘备收拾了再说。

荀彧反对收拾刘备,他的理由竟然是麦子比刘备更有价值。兖州的麦子刚刚成熟,如果牵制住吕布、陈宫的军队,那曹军就可以抢收小麦,军粮问题就可以解决。如果攻打徐州,打过去的时候,那里的麦子已经收割完毕,徐州老百姓为了麦子,一定拼命死战,而这时兖州的麦子也会被吕布收割。

麦子竟然决定战争走向。去年吃人脯吃到吐的曹操,觉得麦子的确更重要,放过了刘备,命令将士四出抢割麦子。

手中有粮,打仗不慌。曹军攻下定陶,越战越勇,击溃了吕布的兖州防线。兖州无法立足了,吕布骑上赤兔马,一溜烟地向东直奔徐州而去,陈宫跟在他后面。

吕布指望不上了,张邈准备亲自到袁术处求救。要是袁术出来搅局,吕布再趁乱从徐州杀回来,那兖州战争的胜负天平就会倒向张邈。但是,张邈带着这个梦想没走多远,就被随从士兵杀死了。士兵为何要杀死张邈,历史没有记载,也许是为了曹操的赏银,也许想早日结束战争,也许是发泄个人私愤,反正是不知名的士兵改变了历史进程。

张邈留在兖州的弟弟张超以及三族,全被曹操屠杀。三族,就是父族、母族、妻族,诛杀三族一般适用于泄愤式惩罚。张邈的背叛,战争的惯性,让曹操习惯了杀戮,友情的温暖,从此被埋葬在记忆里。此后,曹操再也没有朋友。

而张邈,因为担心被曹操杀害而背叛曹操,最终却因为背叛曹操而被曹操杀掉。人们为改变命运所作的努力,有时徒劳无功,有时适得其反。

听说张邈被杀,袁术扼腕长叹,要是有张邈效力,那就能重返兖州了!

正是有孙策效力,与袁术争地盘的刘繇才退出了江东。

七　江东的青春风暴

袁术被曹操赶到九江之后,杀了扬州刺史陈温,自领扬州,俨然淮南土皇帝,日子照样过得有滋有味。

美中不足的是孙策这个年轻人,天天讨要父亲的兵权,烦死人啊。孙策相当佩服袁术,因为袁术总是能找到理由耍赖不交还父亲的部队。

袁术担心的事情还是发生了,朝廷任命的扬州刺史刘繇前来履任。刘繇并没有因为袁术占据了扬州而退缩,而是派重兵屯扎采石矶,摆开架式与袁术抢夺长江。得长江者得江南,这个道理刘繇懂,袁术也懂。当然,后来的曹操和孙权更懂。

袁术派吴景和孙贲出战。这二人一个是孙策的舅舅,一个是孙策的堂兄,袁术期望二人击退刘繇。可是,打了一年多,二人在刘繇面前没占到丝毫便宜。

孙策站了出来,请求带领父亲旧部东渡。舅舅和堂兄没做到的事儿,他要做到。有人怀疑,吴景和孙贲作战不利,其实是有意怠战,是在为孙策提供机会。

为了对付刘繇,袁术答应了孙策,但是只拨给他一千多人和几十匹马。袁术其实是让孙策做一道选择题:A.胜,帮助袁术赶走刘繇,为袁术驱遣;B.败,要么被袁术杀死,要么灰溜溜逃回来,以后再也没脸要求带兵。无论是选 A 还是选 B,都是袁术乐意发生的结果。

为什么要在别人的安排下做选择?

孙策选了 C——趁机发展自己,脱离袁术而独立,这是一个袁术没有提供的选项。

周瑜带着人马粮草投奔孙策,孙策紧握住周瑜的手,说:"有了你,我一定会成功。"周瑜帮助孙策,是因为孙策是他最亲近的朋友。不仅仅是美少年周瑜,很多人都乐意把孙策当做朋友:帅气、幽默、开朗,与这样的人做朋友,生活是多么美好啊。孙策从寿春出发,先到历阳与吴景、孙贲会合,一路上招兵买马,到历阳时,已经有了五六千人马。

没费多大劲,孙策就突破了采石矶,然后乘胜攻打秣陵(今南京)。虎父无犬子,和孙坚一样,孙策作战也喜欢一马当先,结果被箭射中大腿,从马上跌了下来,幸亏被部下救了回去。

别看射中的只是大腿,那时的箭镞上都喂有毒药,秣陵城内期待那支箭能要了孙策的性命。

当天夜里,几个士兵从孙策军营潜出,叛逃到秣陵城内,带去了城内人最期待的好消息:孙策中箭身亡。

伟大的毒箭!秣陵城内的人庆贺一番,然后攻击孙策军营。没想到的是,他们此番进攻正中埋伏,领头杀过来的大将,帅气、神勇,不是孙策又是谁呢!

一切都明白了,孙策是诈死诱敌。可是,孙策并不急于下令进攻,而是下令让士兵齐声高喊:"你们说孙郎怎么样呢?"这哪是打仗,简直是群口相声。

敌人何曾见过如此阵势,吓得魂飞魄散,逃回了城里。秣陵地势艰险,一时难以攻克,孙策转而进攻海陵、湖熟、江乘,攻无不克,秣陵很快成了孤城,守将一看大事不妙,乖乖地弃城而逃。

孙策直逼刘繇大本营曲阿,刘繇一看自己连个孩子也打不过,羞得差点儿撞城墙自杀,最后带着几个亲兵,灰溜溜地跑了。

孙策进驻曲阿,发布告示:投降的,视为自首,个人罪责免除;投降后从军的,全家人罪责免除;投降后不从军的,回家。那时人们的追求不是什么时尚什么小康,而是活下去。谁不杀人,谁就是救世主。要是曹操在徐州也能颁布这样的告示,而不是一味屠杀,也许早就占领徐州了。孙策放下屠刀,成了占领区人民心中的佛。孙策军队很快发展到两万人,战马一千多匹,成了江东小霸王。

袁绍傻眼了,本想把孙策当成狗来培养,没料想孙策成了一只小老虎。可是,袁术只具备猪的水平啊!老虎会甘愿被猪驱遣吗?

江东英雄都乐于被孙策驱遣。吕范是一开始就跟着孙策的,一天,他陪孙策下棋,突然对孙策说:"您的事业越来越大,手下越来越多,各种纲纪尚不完备,我愿意做都督,为您打理军务。"

孙策说:"你早就成名,自己拥有军队,哪能委屈您处理军中鸡毛蒜皮的事儿呢!"

吕范说:"我远离乡土,跟着您到处奔波,就是为了做一番大业。我和您同舟涉海,我担心您弄翻了船,我做都督,是为自己想呢。"

孙策听了,只是笑,什么也不说。

吕范把棋子一扔,大步走出去,回到军营,换上都督制服,提着马鞭来到孙策的门前,大声喊道:"军中都督吕范前来报到。"

孙策把随身携带的兵符交给他,庄严宣布:"自今日起,军中诸务由吕都督全权负责,凡涉纲纪,自可专断。"

吕都督的任务比较繁重,因为孙策军中将士的平均年龄在全国是最低的,都是年轻人,血气方刚,都把守规守矩看成无能的表现,违章事情时常发生。可是,这也体现了年轻人的锐气,吕范所做的,就是把年轻人的热情引导到正确的轨道上去。

孙策军中,散发着一缕春天初生的青草味儿。孙策19岁,周瑜19岁,两个美少年构成军中两道亮丽的风景线,但是他们两个却不是"最青春"。18岁的陈武,十五六岁的吕蒙,都得到了孙策的重用,可是他们仍然不是"最青春",军中还有一个碧睛小子,只有12岁,却能独立领兵,而且显现了超强的领导才能,他发现了一个叫周泰的猛将,立即要到了自己帐下。这个12岁的少年,名字就是孙权,孙策的弟弟。

孙策在江东掀起了青春风暴,迅速立足江东,高调地成了最年轻的霸主。

可是,和曹操一样,一旦成了霸主,孙策也变得血腥了。一旦尝到权力的滋味,就会贪恋上这种美妙的滋味,就会不择手段地捍卫权力,就会采用血腥手段。无论是中年人曹操,还是年轻人孙策,因为权力巅峰的感觉太过刺激,都变得疯狂起来。

从法理上说,孙策的军事行动是非法的,因为他是受袁术指使,与朝廷任命的扬州刺史以及各地方官作战,无异于逆贼。在那个把忠君视为底线道德的时代,孙策必然会遇到殊死抵抗,而他也只能用非道德的杀戮来解决问题。

孙策进攻会稽时,担任功曹的虞翻动员太守王朗逃走,王朗说:"我是汉室正牌官吏,要守卫汉室城邑,怎能自己逃命呢?"王朗是有底气的,因为即使战败,他也能在道德上获胜。孙策即使战胜,在道德上也会一败涂地。

站在道德制高点上的王朗,军事上节节败退,一直退到东冶县。孙策势如破竹,拔下东冶。王朗的道德优势激起了孙策的强烈抵触情绪,他在东冶下令屠城。一具具尸体在眼前倒下时,那张青春俊美的脸庞上可曾闪过一丝犹疑与不安?

王朗无路可逃,最后逃到了海上,与母亲躲在了一只小筏上。孙策军队追上来,对着小筏射箭。为了让母亲活下来,王朗束手就擒。在忠与孝之间,王朗选择了孝。连别人的老母亲都不放过,孙策反道德的行为,让人不寒而栗。孙策给俘虏王朗写来一封信,说我免你一死,该是多么伟大啊。王朗回信说,要杀要剐由你,少废话。孙策用武力消灭了王朗,却没能征服他。

孙策喜欢用杀人的方式解决问题。甚至,本来可以一笑泯恩仇,但他仍然喜欢看到对方流血的样子。

严白虎是江东一虎,拥有数个山头,每个山头都有万人,孙策亲自带兵征讨,严白虎不敢出战,成了严白"龟"。严白虎想与孙策讲和,派弟弟严舆找孙策谈判。见面时,双方正谈话,孙策从腰间抽出刀,向坐席上砍去,严舆吓得跳了起来,孙策坏坏地笑笑,淡淡地说:"听说你能在坐着的时候腾跃,十分矫健,我试验一下而已。"

严舆松口气,坐好,矜持地说:"雕虫小技,雕虫小技,只是一般人做不到的,我能做到而已。"

"佩服!"孙策说着,顺手抄起一杆手戟,猛地向严舆掷去。这一次,严舆努力地想跳起来,但是没有成功,因为死人是跳不起来的。

两军交战,不斩来使,是战争最基本的道德,但是孙策把这一道德踩在脚下。

孙策忽视了,既然他可以用非道德的做法来对付别人,那别人也可以用非道德的做法对付他。孙策并没有做错什么,因为即使他用道德的做法对付别人,别人还是会用非道德的做法对付他。

这就要看谁更狠一些了。

第六章 谁执牛耳

◎皇帝是唯一一名正言顺掌控天下的人,偏偏献帝没有掌控天下的力量。掌控了皇帝,不就能名正言顺掌控天下吗?曹操有的是粮食,把皇帝接到身边,权当是喂猪得了。养猪为吃肉,养皇帝为吃天下。曹操作出了奉迎天子的决定。

◎刘备为自己的事业发愁。糜家虽富,但是提供的粮食很快就会吃完,军中莫名其妙失踪的人越来越多。面对袁术和曹操的合击,刘备不知道如何才能打回去。摆在他面前的似乎只有两条路,第一条是退回到汪洋大海里,被鱼吃掉,第二条是粮食耗尽,被糜小妹吃掉。

◎最近的敌人就是最危险的敌人。对曹操来说,远在江东的孙策目前并无多少威胁性,但是对江东的实力派来说,他们似乎都被孙策架在了火炉上。

一　皇帝的吃饭问题

有一个人，他有很多妻子和随从，本该拥有天下所有财富。可是，跟随他的人连穿衣都成了问题，他从仓库里调拨一些布匹给大家做衣服，却遭到了大管家阻挠。他又下令卖掉一百匹马，换来一些绢绸，准备给大家做衣服，结果钱和绢绸全被大管家拿走。

天下美味他本该任意享受，可是，他每天只能勉强有两餐可吃，妻子和随从们则是上顿不接下顿。他向大管家讨要五斗米，五碗牛肉，打算给身边的人解解馋。大管家一个劲地敷衍，最后经不住他的一再申请，大管家才让人送来几根发臭的牛骨头。

这人就是 194 年至 196 年之间的汉献帝，大管家是权臣李傕。

要评选中国历史上最窝囊的皇帝，汉献帝可以算一个。

189 年，9 岁的汉献帝被董卓推上皇帝宝座，开始了长达 32 年的傀儡皇帝生涯，从来没有一天能说了算。董卓死后，献帝被王允控制。王允掌权没多久，被西凉联军杀死，献帝又落入了西凉军阀手中。李傕、郭汜、樊稠三人从西凉军阀中脱颖而出，组成三人联盟，共同主持朝政。

还是那句话，权力不能共享。三人联盟在消灭了共同的敌人之后，开始狗咬狗。一个人的介入，加速了他们的瓦解。这人就是韩遂，与曹操也算是熟人，这时他与马腾结成另外一个西凉军事联盟。韩马联盟没有分得权力蛋糕，就与三人联盟有了冲突。

韩马联盟打不过三人联盟，韩遂决定出奇制胜。韩遂给樊稠写了一封信，说大家都在凉州地面上混，以后还要打交道，多个朋友多条路，为什么不给自己留条后路呢？樊稠当时正为与李傕闹矛盾而犯愁,就听了韩遂的,下令撤退,还邀请韩遂在战场上相见。

见面时,韩遂催马向前,有意靠近樊稠,与他肩并肩。别人只看到他们亲切交谈,却听不清说什么。李傕很快知道了这件事,怀疑二人勾结,就谎称开会,樊稠一到,当场被杀。

三人联盟成了二人组合,李傕和郭汜早晚也会翻脸,只是缺少一个借口。郭汜夫人帮助这两个男人找到了借口。郭太太是有名的醋坛子,老是担心老公出轨。李傕经常留郭汜在家里过夜,郭醋坛老是担心李家的女人会粘上老公,就天天琢磨如何才能让老公远离李家。

这一天,郭汜回家,发现了李傕送来的食物,他刚要吃,郭醋坛急忙阻拦,说还是检查一下为好。一查,食物里果真有毒。郭汜不知道毒是老婆放进去的,只知道怀疑李傕。

过了两天,李傕请郭汜喝酒,郭汜很容易就喝醉了,怀疑李傕在酒里下毒,就跑到厕所里吐酒。半天过去,怎么也吐不出来,幸亏他聪明,捧起一捧粪汁,喝了就吐出来了。

郭汜不想再喝第二次粪汁,就先动手。李傕早有准备,兵来将挡,水来土掩。

李傕抢先一步,把汉献帝挟持到自己军营。郭汜不甘示弱,把百官挟持到自己军营。如此一来,皇帝成了空头皇帝,百官成了无主百官,李傕和郭汜谁也不能占上风。这时,另一个西凉豪杰张济来到长安调停。张济的底气来源于三个人:一个漂亮老婆,一个能力出众的侄子张绣,一个力敌百人的大将胡车儿。

张济的调停当时没有起作用,但是数月之后,李傕和郭汜二人谁也耗不过谁,最后同意释放皇帝和群臣。

195年七月,在张济护卫下,献帝君臣赶往张济的地盘弘农郡,几经波折,十月初到达华山脚下的华阴。支持天子东迁的除了张济,还有杨定、杨奉和董承,他们都得到提拔。

李傕和郭汜反悔了,他们再次联合,挥兵杀向华阴,要抢回皇帝。董承等人无奈,向反政府军白波军求援。黄巾军失败后,余部郭太等人在白波谷(今山西襄汾县永固镇)重新起义,人称"白波军"。政府向反政府军求救,而反政府军居然也答应了政府的求救。白波军首领李乐、韩暹、胡才等人出手,护送天子。无比惊险地渡过黄河,天子一行流落到大阳(今山西平陆)。

这时,河内郡太守张杨、河东郡太守王邑前来接应天子,失散的百官也不断前来报到。没有宫殿,甚至连间像样子的会议室也没有,围个篱笆,就算是金銮殿了,献帝与群臣在里面煞有介事地上朝退朝。士兵们都挤在"金銮殿"外面，从篱笆缝里围观中国最高层的会议，这些士兵中不少是刚刚被收编的白波军，对皇帝不怎么尊重，一边看一边嘻嘻哈哈指指点点。

司隶校尉管郆长得有点喜剧，成为士兵们取笑的对象，每次他到篱笆里面圣，门口的人都向他扔东西，寻开心。司隶校尉相当于京城的检察长，何等威严啊，如今沦落到这个地步。

那些护送皇帝来到这里的人，纷纷伸手要官。李乐、韩暹、胡才三人昨天还是反政府恐怖分子，现在被政府拜为将军，就连他们的私人医生、马夫、戍卒也都成了校尉这样的高官。负责刻制公章的御史官忙得不可开交，日夜加班仍然有刻不完的公章，刻字来不及，就偷工减料改用锥子画字。反正是游戏，就看谁玩得大胆。

十六岁的献帝，谁要是能把他当皇帝一样看待，他情愿喊这人爹。人们都责怪李傕拿皇帝当叫花子看，连最基本的吃穿都不能满足他。可是，李傕有什么错呢，这个叫刘协的少年，对国家对百姓有什么恩惠呢？其实，李傕给献帝一天两顿饭吃，已经够意思了。大家都没有饭吃，刘协就凭一个皇帝名号，就能不劳而获有饭吃，还能理直气壮地要五根牛骨给身边人吃，比李傕还要霸道还要无理。要是大家都像李傕一样给皇帝颜色看，那大家的日子就会好过得很。

可是，即便皇帝无能至此，大家还是抢来抢去，争先向皇帝效忠。这不是忠君，而是都企图从皇帝那里得到更多实惠，例如官职。因此，再无能无德的皇帝，我们也会去追捧，这样反而造就了更无能更无德的皇帝来影响我们的生活。

因此，汉献帝虽然窝囊，但是仍然安坐龙椅，而且能够期待更美好的未来。过了年，正月初七，献帝下诏改年号为建安。

那个能够在建安年间给皇帝安定生活的人是谁呢？

会是眼前这个叫郭图的人吗？当时被视为天下第一霸主的袁绍，不想被排除在天子的衍生利益圈外，就派郭图来大阳打探情况，考察一下把汉献帝接到邺县的价值到底有多大。袁绍手下有一个叫沮授的谋士，他建议迎接献帝到邺县。可是，郭图和淳于琼反对，他们认为汉室衰微，天下谁有本事就是谁的，如果把天子接到自己身边，以后屁大的事儿也得先请示汇报，那样自己就没权力了，实在是碍手碍脚。袁绍可不想请一个绊脚石来身边，就暂时放弃了迎接天子的打算。

七月一日，在张杨、杨奉、韩暹、董承的护卫下，献帝一行终于回到了洛阳。

经过了几次战火的洗劫，眼前的帝都洛阳满目疮痍，宗庙公室尽为黍离。帝国颠覆,天下涂炭,让人站在宫殿的废墟前彷徨不忍离去。城里只有已故宦官赵忠的住宅可住,献帝就被安排在赵府临时居住。然后,张杨在南宫找了一处相对完整的宫殿,修缮一番,把献帝搬进去,将这座宫殿命名为杨安殿,意思是他给了皇帝安定生活。献帝下诏,张杨为大司马,韩暹为大将军兼任司隶校尉,杨奉为车骑将军。献帝被他们控制,他们做什么官,由他们说了算。一切都是利益的驱动,他们护卫天子,其实是为自己谋,偏偏打着忠君的高尚旗号。

几天后,张杨撤退回到河内郡,驻扎在黄河北岸的野王。杨奉也撤出京城,驻扎在洛阳以南的梁县。但是董承和韩暹没有撤走,因为留在洛阳就可以掌控皇帝。

张杨和杨奉为什么离开呢?因为他们遇到了一个最根本的问题——吃饭。董卓在迁都长安时,放火烧了洛阳和周围二百里的地方,强迫百姓西迁,所以洛阳成了一座死城。城里只有天子、百官以及御林军,根本找不到吃的东西。献帝下令尚书郎以下的官员全都到郊外挖野菜。当官在行的,往往挖野菜不在行,很多人完成不了挖野菜的定额任务,唯恐回去蹲监狱,加上饥饿,干脆死在了破墙断壁间。

对于汉献帝来说,谁抓住他的胃,谁就能抓住他的心,谁能让他吃饱,谁就是功臣。李傕能让他一天吃两顿饭,偶尔给他几根发臭的牛骨头,也能成了一人之下万人之上的角儿,谁要是能让他一天吃上三顿饭,那就是特等国家功臣了。在河东郡,献帝曾经在山洞藏身,在田野露宿,差点儿饿死。这时,献帝想起了吕布,亲自在木板上书写诏书,让吕布带着粮食前来救驾,吕布当时被曹操打败,自己还填不饱肚子,哪有能力照顾别人,就派了使者前去说明情况。

不过,既然是皇帝,总是有投资价值的,喂皇帝比喂猪强多了,皇帝挨饿时,你给他一碗米,以后他会还你一碗金子。河内郡太守张杨派了几千人背上足够的粮食来接应献帝君臣,河东郡太守王邑送来一些布帛。有吃的有穿的,皇帝又是皇帝了,封张杨为安东将军,王邑为列侯。

现在回到洛阳,谁能解决皇帝的吃饭问题呢?

二　一袋粮食引发的高层争论

很多宏大的事情,成败往往取决于细小的事情。你也许志在天下,不屑稼穑。可是,在三国历史上,一个个天下英雄的伟大行动,往往因为粮食缺乏而搁浅。诸葛亮数次北伐曹魏，几度看到胜利的希望，但总是因为粮食问题而被迫撤军。司马氏集团正是在淮南大力屯田种粮，才有底气渡江而过，吞并孙吴帝国。

黄巾暴乱，董卓暴政，群雄纷起，战火连绵，能种田的人不是去打仗就是去逃难。路上堆满白骨，地里长满荒草。拉起一支部队就想当天下主人的人比地里的荒草还多，可是谁也不会去想解决天下人的吃粮问题。没有人能储备一年的粮食，饿了就去抢，饱了就把多余的粮食毁掉——粮食运输消耗大量人力，为了让更多人投入战斗，又避免粮食落入敌人之手，多余的粮食往往被毁，反正是战胜了可以再抢，战败了死了也不用吃粮食了。因为粮食匮乏，还未同敌人作战就自行溃散的军队数不胜数。

袁绍和袁术兄弟俩，一南一北，两大霸主，一个比一个牛气，可是谁也解决不了粮食问题。袁绍军中，粮食配额不足，士兵就靠采摘野桑葚来哄肚子。袁术靠水吃水，发河蚌做军粮。

曹操也不例外，数次出征无功而返，不是作战不力，而是军粮不继。与袁绍和袁术相比，曹操还有一点更让人担心，那就是百万黄巾军投降于他，一人一张嘴，都要吃饭。

能成大事者，懂得从危机中寻得良机。青州黄巾军带来了农具和耕牛，曹操和他的手下谋士闻着牛粪的气味，摸着锄头上的铁锈，思考着。

谋士毛玠担任过县吏，深知民间疾苦，早在192年，他就向曹操提出"修耕植、蓄军资"的建议。农具是现成的，耕牛是现成的，百万青州黄巾军都是资深农民，组织起来种田，首先这一百万人吃饱肚子不闹事，还能提供兵源。他们吃不了，就上交军粮，当然他们不够吃的，也得上交军粮，这算得上民屯。士兵也可屯田，战则拿枪，不战拿锄，自己的军粮自己种，这是军屯。所谓屯田，就是把收降的青州黄巾军这样的劳动力按照军事编制组织起来，进行农业生产，最基层组织称为屯，生产者称为屯田客。屯田由政府提供土地、农具、耕牛、种子，收成与政府分成，本质上是雇佣农民。

在曹操手下，凡是会种田的大将都得到了重用。夏侯惇在战斗中伤了左眼，成了伤残军人，可是他在截断太寿水修建蓄水工程的时候，亲自背土，身先士卒，带领将士植稻，获得了曹操认可，成为曹操最信任的大将。

曾经与夏侯惇搭档的韩浩，就因为说了一句"当急田"，就是说种田比打仗重要，就获得曹操赞许，被提拔为护军。

我们是军人还是农民？很多一门心思靠打打杀杀立功的人不满了，种地就不那么积极，锄地时少不了故意除掉几株禾苗。可是，很快这些人就不敢再这么做了，因为曹操颁布了《置屯田令》，"定国之术，在于强兵足食"，谁不支持屯田，谁就是破坏稳定。

种田有命令，种什么也有命令。曹操下令大力推广稗谷种植。这个稗谷推广令一颁布，大家就都连连苦笑：这明明是种草，哪里是种粮啊！稗谷，其实就是一种杂草，不怕涝不怕旱，轻易死不了，不容易产生病虫害，而且产量特别高，可是稗谷有个天生的缺点，那就是口感差，而且是很差，所以农民不把它当做庄稼。可是，曹操却下令非种稗谷不可，他的道理很简单：再难吃，也比没有吃的强，你不愿意吃，正好省下来喂战马。还有一点，稗谷撒把种子就能长，不耽误军事训练，抽空打个仗。实用至上，是曹操的生存哲学。

在中国，再也没有比种地更让人瞧不起的职业了。可是，在曹操的地盘上，谁也不敢小瞧种地的，说不定眼前那个撅着屁股在田里拔草的家伙，就是郡守级别的官儿。曹操设置田官，田官独立于郡县，自成系统，典农中郎将和典农校尉级别相当于郡守、国相，典农都尉相当于县令、长。曹操选任的田官都是实干派，亲自下地劳作一把是很有可能的。

当然，在掌握中央政权前，曹操是没有权力设置田官的，但是他很早就派专人专管屯田，这是一个不争的事实。枣祗是个很有才能的人，从曹操陈留起兵时就跟从曹操，袁绍不死心，想得到他，就多次派人去拉拢他，被他果断拒绝。就是这么一个人才，被曹操任命为屯田都尉。曹操的堂妹夫任峻，则被任命为典农中郎将。那个年代，能打仗的人好找，懂农业的人却少，像枣祗和任峻这样的人，不用攻城拔寨，就靠能种地，就得到曹操重用。

屯田制有个很重要的问题，那就是与政府、与屯田客的分成。在讨论分成问题时，"计牛输谷"是大多数人的意见。计牛输谷就是按照政府提供耕牛多少，缴纳定额租。几乎所有人都在阐述计牛输谷的合理性，只有枣祗在以微弱的声音质疑。少数服从多数，曹操最后一拍大腿，得了，就计牛输谷，就这么定了，散会！

散会后，枣祗扛来一袋粮食，撂在曹操脚下，说："收成好，官府多得这袋粮，也很合理；收成不好，官府应该少收这袋粮，这样屯田客不至于饿死。"他说的这袋米可不是小问题，想想啊，一亩地多收一袋粮，合起来是个什么概念啊。枣祗提出了"分田之术"，就是把田地分给农民，根据每年的实际收成，按照一定比例交纳租谷。

枣祗的意见很有道理，可是计牛输谷已经形成决议，又怎能改变？曹操说："这个做法，只是屯田客少交一袋粮，没什么了不起的。"曹操只看到收成好对屯田客的好处，却没想到收成不好，屯田客可能要把肉割下来交租。

枣祗站在那袋粮后边，挡住曹操，不让他离开，盯着他说："您闻过则改，此事关系重大,如不更改,后悔莫及。"这个……这个……再说嘛！曹操没办法,就拿出领导敷衍下级的传统招数,把皮球踢给荀彧,让枣祗去找他。

荀彧宏观治国可以,但是具体抓经济就没主张了,他请在座的助理官侯声发表意见,侯声说:"计牛输谷,对官府有利;如果按照枣祗的建议,对农民有利。"他这话适合于收成好的时候,但是谁能保证年年五谷丰登啊,因此他这话等于没说。洞晓天下事的荀彧,也不知道脚下这一袋粮食到底是归官府还是屯田客好一些。

枣祗没办法,一咬牙,又扛起那袋粮食去找曹操。大家都认为枣祗完了,和主公这么固执地叫板,难道不是完了吗？

可是,曹操却对着枣祗放在脚下的那袋粮食沉思:这个满头大汗的人如此坚持,肯定是认为自己有道理。他静下心来,与枣祗详细切磋,最后曹操拍板,采用折中主义,推出了计牛输谷和分田之术相结合的办法:用官牛耕种的,收成60%交给官府,自己得40%;用自己的牛耕种的,和官府五五分成。这个分成剥削是很重的,但是相对于大路上那些无人掩埋的白骨来说,屯田客还是很感激曹操的。做牛做马,总比做鬼要强。

袁绍和袁术,只想着将士浴血奋战,忽视了他们还要吃饭。曹操也希望将士拼死杀敌,但是能顾及他们的吃饭问题。为了解决将士们的吃饭问题,他又让更多人耕田,同时解决了更多人的吃饭问题。

中国人从来就是勤劳的,解决自己的温饱问题从来不是问题——前提是统治者不折腾不糟蹋老百姓。

三 养皇帝比养猪划算

迎天子还是不迎天子？要么自己做皇帝？

献帝流落关外,天下群雄共同面临这么一个考题。谁的得分会最高呢？

袁术早就想自己做皇帝,巴不得献帝早一点死。天下大乱,谁也吃不了谁,谁出头称帝谁就成为天下公敌,就会被群起而攻之,因此在如何对待献帝的考题上,袁术得零分。

袁绍活得很累,游离于各种相对立的角色之间。有时他认为自己足够强大,是个可以取代天子的绝世霸主;有时他又贪恋名声,想做勤王的忠臣;有时他又贪恋权力,想自成一统搞独立。皇帝落难在大阳时,他也曾派谋士郭图去考察,但是最终没有奉迎天子。现在天子回到了洛阳,他又派人到洛阳维修太庙,打扫街道,表明对皇帝的忠心,但是最终没有做出奉迎天子的实际行动。他就是一个拿不准答案的考生,交卷时间到了,还在涂改试卷,也是零分得主。

曹操呢,一贯的务实,做不做皇帝无所谓,实力强大才是硬道理。要是做皇帝却像献帝这样狼狈,干脆找块豆腐撞死算了。可是,献帝还挺有耐心地活着,可见他的皇帝招牌还是蛮有利用价值的。皇帝是唯一名正言顺掌控天下的人,偏偏献帝没有掌控天下的力量。掌控了皇帝,不就能名正言顺掌控天下吗?曹操有的是粮食,把皇帝接到身边,权当是喂猪得了。养猪为吃肉,养皇帝为吃天下。曹操作出了奉迎天子的决定。其实,曹操并不承认自己有这样的企图,他认为自己是出于对献帝的忠诚,才作出了奉迎的决定。

早在建安元年正月,曹操就派遣曹洪西迎献帝。曹洪遭到了董承和袁术部将苌奴的阻击,无功而返。这让曹操感到十分委屈和愤怒,七月份献帝回到洛阳后,曹操还在闹情绪。愤怒出诗人,他写了一首诗歌吐槽,定名为"善哉行",其中有这么几句:

虽欲竭忠诚,欣公归其楚。①

快人由为叹,抱情不得叙。

这四句诗翻译成现代汉语是这样:

虽然我想为君主竭尽忠诚,但是不被接受,

令人欣喜的是还有人效忠。

我深深地叹息,

因为忠君之心无法对人诉说。

诗言志,歌咏情,曹操奉迎天子为的是争霸还是勤王?这个问题恐怕曹操也不好回答。

献帝回到洛阳,很快遇到了饥荒。曹操一拍桌子,作出了决定:"我要亲赴洛阳勤王。"

可是,勤王也要经过别人允许才可以。从董卓开始,皇帝早就成了实力派的私人财产,不容他人染指。现在把控朝政的是董承、韩暹、杨奉、张杨。其中张杨的实力最为强大,他驻扎在梁县,与许县临近。摆平张杨,基本上就能进入洛阳了。曹操给张杨送去当时急需的粮食,张杨很高兴,对诸将说:"曹操距离我们很近,有兵有粮,可以依靠他。"

---

①该句化用《左传·昭公元年》中的句子"诸侯其谁不欣焉望楚而归之",意思是诸侯都欣然归附楚国,这里是说有人归附效忠天子。

作为回报,他表奏曹操为镇东将军,袭父爵费亭侯。仗着手里有秫谷,就能拜将封侯,曹操很不好意思,上奏《上书让增封》和《上书让费亭侯》。

不行啊,你不接受封赏,我怎能安心吃你的粮食？献帝又下第二次策命,曹操马上上奏《又上书让封》。献帝嚼着草根,向往着曹操的秫谷,第三次下了策命。曹操把献帝的三道策命一一摆出来,两手一摊,叹口气说:"没办法啊,圣上非要封赏我,我再拒绝的话,就是抗命了！"于是,他上书接受策命。

三让册封,让天下人都知道皇帝对他的格外恩宠。突出个人的功勋,意在服众。以后,曹操每有晋迁,总是不忘三让的程式。

洛阳城内,潜流暗涌。董承和韩暹的矛盾越来越明显。

"老子护驾有功,谁敢不听我的,小心狗命！"韩暹本是一个种地的,一夜之间成了皇帝身边的权臣,气焰十分嚣张。

"天子还得喊我岳父,谁要敢惹我,那是活腻了！"董承以为他才是天下第一。

谁怕谁呢？护驾时并肩战斗的战友,此刻成了水火不容的对手。

先前阻拦曹洪迎驾的董承,给曹操下了一道密诏:火速进京,快来救驾！

当时皇帝是安全的,但是董承感觉到了来自韩暹的威胁。所谓救驾,不过是救董承而已。后来,董承才知道,真正有威胁的人,不是韩暹而是曹操。

机会来了,曹操亲自带人进京。可是,洛阳之行并不顺利。首要的问题仍然是粮食问题。粮食问题当中,最让人头疼的是运输问题,运送一车粮食,需要好几个人,这几个人在路上能消耗掉半车粮食。曹操留出足够的粮食,贴上封条:这是献给朝廷的粮食,饿死了也不能吃。

刚出兖州,配给运粮士兵的粮食就吃没了,可是没有人敢动贴了封条的粮食。痛苦的不是饿死,那个年代有人饿死很正常,没人饿死才不正常；痛苦的是快要饿死了,守着一车粮食,却一粒也不能动。

也许是曹操的忠君之心感动了上天,上天派人送吃的来了。来人是新郑县令杨沛,他搀扶着快要饿倒的运粮士兵,热泪盈眶,说:"从董卓起,天下竟还有如此忠君之人！"

新郑县的人宁可自己饿死,也不能让忠君之士饿死。杨县令下令把县里的应急储备粮全拿出来,杨沛潇洒地挥手,大方地对曹操说:"让你的勇士们放开肚子,尽情饱餐吧！"

杨沛倾其所有拿出来的,不过是晒干的桑葚而已。

一路上嚼着桑葚干,曹操在七月到了洛阳,在杨安殿朝见献帝。曹操很容易就控制了献帝,更准确地说,是献帝"求控制",因为曹操有兵也有粮,正是献帝需要的。要控制一个人,那就要满足他的需要。曹操就以最原始的方式控制了皇帝。

曹操要想尽情体验控制皇帝的乐趣,还必须摆平两个人:杨奉和韩暹。董承和张杨目前还可以算是自己人,解决杨奉和韩暹是当务之急。

曹操要献帝治杨奉和韩暹的罪,说:"这二人挟持天子,功高傲主。"

献帝无比诧异,说:"我没感觉到挟持啊,他们在我面前恭顺得很,他们护驾有功,理应受赏。"献帝倒不是真想保杨奉和韩暹,只是想与曹操较力,不想形成曹操说了算的局面。

第一次尝试以皇帝名义镇压对手,第一次尝试把自己的意志冠以皇帝名义发布,曹操只能成功,不能失败,他强硬地要求治杨奉和韩暹的罪。看样子,献帝不治二人之罪,曹操就要治献帝的罪,献帝认输了,下诏法办杨奉和韩暹。

就这样被献帝抛弃,韩暹虽然闹不懂自己犯了什么罪,可他还是吓得单骑逃出洛阳,投奔难兄难弟杨奉去了。

八月,献帝授给曹操节钺,命他录尚书事,兼司隶校尉。有了节钺,便可节制统领内外诸军。"录"的意思是总管,录尚书事就是总管尚书台事务。尚书台是朝廷日常办公机构,主管本是尚书令,在尚书令之上再设一个录尚书事,就是给曹操操控尚书台的机会。兼司隶校尉,表明曹操有了监察百官、维护京师地区治安的权力。

至此,大汉朝廷的军政大权已经落入曹操一人之手。

老子不服!有太多人不能容忍曹操。

嚓,嚓,嚓,曹操将尚书冯硕、议郎侯祈、侍中壶崇杀了。同时,曹操表奏董承、伏完、种辑等十三人为列侯。不服的,人头落地;服的,加封晋爵。

好吧,那就服。董承、种辑他们恨恨地说。

可是,要让别人服,得拿出真本事来。文武百官,妃嫔宫娥,杂役差吏,禁卫内侍,很快就把曹操带来的稗谷吃光了,一起用饿得发光的眼睛盯着曹操。要是拿不出粮食来,曹操虽然不至于被这些人吃掉,但是肯定会失去对洛阳和朝廷的控制。从兖州运粮,路上消耗极大。还有一个最大的危险,那就是洛阳不是曹操的地盘,城里的将领们各怀异心,城外杨奉、韩暹、张杨随时会杀进来。

其实,曹操根本没打算在洛阳生根,他的根在已经取得控制权的兖州和豫州。曹操隆重宣布:移驾许县。名为移驾,实为挟持,好在献帝习惯了被人挟持的日子,最多再被挟持一次,又有何妨!

八月初三，也就是曹操自领司隶校尉的第九天，诸将还在摸着肚皮数吃了曹操的多少粒稗谷，谁也不好意思把曹操往坏处想，曹操却悄无声息地移驾出了洛阳，迁都于许县。

一下车，献帝就傻眼了，亲卫侍从全都换成了新面孔，很显然都是曹操的人马。献帝并不慌张，这种场面他经历得多了，知道如何应对。他淡定地走到曹操军营，当场封曹操为大将军、武平侯。曹操原先袭爵是亭侯，现在增封是县侯，越过乡侯，直接高了两个等级。曹操跪下谢恩，献帝知道他的安全有了保障。皇帝安全了，曹操才会拿皇帝给他的官职去发号施令。

有人说献帝是被逼这样做的，但是献帝又何尝不是通过这种手段来体现他的价值呢？曹操你再牛，天子不册封你，你算个屁啊！

养皇帝要比养猪费劲，因为再肥的猪也只是只猪，可再瘦的皇帝也是皇帝。来到许县后，献帝不但能够一天吃上三顿饭，而且还可以摆摆谱了，平时日用器具也要与一般人不同，以体现皇帝的威严。可是，经过从洛阳到长安，从长安到洛阳，从洛阳到许县，这几番折腾，献帝除了裤衩，其他御用品都丢光了。只有皇帝有皇帝的样子，曹操才能借助皇帝的权威，于是他决心要给皇帝配备符合标准的器物。曹操回到家里，翻箱倒柜，找出来一大堆五花八门的锅，五件大小不一的双耳铜锅，一只纯银便携式带柄小锅，一只带杵铜臼，这都是一些御物，然后列在《上器物表》里，进献给皇帝。铜臼是用来捣药用的，说明献帝不但能一日三餐了，而且开始注意饮食养生，时不时地吃个中药炖猪蹄什么的。

过了几天，曹操又上了道《上杂物疏》，又送出去很多生活用品，包括给皇帝的纯银带漆书案一张、纯银台砚一只、纯银圆砚大小各一只、纯金香炉一尊、纯金痰盂一只、二寸金错铁镜一枚、漆画皮枕头一对等等，也包括给皇后的镜子，还包括给妃嫔公主们的黑漆皮枕头纯银痰盂、铜香炉各三十只，皇太子也得到了曹操送的七寸铁镜四枚，甚至，曹操把一个能容五石的铜洗澡盆也贡献了出来。

风水轮流转，这些御物，本是汉朝皇帝赏赐给曹腾父子的，现在曹腾的孙子又把它们赏给了汉朝皇帝。

曹操还把老家谯县的酿酒秘方"九酝春酒"上贡给献帝，并且在《奏上九酝酒法》里温馨提示：如果感觉九酝酒味道苦涩难饮，可以增为十酝，就会甘甜易饮，百病不生。

曹操对皇帝的关怀，可以说是无微不至。当然，也可以说他在借此表明对皇帝的控制。通过曹操送的这些东西来看，献帝不但在许县解决了自己的温饱问题，而且开始追求生活的品位。皇帝终于可以像皇帝一样地活着了。要是献帝是一只猪,那一定是一头最快乐的猪。

痛苦的思想者,幸福的猪,你会选择哪一个?献帝品尝着九酝或者十酝春酒,不愿去想这个让人烦恼不已的问题。

这一天,献帝刚刚端起酒杯,曹操闯进来,要献帝拜某人为镇东将军并封宜城亭侯,献帝照例是不问封拜的是谁而直接准奏。官员任命是献帝批准了才有效,但是献帝却没有批准或者不批准的权力。

曹操走了,献帝幽幽地呷口酒,似乎突然想起了什么,问身边的人:"刚才曹公封拜的是何人?"

"启禀圣上,刚才圣上封拜的人叫刘备,字玄德,涿郡涿县人。"

献帝的眼里有一种发亮的东西跳了一下。涿县刘氏,莫非刘玄德就是宗室吗?献帝依稀记得谁说过,涿郡有一支皇家宗室。

刘备很快就要来许都了。

四　看看谁更无耻

被曹操赶出兖州,吕布东逃投奔刘备,不是因为信赖,而是因为没有第二个选择。向北向南分别是袁绍和袁术,吕布刚刚离开长安后,最先选择的就是投奔他们,结果先后被他们赶了出来,吕布只能投靠刘备。

袁绍和袁术不接受,刘备就能够接受吕布吗?

一个卖草鞋的街痞,捡漏儿占了徐州,正儿八经的仗从来没打过,有什么了不起啊!诛杀国贼董卓,曾经与王允一起执掌政权,在兖州差点儿让曹操无家可归,吕布一直认为自己是顶天立地的英雄,从来没瞧得上刘备。

见到了刘备,吕布一上来不知道说什么好,憋了半天,挤出一句客套话:"我和你都是边地人。"吕布是并州人,刘备是幽州人,相对于中原人来说,他们都是边地人。

刘备听懂了吕布的潜台词:刘大耳朵啊,我清楚你的底细,别在老子面前装,你在中原根基不牢,还得依靠我。

刘备只想对吕布说一个字:滚!可是,吕布还有利用价值。早就学会了把内心的隐秘藏在心底,刘备的脸上看不出阴晴。吕布以为刘备怕了他,说:"关东诸将欲诛杀董卓,我杀了董卓,关东诸将却容不下我,都想杀我。无耻啊!卑劣啊!"

刘备无法反驳,因为吕布说的是实话。此时,刘备正要树立仁义形象,就接纳了吕布。

一天,吕布要宴请刘备。刘备去了之后,连个正儿八经的座位都没找到,吕布让他坐在老婆的床上,又把老婆拉出来显摆,让她给刘备行礼。

吕布举起酒杯,对着刘备说:"贤弟,干杯!"

吕布,你在老子的地盘上,该喊老子大哥,这点江湖规矩你难道不懂吗?关羽和张飞攥拳,瞪眼,看着刘备,只等刘备使个眼色,他们就摔碎杯子,踢翻桌子,然后指着吕布的鼻子,说出那个在梦里也想说出的字:滚!

可是,刘备却努力地笑着,端起酒杯,恭恭敬敬地对吕布说:"兄长,干杯!"

关羽和张飞不知道,刘备内心的愤怒不亚于他们。可是,刘备期待吕布能够像关羽和张飞那样,为他忠心耿耿地拼杀。因此,他不仅不能与吕布翻脸,还得对他做出亲热的样子。

吕布和刘备各自心怀鬼胎,却推杯换盏,又说又笑,融洽的气氛在酒杯里荡漾着。没有人能分清,吕布和刘备谁比谁更无耻。

当初,陶谦让刘备驻扎在小沛,做徐州的挡箭牌。现在刘备又把吕布安放在小沛,同样是做徐州的挡箭牌。刘备顺手把陶谦以前送给他的头衔转给了吕布:豫州刺史。

刘备的想法很好,就是要吕布在小沛挡住来自曹操和袁术的进攻,正如陶谦当初对他的期待一样。

可是,吕布是杀过董卓的人,他连袁绍、袁术、曹操都不放在眼里,凭什么要甘愿接受刘备的摆布呢?

袁术早就自称徐州伯,伯本来是天子的同姓诸侯,袁术与天子不同姓,却让别人这样称呼他。这个自大的家伙早就把徐州看成囊中物。他没想到刘备捡漏儿占了徐州,又气又恼。196年六月,他发动了攻打刘备的第一次战争。

刘备让张飞留守下邳,亲率关羽、赵云等人迎击袁术。双方在淮阴石亭遭遇,相持一个多月,互有胜负,谁也打退不了谁。

这时,朝廷的诏书神奇地到了,任命刘备为镇东将军,封宜城亭侯。为了鼓励刘备与袁术战斗到底,曹操就用朝廷的名义来鼓励他。镇东将军是不久前曹操被任命的官职,现在他做了大将军,顺手把这一头衔转给了刘备。刘备此时自任徐州牧,并没有等来他期望的徐州牧的任命。曹操并不承认刘备的徐州牧地位。

让袁术和刘备的战斗再猛烈些吧！曹操祈祷。

曹操没想到，这次又是吕布出来搅局。

镇守下邳的张飞闯祸了，把徐州本土派领袖曹豹杀了，下邳大乱，张飞失去了控制。袁术看到了机会，虽然他也与吕布闹过不愉快，但是这时给吕布写了一封信，狠狠地吹捧一通吕布。袁术要吕布袭击下邳，断刘备后路，条件是送给吕布二十万斛军粮。看在二十万斛粮食的面子上，吕布甘愿为袁术驱遣。

是非，荣辱，好恶，在得失面前都是浮云。刘备也曾出兵攻打曹操，而曹操这次却封刘备官职；袁术和吕布本来老死不相往来，这次却共同行动。不看谁比谁有手段，只看谁比谁无耻。

刘备在前方鏖战，吕布却趁夜攻取下邳，败走张飞，尽获刘备军资，还俘虏了刘备的妻子和部曲将吏的家属。

刘备匆忙回救，半路上遇到灰头土脸的张飞，知道大势已去，就收拾残兵，东取广陵。大家都挂记着在吕布军中的妻女，谁不知道吕布好色啊。刘备军队士气全无，惨败给袁术，逃到海西。

海西大约位于今天江苏省灌南县，如今是内陆，而在当年却是沿海。若再后退，刘备只能逃到海里喂鱼了。海西就是巴掌大小的一个地方，一下子涌进这么多人，很快造成了粮荒。每天都有失踪士兵名单报告，有时还有官吏失踪的名单报告，刘备知道，这些失踪的人都被同伴吃了。

刘备遇到了前所未有的困难境地。老天疼爱笨小孩，好运气再次降临到刘备的大耳朵上大富豪糜竺拿出大把大把金银支持刘备，同时集合仆人、族人、门客两千多人加入到刘备军中。

可是，刘备仍然是不开心的样子，糜竺想了想，又把糜小妹领到刘备面前，要他结束临时的单身生涯。想着老婆还在吕布的俘虏营里，刘备无比悲愤地进了洞房。

洞房花烛，一夜欢娱。刘备走出新房，还是愁眉苦脸。糜竺彻底没辙了，不知道怎么才能让刘备高兴。

刘备为自己的事业发愁。糜家虽富，但是提供的粮食很快就会吃完，军中莫名其妙失踪的人越来越多。面对袁术和刘备的合击，刘备不知道如何才能打回去。摆在他面前的似乎只有两条路，第一条是退回到汪洋大海里，被鱼吃掉，第二条是粮食耗尽，被糜小妹吃掉。一想到有可能被糜小妹吃掉，刘备就全身颤抖，昨夜新婚，他知道糜小妹是如何咬人的。

不服不行,好运气再次降临到大耳朵身上。吕布与袁术翻脸了!

吕布如约取得徐州,袁术许诺的二十万斛粮食却始终"在路上"。吕布这才知道,人原本也可以像袁术一样无耻,吕布下决心要袁术为他的无耻付出代价,打算与刘备和解。

做高尚君子难,做无耻小人还不容易吗?机不可失,时不再来,刘备决定投降吕布。

"什……什么……投降吕布!"

"非……非投降不可吗?"

张飞和关羽跳了起来,似乎跳起来就能想清楚问题。要是投降给一位顶天立地的英雄,那还可以接受,可是,向吕布这个无耻小人投降,那大家算什么人呢!

最后,张飞和关羽还是沉默了。要是有第二条路可以走,谁愿意如此无耻呢?

吕布果然接受了刘备的投降。这倒不是他有多么仁慈,而是他要给袁术一点颜色看。吕布乘机剥夺了刘备的徐州牧头衔,把豫州刺史的头衔又还给他。

夏日的泗水河,水流浑浊,湍急流淌,似乎有阴谋在下面奔泻。岸边,锣鼓喧天,旌旗招展,车马排列。见过世面的人都说,这是迎接刺史的规格。

吕布站在锣鼓声里,身后是一帮妇女和孩子,里面就有刘备的老婆。吕布不但在泗水边上以刺史规格欢迎刘备,还把俘虏们带到这里,直接送还。

有将领在吕布身后嘟囔:"刘备无耻小人,反复无常,趁早除掉为妙!"自从知道刘备要投降以来,诸将一直这么劝说吕布,吕布总是神秘地笑着摇头。

刘备终于来了。吕布对他说:"大家劝我杀你,我怎能答应呢?"只有把这件事说出来,吕布才能回味胜利的滋味。武将出身的吕布有个致命缺点,那就是过于好胜。

刘备害怕了,心想还是离吕布远一点好。他托人向吕布请求屯兵小沛。

吕布很痛快地答应了刘备的请求。小沛正是起初刘备安置吕布的地方,现在把刘备安置在小沛,吕布更能体验胜利快感。

袁术专拣软柿子捏,他打算在刘备最虚弱的时候吃掉他。九月份,袁术第二次向刘备用兵,派遣大将纪灵率领步骑三万进攻刘备。

救小沛!刘备向吕布求援。不说救我而说救小沛,是因为救小沛有利于吕布。

吕布手下那些想杀刘备而未果的诸将,这次重新燃起了希望,纷纷劝吕布不能心太软:"将军常常想杀了刘备,现在可假手袁术。"这说明,刘备在小沛的表现并不乖,一度曾让吕布动了杀心。

但是,这次吕布说:"不行。袁术如果打败刘备,再北连泰山诸将,那么我们就在袁术的包围中了。我不能不救大耳朵。"吕布所说的泰山诸将,是指泰山郡边境上的反政府军头目,勇敢剽悍,难以对付,就连曹操也感到头疼。

牵吾赤兔马来!

吕布带领步兵一千,骑兵二百,尘土飞扬,赶到小沛。

可是,吕布不是来打仗的,是来喝酒的。他在小沛西南一里的地方安营,准备下酒菜,请刘备和纪灵同来赴宴。

酒斟上了。吕布对纪灵说:"玄德是我的弟弟,现在被你们困住了,所以我救他来了。"刘备急忙点头,说:"那是,那是,我本来就是吕将军的小弟。"他似乎忘记了自己曾经因吕布称他为小弟而不快。

吕布说:"我生平不喜欢争斗,只喜欢消解争斗。"一个骑着赤兔马征战大半个中国的人这样说着实有些滑稽。

吕布让守门官在营门口举一枝戟,说:"如果我一箭射中戟的枝尖,你们就各自退兵;如果我射不中,那你们就留下来打。"

满营轰动,只是举戟的守门官感觉一只脚已经踏进地狱。

吕布搭箭拉弦,只听"嗖——"一声,吕布大喊:"着!"箭正中戟尖,不偏不倚。

一场磨刀霍霍的战争,成了大联欢的才艺表演。第二天,所有人再次欢聚一堂,战场拼杀变成了酒场拼酒,推杯换盏,把酒言欢。酒醒了,各自罢兵而去。一场战争被吕布的一支箭制止了。

要是,吕布射不中戟尖,他就允许双方开战吗?纪灵真的是因为崇拜吕布的射术而放弃进攻吗?

当然不。为了自己的利益,吕布宁死也不会允许袁术对刘备动兵,而袁术也不可能无视吕布而进攻刘备。

吕布拍着刘备肩膀,哈哈大笑:"是我救了你,贤弟!"

刘备并不领吕布的情,他明白谁也不会救谁,靠自己才靠谱。他在小沛暗地里发展势力,很快集合了一万多人。

吕布感觉到了威胁。他不愿袁术消灭刘备,但是也不允许刘备强大。在打击别人这件事上,吕布向来果断,他再次毅然进攻刘备。刘备不堪一击,败走小沛,到许都投奔曹操。

五　左手天堂，右手地狱

杀了他。谋士程昱劝说曹操。

不能杀。谋士郭嘉劝说曹操。

程昱的理由：刘备有雄才大略，很得民心，终不为人下，不如趁早剪除而免后患。

郭嘉的理由：刘备固然是隐患，但正值招揽天下俊杰之时，杀刘备一人，除一人之患，而失天下英雄之心。

程昱对还是郭嘉对，曹操在思考。自从把献帝迁到许县，曹操思考最多的两个问题是：1.杀掉一个人；2.重用一个人。

早在十几年前做议郎时，曹操就对朝政不满意，提了一筐又一筐建议，可惜献帝都把他的奏表当作了废纸。现在，献帝成了傀儡，任由摆布，曹操可以甩开膀子大干一场，打造自己梦寐以求的世界。

支持的人越来越多，反对的人也越来越多，因为曹操已经有足够的力量主宰别人。打造新政坛，就要先改变人事格局。一些人要消失，一些人要走来；一些人要退后，一些人要前进。曹操掀起了人事风暴，在每个位置上都换上了自己的人。和其他新当权者相比，曹操并没多少创意。很多人事变动并无必要，只是为了铲除异己而已。甚至，很多人也很难算得上异己，但是曹操要在他们身上体现自己的控制力。

议郎赵彦有个想法，那就是敢说话，像曹操做议郎时那样敢说话。他想了几天几夜，整了一个奏表，给献帝提了几条治国大策。结果呢，白天奏表上去，晚上人头落地。赵彦这样的工作狂，不懂工夫在工作外。他应该想到，献帝如果听了他的，还会听曹操的吗？

下令杀死议郎赵彦时，曹操忘记了自己做议郎时遭遇的各种不平。

曹操已经自封为大将军，对他威胁最大的就是三公宰辅了。当然，三公宰辅对曹操的崛起也很不适应。双方相互反感，相持不下，只有一方退出，才会安宁。

天子大会公卿，摆酒联络感情。曹操上殿，感觉太尉杨彪是阴着脸的，要杀人或者等着被杀的样子。杨彪很诡异，这都要喝酒了，怎么还苦着脸呢？无怪乎曹操会这么想："那肯定是要杀我了，在菜里酒里下毒就是很现成的方法。"

曹操二话不说，不管宴席还没摆好，说了一句去厕所，站起来就向外走，再也没回来。

天子沉默了,群臣沉默了,空气不再流动。曹操拂袖而去的身影,就像一只灰色的巨大翅膀,在大殿上扇动着,死亡的气息在大汉君臣的眼前浮动。

奇怪的是,曹操并没有说什么,杨彪却自知危险。第二天他就主动上书,说是身体状况不佳,请求辞去太尉。

"为何辞职?肯定是心中有鬼!查他!"曹操下令。

在调查之前,罪名其实已经确定:大逆。为啥定这个罪名?因为大逆是死罪。判决书上的理由是杨彪与袁术有姻亲关系,而袁术正在图谋自立为帝,那杨彪肯定与之有勾结。

这是不是强盗逻辑并不重要,重要的是杨彪必须去死。其实,杨彪也并不十分可恶,可是他威望太高了,杀了他就能震慑所有人。

杨彪被押上刑场,时刻一到,就会人头落地。

孔融胡乱穿着家居服,一路小跑,气喘吁吁地来到曹操面前。他来不及穿朝服,就是为了与时间赛跑,将杨彪从刀下救出来。定都许县后,为了提升新政权的品牌价值,曹操征召孔融为将作大匠(建设部长)。孔融不满足于这个角色,以为天下英雄都不如他,总想着自己是太阳,光热无穷,可以照亮全世界。他出头救杨彪,信心满满。

"《周书》上说一人治罪,不牵涉父子兄弟,况且你是把袁术的罪归结到杨公身上。杨公如此良善却要被枉杀,看来《易》上说的'积善余庆'是骗人啊。"孔融滔滔不绝如黄河之水天上来,在曹操面前大秀背书绝技。

曹操最头疼背书,就把皇帝拿出来吓唬孔融:"杀杨彪是皇帝的意思。"曹操这样说,显然是敷衍孔融。

孔融生气了,撂下狠话:"现在你横杀无辜,天下人知道后,谁不会失望呢!我,作为一个鲁国男子,你今天杀杨公,第二天我就拂衣而去,永不上朝!"孔融强调自己是鲁国人,意在提醒曹操他是圣人之后。

曹操本来就不是非置杨彪于死地不可,现在已经把杨彪从太尉的位子上拉下来,杀鸡骇猴的效果也达到了,曹操不想与孔融翻脸,落下滥杀的名声,就放了杨彪。四年后,曹操还给了杨彪一个掌管宗庙礼仪的闲职——太常卿。

孔融为自己的胜利而欢呼,却不知道他已被曹操视为眼中钉。

司空张喜也被免职了,免职的理由史无记载,也许史家认为理由已不重要,全看曹操意志。太尉和司空的位子空了出来,曹操很快就有高明的安排。

左手天堂,右手地狱,曹操拥有了拨弄他人命运的权力。在将一些人打入地狱的同时,曹操又将另外一些人引进天堂。

掌握了战场才能掌握天下,曹操深深懂得这个道理。曹操东征西战,必须有个既信得过又有能力的人管理后方事务。这个人非荀彧莫属,他被任命为尚书令,负责处理朝廷日常事务。

曹操给荀彧写信,要他推荐可以计议大事的人,荀彧推荐了郭嘉。曹操召见郭嘉,讨论天下大事,很是投机。谈完话,一出门,郭嘉就对遇到的第一个人说:"曹公真是我的明主啊。"

曹操拜郭嘉为军师祭酒,一个留在身边参谋军事的要害官职。

荀彧还把本家侄子荀攸推荐给曹操。荀攸当时滞留荆州,曹操亲自给他写信说:"方今天下大乱,正是智谋之士发挥作用之时,你却滞留荆州,观望时变,耽误的时间不是太久了吗?"荀攸来到许都,曹操任命他为军师,称他为"谋主"。

谈起郭嘉,曹操说:"使我成就大事业的,必定是这个人。"而谈起荀攸,曹操则说:"有他与我一起计议军国大事,天下还有什么可忧虑的呢!"

左手郭嘉,右手荀攸,背后荀彧,曹操的智囊团立体而丰富。以朝廷征召的名义,曹操延揽了各方面的人才。中国第一部文人传记,成书于南北朝的《文士传》,描述当时的盛况说:"贤士大夫四方来集。"

可是,并非所有人都以被曹操任用为荣。

有一个叫张俭的,一线政治名人,被曹操任命为卫尉。从任命公布的那一天起,他就关起大门来做了宅男。政府配给的公车被他悬挂起来,直到死,也没把车子取下来。

张俭是个老头,懒得与曹操上火,只在家里生闷气,年轻气盛的祢衡却从来不生曹操的气,因为有气他就撒了。

祢衡虽然只有24岁,却很出名。他是靠骂人出名的。朝廷迁到许都,他听说这里有机会,就来到这里。

祢衡不认识曹操,需要有人引荐。当时陈群和司马朗(司马懿的哥哥)很出名,有人劝他找这二人,祢衡撇嘴,说:"你是想让我去跟随卖肉的和卖酒的市井小人吗?"

"那尚书令文若(荀彧的字)和荡寇将军赵稚长,总该说得过去吧。"

祢衡摇头,说:"荀文若长得排场,可以借他的脸面去吊丧;赵稚长大腹便便,可以让他去监厨请客。"

"那孔文举和杨德祖呢?"文举是孔融的字,德祖是杨彪儿子杨修的字。

祢衡点点头,又摇摇头,说:"大儿孔文举,小儿杨德祖,尚有可取之处。其余之人都是碌碌无为之辈,算不上数。"

一物降一物,看不起天下人的孔融,偏偏崇拜祢衡。在孔融的口中,前五百年后五百年仅祢衡一人,是"颜回不死"。祢衡报之以李,说孔融是"仲尼复生"。

"复生的仲尼"极力向曹操推荐"不死的颜回",曹操产生了好奇心,说要见见祢衡。

你曹阿瞒想见我,下辈子吧。祢衡却摆起了架子。祢衡本来想着曹操一上来就会封他大官,但是曹操只是说要见见他,这挫伤了他的自尊心。

还有曹操想见而见不到的人吗?曹操不能栽在祢狂人手里,正好朝廷举行宴会,他就下令让祢衡来做鼓吏。祢衡有文艺特长,那就是击鼓,这也是他狂的资本之一。

战国时代,秦王与赵王聚会渑池,秦王让赵王鼓瑟,蔺相如当即让秦王击缶,都是为了在风头上压过对方。曹操要祢衡做鼓吏,就是要当众羞辱这个狂人。

按照礼仪,鼓吏要礼服,可是祢衡不管这一套,穿着平常服装来到宴会上,击了三通《渔阳》。大家都被他的鼓声感染了,怪不得他这么狂。

祢衡来到曹操面前,有人想讨好曹操,就呵斥祢衡:"鼓吏为何不改装就轻率地来到主公面前!"

那好吧,换就换,祢衡让人拿来礼服,在曹操面前把身上的衣服脱光,一件,一件……然后裸身而立,再换上礼服,一件,一件……他就像在自家卧室里换衣服一样淡定。换完衣服,他又击了三遍鼓。

曹操笑了,说:"本想侮辱一下这小子,反倒被他侮辱了!"

就连孔融也看不下去了,宴会结束后,他对祢衡说:"你这么文雅的一个人,怎么会这样呢!"

孔融要做好人,在祢衡面前说曹操好话,祢衡好歹也答应了给曹操道歉。孔融又对曹操说祢衡有狂疾,按照今天的话说就是间歇性精神分裂症。孔融说祢衡现在精神正常,想来给曹操道歉。

曹操正愁没法在一个精神分裂症患者面前挽回面子,孔融这么说,他十分高兴,对门吏说:"只要是有客人来,就放他进来。"

祢衡穿着粗布衣服,头巾也没正儿八经裹好,手持三尺拐杖,来到曹操大营门口,一屁股坐下,用拐杖敲打地面,破口大骂。

门吏气哭了,跑去向曹操汇报:"门口有个狂生,言语悖逆,把他抓起来,治他的罪吧。"

是可忍,孰不可忍!曹操对孔融说:"祢衡这小子,我杀他就像杀死麻雀老鼠一样容易。但是这人素有虚名,今日杀之,人们就会说我不能容人。"

曹操准备了精马三匹,骑兵二人,决定把祢衡送到荆州刘表那里去,把这个刺头儿转出去。

按照风俗,有人远行前要祭祀路神。祢衡要出发了,曹操派的人在城南摆好祭品,祢衡却迟迟不到,大家很生气,都相互提醒说:"这小子太狂了,等他到了,我们都坐着不起身,狠狠地羞辱他一番。"

祢衡终于来了,大家按照约定安坐不动,谁也不理睬他。祢衡看了看大家,突然坐在地上号啕大哭。大家问他为什么哭,他说:"有人来了,坟墓才会仍然坐着,尸体才会仍然卧着,我处在坟墓和尸体之间,能不哭吗?"

到了荆州,刘表也容不下他,可是也不敢杀他,就把他送到黄祖那里去。黄祖是个急性子,祢衡在他这里耍酷时,黄祖干净利索地把他杀了。死时,祢衡年仅26岁。

"今日杀之,人们就会说我不能容人。"

曹操也想祢衡死,但是他怕杀了祢衡一人,堵塞了求贤之路。可是,祢衡是非死不可的,所以他就把祢衡送到刘表那里。

连祢衡都不杀,难道还要杀刘备吗?杀还是留,如何对待前来投奔的刘备,曹操很快作出了决定:非但不杀,还要封官。曹操这样解释:"当今收英雄时也,杀一人而失天下之心,不可。"

刘备从曹操手里得到了豫州牧的头衔。这个任命含金量很高,因为是朝廷任命的。自此之后,一直到取得益州之前,官场上都以"刘豫州"尊称刘备。

非但封官,曹操还提供给刘备军粮,给他补充兵员。世上没有免费的午餐,曹操要刘备驻扎小沛,为他阻挡吕布西进的脚步。

可是,他又担心刘备的发展超过他的控制,就想把给刘备最大帮助的糜竺挖走。当时,关羽和张飞只是武将而已,糜竺却是徐州地方实力派,有钱有粮有人,是刘备最需要的人。

"泰山郡广远,日多轻悍,权时之宜,可分为嬴郡……请以竺领嬴郡太守。"曹操的《表糜竺领嬴郡》这样写。曹操拜糜竺为偏将军,又任命他为嬴郡太守。

这个任命奥妙无穷,既通过委任嬴郡太守的方式,将糜竺从刘备身边支开,又规定嬴郡设置只是"权时之宜",如果糜竺仍然与刘备站在一块儿,那就撤销嬴郡。糜竺根本就没有赴任,嬴郡的设置也只停留在任命书上。

打发走刘备,曹操端起放在身边的茶,呷了一口,感觉到前所未有的清香芳醇,就知道这就是天下闻名的阳羡茶。

不知是谁写下了"天子未尝阳羡茶,万草不敢先开花"的诗句,让人对阳羡茶顿生向往。阳羡(今江苏宜兴)县城西南五十里的国山,出产茶叶,天下闻名。

阳羡现在处于孙策的统治之下。

六　造假账的少年县长

曹操思考:该如何对付江东孙郎呢?

前几天,许都来了两个人,一个叫刘由,另一个叫高承,带着孙策的奏章,贡献朝廷江南特产,其中就有阳羡茶。

42岁的曹操,一想起22岁的孙策,就感觉自己已经老了。这个年轻人就像雨后春笋一样迅速崛起,让曹操感觉到很大压力。

孙策在为袁术效力,这是天下皆知的事情,可是,他却派人向朝廷表忠,似乎在表明自己与袁术立场不同。脚踩两只船,好有心机的年轻人,曹操佩服孙策。

孙策并未明确表态脱离袁术,封孙策官职,无异于承认袁术的合法性;可是对孙策置之不理,就会失去把他从袁术身边抢走的良机。曹操推敲着应对孙策的最佳方案。

那就仅限于表达善意吧。你送给我江南的茶叶,我送你中原的黄花菜。曹操派刘琬为使者赶赴江东,赏赐孙策一些物品。

派刘琬去,曹操是有用意的。刘琬是著名的面相大师,曹操要他去侦查一下,孙策到底有无威胁性。

最近的敌人就是最危险的敌人。对曹操来说,远在江东的孙策目前并无多少威胁性,但是对江东的实力派来说,他们似乎都被孙策架在了火炉上。

孙策的青春风暴席卷江东,孙策部将朱治进攻吴郡,吴郡太守许贡逃跑,投奔山贼严白虎。堂堂朝廷命官居然靠山贼保护。朱治担任吴郡太守,举荐孙权为孝廉,然后孙策任命孙权为阳羡县长。这时孙权只有15岁。

孙权生下来就长有碧眼,现在15岁了,性发育开始,长出来的胡子居然是紫色的。孙权的异相还表现在上下身的比例上,一般人是上身短下身长,而孙权则相反,上身长下身短。

刘琬第一眼见到孙权,和所有人的感觉一样,面对如此长相,不是感到怪异,而是感到神奇。不过,刘琬更多是用相师的专业眼光来看孙权。私下里,刘琬对人说:"我看孙氏兄弟,虽都才秀明达,可是都不长命。只有老二孙权形貌奇伟,骨骼体魄不同寻常,有大贵之相,又最为长寿。"

果真是相师,忽悠!人们笑了。孙权兄弟四人,长兄孙策,下面还有两个弟弟:孙翊和孙匡。一下子把孙氏兄弟的寿命全说中,除了阎王爷,谁能做得到?

面对质疑,刘琬坚定地说:"你们就等着看吧。"

事实证明,刘琬虽然是相师,但是不忽悠人,对孙氏兄弟的寿命一一言中:孙策26岁被刺杀,孙翊21岁被仇杀,孙匡20出头病故,孙权的寿命比三兄弟的总和还多:71岁。

一个15岁的少年县长,能做什么呢?

"从哪里找点银子买斤茶叶呢?"孙权问功曹周谷。功曹是人事官员,按说买茶叶这事儿该问后勤干部。可是,15岁的孙权颇有"识人之明",知道周谷能听懂他在问什么。

堂堂一县之长,不会没有茶叶喝的。周谷善于揣摩领导意图,他知道孙权是想搞点零花钱了。前几天,孙权打报告说买茶叶需要钱。这时为孙策担任财政部长兼审计署长的是吕范,他把孙权的茶叶采购报告扔到一边:"买这么多茶叶,当饭吃吗?"

孙权对着退回来的报告长吁短叹。周谷拿出了一份新起草的报告:阳羡关于修缮县衙的报告。修缮县衙,买一块砖就说用了一百块,他吕范再挑剔还能亲自来清点?造一份假账,零花钱不就有了吗?

孙权无限感激,周谷却谦逊地说以后还要仰仗孙权栽培。奉承一个15岁的少年,周谷没有丝毫为难,因为他在培养潜力股——孙权是江东小霸王的弟弟,而且颇受器重。

征讨四方,孙策总会带上孙权,让弟弟经受战火的淬炼。讨论作战方案,孙策总会带上孙权。孙权提出的建议往往让孙策感到惊奇,孙策因此对人说:"我不如弟弟!"举行宴会,孙策也会带上孙权,三杯酒下肚,就指着在座的人对孙权说:"这些人,以后都是你的手下大将。"

孙权统领诸将,那孙策做什么呢?当然是做高高在上的霸主了。可是,现在天下人都知道孙策是袁术的部属。

第七章 大浪淘沙

◎面对送不出去的诏书，曹操才意识到，他的步子迈得太大，踩着袁绍的脚了，有可能被他绊倒。放眼天下，袁绍的地盘最大，军力最强，万万不可现在就跟他闹翻。曹操一狠心，辞去大将军，转而担任司空，代理车骑将军，把大将军之位让给了袁绍。本来已经占好的位子转眼间让给别人，这是耻辱，也是策略。

◎人们都说"张飞＋关羽"组合天下无敌，但是这个无敌组合，春天花谢了，夏天河涨了，也没把"高顺＋张辽"组合打退。反而是九月叶子变黄的时候，"高顺＋张辽"攻破了"张飞＋关羽"镇守的沛城。刘备再次逃跑，这次更彻底，是单骑逃跑。不用说，他第二次舍弃妻子了。

◎孙权期待这一天已经很久了。九岁的时候，孙权因父亲被害而形成的心底创伤至今还未痊愈。在这个年代，每活一天，不息的战火就会提醒你生存的艰难，也会刺激你征服别人的欲望，你内心里那份不安就会永远存在。

一　艳遇的代价

人生正如烟花，瞬间的绚烂之后便是荒凉。

杨奉、韩暹、张杨、董承、张济五人，本是庸庸碌碌之辈，但是历史给了他们机会，让他们做了迎奉献帝东归的功臣，一时间都成了天子脚下的风光人物。但是，这一切在曹操迁驾许都之后发生了改变。

杨奉和韩暹被宣布为逆臣，被曹操打败，双双逃到了袁术那里。张杨被任命为大司马，却清冷地驻守河内郡野王县，成了一只乖乖的野兔，绝不招惹曹操。董承发出密诏，曹操才有了合法理由进入洛阳，但是董承没想到曹操客大欺主，取代了他的地位。董承想夺回权力来，但是没有兵权，只能在黑夜躺在床上苦思捷径。

张济本来驻扎在弘农郡，但是赶上荒年不收，就舍弃中原，率部进攻荆州。面对突然出现的张济，刘表很吃惊，急忙下令迎敌。在攻打穰城时，张济被乱箭射死。

张济死了，他的侄子张绣接管了部队。张绣除了忙着安葬叔叔，还要安慰寡婶。寡婶哭得梨花带雨，她想不通为什么自己长得这么美，丈夫却死了。但是，最让张绣担心的是部队的生存，要是刘表乘人之危发动进攻，那后果就不堪设想了。

这一天，张绣正劝慰寡婶不要再哭，刘表的使者找上门来，带来了刘表的建议：和好。张济中流矢而死，荆州属官都向刘表道贺，刘表却说："张济无路可走了才来投奔我，我作为主人不能以礼相待，还和他打仗，这不是我的本意。请大家吊唁张济，不要祝贺我。"

张济射都射死了，刘表这时才说自己待客无礼了，张绣当然知道刘表是猫哭耗子，但是求和的橄榄枝也正中张绣下怀。按照协议，张绣驻扎在宛城，在南阳郡一带发展，双方结成战略同盟。刘表让张绣活下来，是为了让他在宛城为荆州抵挡一下曹操。

张绣在南阳招兵买马，迅速发展，给曹操出了一个难题。本来，把刘备安置在小沛之后，曹操就想东征讨伐吕布，可是，现在卧榻之侧来了一只猛虎，曹操就得重新考虑行动顺序了。趁张绣羽翼未丰就将其干掉，无疑是最符合效益原则的。

197年春，曹操南征张绣。曹操当然是以朝廷名义出征的，虽然他自己就能做主，但是曹操还是想走一下程序，就到宫里向天子报告并辞行。曹操一进宫，就过来两个持戟的武士，二话不说，咔嚓一下就把戟架在了曹操的脖子上，曹操吓了一跳，当时就哆嗦了。他就这样被人架着往前走，来到献帝面前，乖乖地跪下跟献帝说话。

曹操不能反抗，因为这是一个礼仪。三公统兵出征前，觐见皇帝，需要执行刚才那一套程序，由武士将戟交叉在脖颈上前行，估计是给一点颜色看，让统兵者对皇帝产生敬畏之心，以免在外做对不起皇帝的事情。本来，献帝自从即位，从来没有一天说了算，天天过着在权臣手里讨生活的日子。但是迁到许都之后，在曹操的帮助下，献帝能够有模有样地做皇帝了，不但不愁温饱，还能接受群臣的跪拜，慢慢地找到了做皇帝的感觉。现在，他把这套吓唬人的礼仪搬出来，就是要在曹操面前强调一下自己是九五之尊。很可能，是董承这伙人撺掇献帝这么做的。

架在脖子上的戟是实打实的铁家伙，锋芒闪着寒光，曹操看得分外清楚。曹操提心吊胆跪在献帝面前，说上几句言不由衷的告别话语，颤颤巍巍地出来，才发现脊背上的汗水把衣服都湿透了。

曹操此刻才明白，无论怎么做，无论做得怎样，他在皇帝面前永远是臣子，性命永远攥在皇帝手里。自此，他再也没有朝见过献帝。有人说他还是怕了，有人说他胆子更大了，出兵征讨擅自做主，直接越过皇帝。

曹操前进到淯水，刚刚安营，还没决定怎么开战，张绣就来投降了，似乎他一直在盼着曹操的到来。只要是能生存下去，依附刘表或者曹操没有什么区别。一切都在意料中，曹操算定张绣很容易对付，他并没准备太多，甚至把这次南征当成了一次亲子游，把长子曹昂和次子曹丕、侄子曹安民都带来了。曹丕这时才11岁，他对绝影的关注，远远超过对战争的关注。

绝影是白鹄之外曹家的又一匹名马，顾名思义，这匹马跑起来快得连影子也追不上它。绝影现在是曹昂的坐骑，曹丕也想骑这匹马，可是父亲说他太小。每当哥哥骑着绝影进进出出,曹丕只能咂着食指,瞪大眼睛,贪婪地盯着绝影。

张绣军中两个人引起了曹操注意,一个是张绣的亲信大将胡车儿,一个是张绣的寡婶。

胡车儿勇冠三军,曹操对他十分喜欢,破格亲自接见他,赠给他不少金钱。张绣知道了,暗暗想:曹操这是想收买胡车儿,要他杀我吧。

张绣想找寡婶商量一下这件事情,没想到找了一圈找不到人。有人告诉他,寡婶被曹操领走了,估计这个时刻正花好月圆呢。

张绣憋红着脸,咬着牙,下令集合,气势汹汹地向曹操大营杀去。

曹安民和曹昂都是年轻人,睡觉很沉。曹丕睡觉,小脚丫把被子都蹬开了。曹操却没有睡觉,正全副精力地与张绣寡婶在床上鏖战。曹氏父子坦然地享受着夜晚的宁静,谁也想不到死亡像耗子一样猛地从洞里钻出来。

曹操把张绣寡婶一脚踹到床下,提上裤子就向营帐外跑去。他跑出来时,军营里人仰马翻,杀声连连。曹操明白遭到张绣的黑手了,部队已经溃散,失去了指挥,除了逃跑,没有其他选择。

可是,没跑几步,曹操的座骑被乱箭射中面部和腿,他自己的右臂也中箭。曹操失去座骑,身后是潮水般的敌人,呐喊着涌来。难道今夜就死在张绣这个无能之辈手里吗?绝望之中,一个年轻人骑马过来,跳下马,不由分说,把曹操推上马,然后他一拍马背,马驮着曹操疾驰而去,快得就像影子闪过。年轻人回过头去,加入到与敌军混战之中。

11岁的曹丕,没有什么战斗任务,被人从被窝里拎起来,骑在马上,逃离了战场。

张绣冲在最前面,大声喊着:"别让曹操跑了!"直扑曹操军营。这次要是让曹操跑了,那以后就没有好日子过了。

在营门口,张绣部队遇到了一个人的阻击。这人是曹操的近卫军指挥官典韦,他是陈留己吾人,曹操起兵时他就跟随着曹操了。典韦身材魁伟,膂力过人,武艺高强,勇猛无比,是曹营里的一员战神,军中有关于他的谚语:"帐下壮士有典君,提一双戟八十斤。"他擅长的武器是大长戟。曹操信任他,让他承担宿卫任务。张绣大军来到了营门前,曹操已经走了,但是典韦不能走,还要舞着大长戟,守住营门口,为曹操安全逃走赢得时间。

典韦一个人守在营门下,就挡住了潮水般的敌人,真是"一典当门,万夫莫开"。

打不过典韦还打不过别人吗?张绣一面猛攻典韦把守的营门,一面分兵从其他营门里杀进去，见人就杀。那个把座骑让给曹操的年轻人不幸倒在了血泊中。最后只剩下典韦和他的十几个手下还在奋战。

敌人从四面八方涌来，包围了典韦。典韦舞动大长双戟，每一次出击，都能摧毁眼前的十余支矛。典韦受了几十余处伤，大长双戟是不能用了，典韦就从腰间抽出了短刀。短刀在敌人身上头上砍出了钝口，典韦干脆把短刀扔了，与敌人进行肉搏战。

有俩小子一看典韦没兵器了，以为有机可乘，立功心切，冲了上来。典韦一手一个，把他们挟在腋下，咬着牙，把他们格死在肋下。

顺手的兵器有了！典韦挥舞着这两倒霉蛋的尸体继续战斗。

这不是人，这是战神。没有人再敢上来了，张绣和他的士兵无不两股战战，恐惧而又敬佩地围观典韦。

典韦身上大大小小的伤口都在淌血，生命就像指缝间的沙，慢慢逝去。最后时刻，典韦再次冲上前，杀了数人，伤口挣得越来越大，他瞪着眼，大骂而死。

战场顿时寂静下来，可以听得到死亡邀约的声音。

许久……张绣的士兵才走上前来，他们摘下典韦的头颅，在军中传看。他们似乎不太相信世间有如此死战善战之人，也不太相信典韦真的死了。

曹军从淯水河边一路惨败，丢盔弃甲，一直到宛县以东百里之外的舞阴，各路接应的队伍陆续赶到，曹军才停止了逃跑的步伐。

"安全了！"曹操拍拍绝影的头，又拍拍曹丕的头。曹丕看不到父亲眼角聚积的阴云，只是高兴地看到绝影身上没有了哥哥，心想一会儿他终于可以骑上这马了。

曹操的心疼了起来。他正是骑着绝影，才躲过了敌人的追杀，而那个把马让给他的年轻人，正是长子曹昂。曹昂再也回不来了。曹昂不是孤独的，曹安民在那里陪着他。一场艳遇，让他失去了儿子和侄子。

习惯了血腥，曹操此刻没有流泪，可是当他确认典韦战死的消息后，他再也不想控制自己，让泪水尽情地滂沱而出。典韦是近身侍卫，曹操与他在一起的时间远远超过与儿子在一起的时间。与儿子的感情是天生就有的，而典韦对他的信任和忠诚，则让他感到踏实。

他花钱找人，运回典韦的遗体，举行盛大的丧礼，祭奠这员战神，祭奠战争中逝去的安全感。

首次征讨张绣即以惨败告终，全军将士灰溜溜地从舞阴向许县撤退。曹操哈哈大笑，对大家说："我接受张绣的投降，由于没有及时留下他的亲人为人质，以致引起他的反叛,造成这种局面。现在我明白过来了。"

明明是傲慢带来失败,却说是对敌人压制不够。诸将愕然,奇怪曹操怎能如此总结这场战争。可是,曹操沉浸在自己的设想里,他高声地喊道:"大家看吧,从今以后,我不会再遭到这样的失败了。"

曹操率领大军退回许县,留下曹洪驻守南阳郡,与张绣对峙。张绣乘胜扩大战果,收复曹军曾经占领的舞阴等地,把曹洪压制在南阳郡最北面的叶县一带。

回到许县,很多人都变着法子不被曹操看到,因为曹操变得更加喜怒无常,常常莫名其妙地大发雷霆,就像疯狗一样。

失去了儿子,失去了侄子,失去了爱将,淯水之战让很少在战场上落下风的曹操难以接受。大家都这样分析曹操情绪异常的原因。

"不!"荀彧说,"以主公的聪明,不会计较往事,主公一定是在为其他事情烦恼。"

二 阴谋在信来信往中

果真是荀彧最懂得曹操。

淯水惨败,曹操没有激动。但是袁绍为此幸灾乐祸,写了一封信给曹操,言辞傲慢无理,曹操激动了,一举一动,异于平常。他把这封信给荀彧看,说:"现在我想讨伐袁绍,可惜力量不敌,怎么办?"

这封信暴露了一个天下皆知的秘密:天下在,曹操与袁绍之间的仇恨就在,因为仇恨正是因天下而起。

献帝流落的时候,袁绍在是否奉迎之间摇摆,曹操却果断地将献帝迁到许都,迅速地把控了朝政,获得了号令天下的权力。袁绍后悔了,他摆出曹操上司的架势,要求将皇帝迁到鄄城。信上,袁绍的理由是许县地势低洼潮湿,洛阳城残破。鄄城还是曹操的地盘,最关键的是袁绍料想曹操一直是他的部属,肯定会听他的。曹操攥着袁绍的信,感觉能攥出阴谋的毒液来。鄄城距离袁绍占据的冀州近,真要迁都鄄城,那袁绍放个屁,献帝都能闻到臭味。袁绍还是想控制献帝啊。曹操毫不犹豫地拒绝了袁绍。

献帝给袁绍下了一道诏书,指责袁绍:"你地广兵多,专门树立自己的势力,没看到你出师勤王,只看到你同别人互相攻伐。"

阴谋!这是打击我袁某人的阴谋!皇帝下的诏书,还不是受曹操指使吗?我地广兵多,曹操你的地也不窄兵也不少啊。我不勤王,你倒是勤王了,可是把皇帝控制起来了。我同别人相互讨伐,你也没闲着啊,陶谦、袁术、吕布、张绣等人和谁打的仗啊!

袁绍越想越气,给皇帝回了一封信,写得感人肺腑动人心魄,一上来,他就说传说有人蒙冤,上天就会五月降霜,悲声痛哭可以让城墙崩塌,但是他蒙冤了,他也哭了,也没见霜降城塌,可见传说都是骗人的。接下来,袁绍从自己开始参加工作讲起,什么铲除宦官,在洛阳大乱时力挽狂澜,什么带头讨伐董卓,全家被杀,反正他是汉室第一功臣。就连与韩馥、公孙瓒抢夺地盘,也被袁绍说成了自己是诛杀贼臣。不管是粉不是粉,袁绍往自己脸上抹就是了,指望能遮丑,殊不知这样显得更丑。曾经谋划废掉献帝另立新帝这件事实在不好掩饰,不提也罢。

这封信很长很长,《后汉书》全文收录,不计现代汉语断句的标点符号,一共有1147字,在古代书信中算是鸿篇了。尤其值得注意的是,信里透露了一个秘密,提到当初曹操以议郎身份担任兖州牧,正是袁绍派去的。袁绍知道这封信曹操会看到,想来他说的是实话。这正是袁绍感到不平的地方,本来是把曹操当作狗来使唤,没想到这只狗现在出息了,掉过头朝他狂吠。

这封长信送到许都,袁绍心里的火还没散完,一件让他骂娘的事儿来了:诏书来了,任命他为太尉。曹操费力从杨彪手里夺来的太尉之位有了着落。

曹操授意朝廷把这个官职给袁绍时,颇不情愿地嘟囔:"家父花亿钱才得这个官职。现在免费送给了这小子!"太尉位列三公,无上荣耀,再说袁家已是四世三公,从父辈往上数,四代人一共出了五位三公,到了袁绍这一代,还没人能当三公,这个任命诏书恰好延续了袁家代代三公的传奇,多好啊!

不好!袁绍大怒,他听颁发诏书的人说,曹操担任的是大将军。大将军位列三公之上,总百官之首。尤其是太尉,分管军事,与大将军是上下级关系。太尉的任命还是可以的,但是让曹操骑在自己头上那个什么是万万不可以的!

"曹操几次失败,快要死了,都是我救了他,现在他竟然忘恩负义,敢对我发号施令!"袁绍对使者吼道,"把狗屁诏书还给曹阿瞒!"

面对送不出去的诏书,曹操才意识到,他的步子迈得太大,踩着袁绍的脚了,有可能被他绊倒。放眼天下,袁绍的地盘最大,军力最强,万万不可现在就跟他闹翻。曹操一狠心,辞去大将军,转而担任司空,代理车骑将军,把大将军之位让给了袁绍。本来已经占好的位子转眼间让给别人,这是耻辱,也是策略。

曹操了解袁绍,知道这哥们好面子,就想派个有分量的人去邺城宣读任命袁绍为大将军的诏书。第二年三月,曹操隆重推出孔融,让他来到邺县。曹操给足了袁绍面子,同时封袁绍为邺侯,这是一个县侯,比袁绍此前的伉乡侯高一级,还赐给袁绍天子的节钺以及天子才能拥有的虎贲卫士百名。

曹操这小子还是怕了我!袁绍从孔融手里接过诏书,笑了。

可是,很快他就笑不出来了。曹操进行了一次体制改革,宣布司空为朝官之首。司空本来只负责水利、土建之类的工科事业,但是曹操做司空,司空的权力就最大了。大将军本来权力最大,但是袁绍做大将军了,大将军一职就成了空职。

那么多人拜伏在脚下,司空曹操很有感觉。见到宗承时,他想到上学时想结交这小子,这小子根本不理,于是端好架子,一字一顿地问他:"现在我们可以交往了吗?"宗承回答:"松柏之志犹存。"看来,曹操并未获得所有人的承认。

袁绍和袁术是兄弟俩,但是他们相互为敌。虽然他们相互为敌,但是他们有个共同的敌人:曹操。不同的是,袁术已经开始挑战曹操,袁绍在做挑战曹操的准备。

献帝流落在外的时候,袁术认为他已经死了;献帝迁到许都,袁术认为他已经被曹操控制,相当于一个死了的皇帝。袁术想方设法地自我催眠皇帝死了,是因为他想做皇帝。

曹操南征张绣的时候,袁术认为向天下挑明他是皇帝的机会到了。他想了想,除了他的老婆们因为想做皇后而一致支持他做皇帝之外,天下最有可能支持他做皇帝的,就是孙策和吕布了。于是,他写了两封信,分别派人给孙策和吕布送去。

给吕布送信的人,名字叫韩胤。信里,袁术说能让吕布的女儿做皇后。袁术要娶吕布的女儿为儿媳,然后要吕布支持袁术称帝,袁术死后,传位给儿子,这样吕布的女儿就能成为皇后了。这个办法虽然麻烦些,但是吕布实在找不到第二条能成为国丈的法子,就喜滋滋地答应了。

吕布把女儿打扮一新,交给韩胤,让他带走。女儿的花车出发了,吕布手下一个叫陈珪的人,紧张兮兮地跑来,对吕布说:"曹公奉迎天子,辅助国政,将军您应该同他合作,共谋大计。现在您与袁术结为亲家,必受不义之名,将有累卵之祸。"

陈珪当时担任下邳相,是徐州实力派。他的儿子陈登更是一个呼风唤雨撒豆成兵的人物,陶谦死后,他劝说刘备入主徐州,又劝说袁绍支持刘备。

吕布这人最大的缺点就是没有立场,总是根据利益计算采取行动。陈珪一提醒,他又算了一下,感觉还是跟曹操合算,立马就反悔了,派人追上韩胤,把女儿抢了回来。吕布给曹操写了一封信,举报袁术要做皇帝,同时把韩胤押解到许都。

倒霉鬼韩胤只因送了一封信，就在许都被斩首示众。

给孙策送信的人倒是没韩胤这么惨，可是也没看到孙策的好脸色。孙策特意找来大学者张纮给袁术回信。这是一封千言长信，为袁术讲了九条不可僭号的理由，对袁术严厉斥责，借机表明对汉室的无比忠诚。孙策这回很感谢袁术，很长时间以来，人们都把他当做袁术篡逆的帮凶，现在终于有机会与袁术划清界限了，在天下人面前树立他的忠君形象。

信里，孙策还顺带攻击了一下曹操，翻出曹操屠杀徐州的旧账："曹操放毒东徐"；闪烁其词地说献帝"胁于强臣"，劝袁术"当与天下合谋，以诛丑类"，这里的"强臣""丑类"，说的就是曹操。为了彰显自己的正确立场，孙策主动把这封信给人看，天下人很快就知道了这封信的内容，包括曹操。

一方面与袁术划清界限，另一方面否定曹操，孙策这个年轻人，我的青春我做主。袁术一厢情愿地以为孙策必定会支持他的，这次孙策的回信给他打击很大。要是时光倒流，再给他一次选择的机会，他肯定不会把孙策从寿春放走。

197年春天，袁术在寿春正式称帝。没有国号，没有年号，没有支持者，都没关系，只要能过一把做皇帝的瘾就行。袁术当皇帝当得很有感觉，他任命公卿，建皇宫，设祠堂，就像真皇帝一样，他的老婆们也一本正经地上演后宫争宠剧，步步惊心。不过，除了他的老婆们，很少有人买他的账。他任命金尚做太尉，金尚死活不愿意，并且逃跑，袁术把他抓回来杀了。

曹操感谢袁术！

孙策感谢袁术！

吕布感谢袁术！

大家都有了客串忠臣的机会，而且都有了借打击袁术扩张自身实力的机会。

孙策第一个高调宣布与袁术绝交，立马获得了曹操的响应。曹操不计较孙策在给袁术的信里骂了他，派议郎王诵捧着诏书来到江东，任命孙策为骑都尉，袭爵乌程侯，领会稽太守。

此前，孙策自领会稽太守，现在朝廷承认了他的地位。可是，孙策听王诵宣读完诏书，并不谢恩，转头就走。一会儿，有人来对王诵说："骑都尉职位太低，配不上孙郎。"

竟敢讨价还价！孙策，你面前站着的是钦差大臣，不是买菜的地摊主，看清了没有！但是，生气归生气，王诵最终也没发作，皇帝都成了地摊上任人摆弄的一棵葱，他这个小议郎还能有什么脾气？

算了,什么也不说了,完成使命要紧。王诵这次来的使命就是要把进攻袁术的命令下达给孙策。深呼吸,淡定,再淡定,王诵平静地问那人:"那孙郎配得上什么职位?"

"将军!"

王诵拍拍脑袋,说:"那就拜孙郎为明汉将军吧。"明汉将军是王诵刚才拍脑袋拍出来的官职,王诵临时设岗,用"明汉"一词警喻孙策。

孙策接受了明汉将军这个称号。作为交换,他同时接受了任务:与吕布、陈瑀赴讨袁术。这个组合有不和谐的地方,陈瑀是陈登的远堂兄弟,朝廷给他的任命是吴郡太守、安东将军,而此刻吴郡正在孙策的控制之下,孙策任命的吴郡太守是朱治。陈瑀和孙策,很快就会打起来。

王诵的诏书里,吕布的职位是平东将军领徐州牧,温侯,持节。温侯是吕布在长安刺杀董卓后得到的册封,平东将军领徐州牧却是他辛辛苦苦写了一摞信换来的。

吕布以为他揭发了袁术篡位的阴谋,还把韩胤交了出去,那曹操怎么也得有所表示。他的想法是让朝廷承认他的徐州牧职位,于是派陈登去许都,给曹操带去信,提出自己的要求。

陈登见到曹操,把吕布的信递上去,然后告诉曹操说,吕布勇而无谋,反复无常,应该早日把他除掉,曹操也与陈登摊牌:"吕布狼子野心,确实难以长久豢养,不是你,我就不能知道内情。"这说明,陈登在曹操面前说了吕布不少坏话。

临别,曹操拉着陈登的手,说:"徐州的事情,全都交给你了。"曹操让陈登暗地里整合队伍,作为内应,准备置吕布于死地。作为合作条件,曹操将陈珪的品秩提高到中二千石,拜陈登广陵太守。

吕布愤怒了,他拔出戟来,砰的一声,砍在桌子上,说:"你的老子劝我协同曹操,让我断绝与袁术的姻亲,现在我所求的一无所获,而你爷俩晋级的晋级,升官的升官,我被你们出卖了!"

"我见曹公,说养将军譬如养虎,应当让你吃饱,吃不饱你要吃人;曹公说我说得不对,他说对你譬如养鹰,饥饿了你才会被任用,让你吃饱了,你就会飞走了。他就是这么说的,我也爱莫能助。"陈登把责任完全推给了曹操。

吕布再次上书,强烈要求徐州牧职位合法化。这时,袁术已经公然称帝,曹操迫切需要用吕布来对付袁术,就毫不犹豫地答应了这一要求,承认吕布在徐州的合法地位。

不久,朝廷又拜吕布为平东将军。这次任命出了点事故,使者走到山阳县,一摸口袋,居然找不到诏书了,只得回许都要求再写一份诏书。诏书的签署需要走程序,要耗费一些时日,曹操唯恐吕布这段时间投靠袁术,就给他写了亲笔信,和吕布套近乎,并要吕布讨伐公孙瓒、袁术、韩暹、杨奉等,看那语气,似乎大汉王朝少了吕布就不能运转了。吕布大喜,再次派使者赶赴许都,带去两封信,一封给天子,向天子表扬曹操忠孝,另一封给曹操,发誓可以用生命来报答曹操。

曹操一看火候差不多了,就另外派了奉车都尉王则为使者,带着诏书和平东将军的印绶来徐州。王则还带来了一封曹操的亲笔信,上面说:"上次在山阳,使者丢失了将军的大印,天子没有好金,我从自己家里取来好金,重新制作了大印。天子没有紫绶,我把自己所带的紫绶拿出来,这样做,我才会心安。"读了曹操的信,吕布感动得差点儿哭了。他也派人送奏章到朝廷谢恩,同时用一块上好的绶带回报曹操。

建安二年,曹操与孙策、吕布的信件十分频繁,信使忙碌地奔波在道路上。阴谋,利用,欺骗,背叛,造作,陷害,就像一只只幽灵,在优美的汉字和流畅的语言里潜伏。

孙策、吕布、陈瑀分别接到讨伐袁术的诏书,就开始了各自的勤王行动。

可是,事情不是这么简单。孙策满腔热情出征,前进到钱塘时,陈瑀也出兵了,不过他不是攻击袁术,而是派都尉万演等人秘密渡过钱塘,与严白虎等人约定,准备里应外合,趁孙策攻打袁术的时候,抄他的老巢。孙策早就有戒备之心,先下手为强,派吕范和一个叫徐逸的人,直捣陈瑀的老巢——海西,大败陈瑀。陈瑀的老婆孩子、官吏差役全被俘虏,合计4000多人。陈瑀单骑出逃,投奔冀州,在袁绍手下谋了一个故安都尉的差事。陈瑀本想赚回吴郡,结果连老本都赔上了。

孙策的讨伐袁术的行动无果而终,吕布那里却很漂亮地取胜了。

袁术派遣大将张勋、桥蕤等人,与韩暹、杨奉联合,步骑数万,七路齐进,对吕布形成泰山压顶之势。吕布当时只有三千士兵,战马四百匹。但是他写了一封信,就改变了战局。他给杨奉、韩暹写信,成功施展反间计,使杨奉、韩暹倒戈杀向袁术。

吕布很容易就打败了张勋、桥蕤,然后乘胜前进,到了钟离后胜利回师。临走前,吕布写了一封信,要俘虏交给袁术。信是这样写的:"足下依仗军势强盛,常说自己有众多猛将武士,意欲吞并我,常常打压我!我虽然说不上勇敢,但是虎步淮南,一时之间,足下鼠窜寿春,再无出头之日。你所谓的猛将武士,都在哪里呢?"这一年,吕布写了这么多信,可能只有这一封是发自肺腑的,因而这封信读起来很有趣。

袁术在吕布这里得不到便宜,就转而进攻陈县,这是曹操的地盘。曹操亲自东征,袁术听说曹操来了,弃军而逃,留下几个替死鬼大将抵挡曹操。袁术军队士气全无,不堪一击,那几个替死鬼都被曹操杀了。袁术狼狈地渡过淮河,自此一蹶不振。

曹操没有继续追击,不是想放过袁术,而是担心南线再出乱子。南阳有几个县叛变,归附了张绣,张绣和刘表的联军多次侵犯曹洪驻守的叶县。曹洪告急:我快撑不住了。

张绣就像曹操鞋里的一粒沙子,威胁不大,但是只要这粒沙子还在鞋里,曹操是不敢远行的。

这粒沙子是必须要清掉的。

三 一次神秘的胜利

野心之路,一旦出发就再也无法停下来。即使不是野心驱动,只是复仇之心驱动,曹操也是必须要征服张绣的。为典韦和曹昂复仇,是曹操的心愿。

今天河南省的白河,在古代的名字是"淯水"。建安二年的十一月,刺骨的寒风从淯水河面上吹来,曹操伫立在河边,却感觉不到丝毫的冷意,因为他的内心被悲痛充塞。

曹操继续在争霸的道路上大踏步前进,十一月,他第二次南征张绣。与其说是来打仗,倒不如说是来领春天南征留在这里的亡灵回家。

悲哉,典韦!壮哉,典韦!

惜哉,昂儿!痛哉,昂儿!

还有曹安民,还有那些倒在这里的将士,你们停留在春天里,没有看到夏天和秋天,现在的冬天你们也没看到,而且,永远看不到了。

曹操放声痛哭,对岸的乌鸦一只只从树上飞了起来。三军将士,无不感动落泪,泪水落进河里,转瞬便分不清是河水还是泪水。

有了上次失败的教训,这次南征非常顺利。攻打湖阳(今河南唐河县南)时,猛将许褚率领壮士冲锋在前,斩首万计,生擒刘表部将邓济。接着,舞阴又被攻下。这一次,曹操只想教训一下张绣,让他别以为偶尔胜一次曹操就感觉自己天下无敌。目的达到,曹操率军回到许都。

曹操南征的时候,刘备做了一件大事。

杨奉和韩暹反戈袁术,归附吕布,本想吃大户,没想到吕布的日子也不好过。杨奉和韩暹驻扎在下邳,没有军粮,遇到生存危机,他们就想到荆州投奔刘表。可是,吕布舍不得他们的人马,不允许他们离开。

不给饭吃,也不让走,这不是让饿死吗?干脆,一不做,二不休,干掉吕布这小子!

刘备接见了杨奉派来的密使,密使说:"吕布也是你的仇人,我们双方联合除掉他,怎么样?"

刘备鼓掌:"太好了。请杨将军先来小沛会合吧。"

杨奉高高兴兴地来到小沛,驻扎在城外。刘备请杨奉进城:"将军远道而来,在下略备薄酒,为您接风洗尘,敬请光临!"

杨奉笑呵呵地进城了,主宾入座,把酒言欢,畅谈战胜吕布的美好前景。酒过三巡,刀斧手闯了进来,没等杨奉反应过来,他就被绑了起来。

刘备下令:拉出去,砍了!杨奉哭着骂着被拉出去,刘备端起一杯酒,一饮而尽。

刘备在心里说:兄弟,别怪我无情,谁让你喜欢折腾呢?联合杨奉,不但会得罪吕布,也会得罪曹操,即使侥幸胜了吕布,那杨奉和韩暹的联合又会威胁自己。刘备算来算去,还是觉得除掉杨奉最合算。

杨奉一死,韩暹一看自己孤掌难鸣,就带领十余亲信骑兵,想跑回并州放羊讨生活,但是,没等跑出沛国,就被杼秋县令张宣杀了。

本来是小角色,非要在大腕云集的大剧中扮演主角,会有怎样的结局呢?韩暹与杨奉的下场,告诉了人们答案。

"哈哈,大耳朵做了一件好事!"曹操得知韩暹与杨奉的死讯,确信自己当初不杀刘备是正确的。

在许都休整几个月,马上就到了建安三年的三月,曹操第三次南征张绣。这一次征战,一波三折,一开始曹军占先,包围了张绣拒守的穰城,眼看就要攻克时,接到了荀彧从许都发来的急报:袁绍要袭击许都!

听说曹操率军南下,田丰劝袁绍趁机袭击许都,将献帝抢到邺城来。这个消息不知真假,反正是那几个从袁绍手下叛逃的家伙指天画地,信誓旦旦地说这是千真万确的情报。荀彧不敢大意,就让曹操回师。

这时已经是初夏五月份,天气开始热了。曹操急匆匆地向回赶,走到穰县以北的安众,停了下来。安众是一片山地,地势险要,易守难攻。赶来增援张绣的刘表军队,在这里修建了一条东西横亘数十里的防线,挡住了曹军的归路。

绕道而行如何?向东是山,向西是岭,地形复杂,别的不说,单单找水这一项就能难死神仙。曹操也试图从丛山中绕行,但是找不到水源,士兵们都渴了,曹操下令说:"前面有大梅林,结了很多梅子,甘酸无比,可以解渴。"士卒听说了,口水都流出来了,加速前进，走了一会儿，终于发现水源。喝得肚子滚圆后，士卒才明白哪里有什么梅林呀，曹操是在提高士气而已！从此，"望梅止渴"这个成语就传了下来。可是，望梅止渴只能起作用一次，下一次曹操还能保证前面恰好有水源吗？最关键的是，道路不熟，队伍容易分散，很容易就被敌人利用地势各个击破。

更要命的是，张绣带领穰县的人马从后面杀过来，曹军面临被夹击的不利境地。

不过，好在曹军人数上占优，张绣和刘表一时也难以占得上风，双方就这样暂时僵持。持久战，对远征的一方是不利的。曹军进退维谷，陷入了兵法上所说的"死地"。

在从穰县前线撤下来时，曹操就知道在安众会陷于这样的死地，但是他在给荀彧的回信里说："到了安众，必然能打败张绣。"

曹操的自信在哪里呢？人们想不透，但是事实是曹军真的突破了看似无懈可击的安众防线。就连足智多谋的荀彧也想不通曹操是怎么取胜的，他虚心地向曹操请教。曹操说："兵法上说'归师勿遏'，而敌人非要阻挡我们撤军，把我们逼到死地作战，所以我料定会取得胜利。"荀彧点头，嗯，这就是兵法上所说的置之死地而后生。

可是，对曹操的解释，后世有学者不赞同，认为归师取胜也是需要条件的，不是在死地里就会必然胜利，否则的话，大家上来就打败仗，单等最后起死回生就行了。有人认为曹操采取了"笨法子"取胜，那就是在安众防线下挖掘了地道，趁夜遁去。可是，短短一两个月就能在山里挖掘一条贯穿的地道，东汉末年中国不可能有这样给力的工兵部队。安众突围，成了一次神秘的胜利。

最终没有袁绍袭击许都的动静。也许是袁绍再次摇摆了，也许是袁绍故意放出风去，要坏曹操在南方的好事。

曹操懂得，他与袁绍的关系，早已经是有你无我，有我无你。可是，东边的吕布也不是一盏省油的灯。

先打袁绍还是先打吕布？曹操拿不定主意。

郭嘉说："袁绍正在北方攻击公孙瓒，我们必须抓住这一有利时机，向东攻取徐州吕布。不然，袁绍一旦对我们有所行动，吕布在旁边支援他，这对我们是很不利的。"

荀彧说："如果不先攻取吕布，想打败袁绍后再占据河北也是很难的。"

好吧，那就先打吕布，也顺便给刘备一个面子。

小沛，刘备又被吕布打得连老婆都顾不上了。

四 生死白门楼

是刘备先招惹吕布的。

建安三年春天,吕布派人拿着金银去河内郡买马,回来的路上被人打劫了。一问,作案的是刘备。这不就是兔子打劫老虎吗?吕布那个气啊,别提了!

吃了我的给我吐出来,还要支付高额利息!吕布派出手下最得力的两员大将高顺和张辽,直扑小沛。人们都说"张飞+关羽"组合天下无敌,但是这个无敌组合,春天花谢了,夏天河涨了,也没把"高顺+张辽"组合打退。反而是九月叶子变黄的时候,"高顺+张辽"攻破了"张飞+关羽"镇守的沛城。刘备再次逃跑,这次更彻底,是单骑逃跑。不用说,他第二次舍弃妻子了。

吕布的战俘营里,糜夫人委屈地说:"他这人,怎么关键时刻连老婆也不顾呢?"

甘夫人淡定地回答:"呵呵,以后你就习惯了。"这是她第二次被刘备丢下不管而当俘虏了。

刘备跑到梁国境内遇上了曹操,曹操喊住他:"别跑了,跟我回去攻打逆贼吕布。"找到大树好乘凉,刘备很乐意被曹操收编。

吕布有什么错?明明是刘备先动手抢东西的啊!

曹操很快攻克了彭城,再次屠城。说不清曹操是第几次在这里制造地狱惨相了。从攻打陶谦起,曹操一踏上徐州的土地,就变得格外血腥。

良知是我们内心一个三角形的石头,支撑着我们的心灵。如果我们没有做坏事,它便静静不动;如果我们做了坏事,他便转动起来,每个角都会把我们刺痛;如果我们一直做坏事,每一个角都被磨平了,也就不觉得痛了。我们的心灵也就成了畸形的。多年的生死争霸,曹操内心的那块石头早就被磨平了。

吕布撤退至下邳,曹操大军前脚跟后脚地包围了下邳。

曹操怎么来得这么快?原来这时广陵太守陈登按照约定反戈,做了曹操的内应。行骗的人,如果是父子在一起的,往往更容易让人上当。吕布再无耻卑劣,也想不到陈珪父子会在自己身后搞小动作。有陈珪父子和刘备引领,加上曹操对徐州本来就很熟悉,曹军就轻车熟路地来到下邳城下。

下邳城的西门,人们叫做白门楼,吕布当年就是从这里攻入下邳,抄了刘备老巢。吕布站在上面指挥战斗,接到了曹操的劝降信。吕布向城下一看,黑压压的曹军正忙活着攻城,他动摇了,用尽全身气力喊:"不要攻得这么急,我马上投降明公!"

陈宫跑过来,拉住吕布,用更大气力向下面喊:"只听说过逆贼曹操,哪里来的明公!"陈宫劝吕布趁早打消投降的念头,他们已经把曹操得罪得太多了,曹操是不会放过他们的。

陈宫字公台,东郡人,《三国志》说他"刚直壮烈",少年时就与海内知名之士交往,也是个纵横天下的英雄。他策划曹操入主兖州,又策划吕布入主兖州反叛曹操。吕布在兖州失败后,陈宫跟着他来到徐州,吕布抄刘备老巢,反客为主,少不了又是陈宫的策划。翻手为云,覆手为雨,天下本在掌握中,陈宫也是一个响当当的人物,只可惜跟错了人。

用四肢发达、头脑简单来形容吕布,可能都算是高估他了,因为他不是头脑简单而是根本就没有头脑。这时候他如果投降,曹操未必会杀他,但是内心强大的陈宫坚决反对投降,吕布就打消了投降的念头,失去了最后一次生的机会。

陈宫想出一个反败为胜的计划,要吕布出城屯兵,伺机偷袭曹操粮道,他闭守城内,里外响应,这样不到十天,就能耗尽曹操军粮,那样就能打败曹操了。

吕布认为这是一个好主意,就牵来赤兔马,穿好战甲,准备出城了,想起还没和老婆(特别提示,肯定不是貂蝉,详情请见即将出版的《三国那些人那些事·红颜卷》)告别,就回家吻别老婆,老婆不让他吻,板起脸来说:"要是陈宫背叛你,你到哪里安身呢?"

吕布让人把马牵回去,脱下战甲,吻了吻老婆,然后拥抱着进了内室。什么胜败,什么生死,什么也不如抱着老婆感觉踏实。与一打仗就抛下老婆不管自己逃跑的刘备相比,吕布或许更讨女人喜欢。

可是,离开女人温软的身体,吕布还是得直面战争。

曹操命人围着下邳挖掘壕沟,把泗水、沂水引向城里。要是在夏天,下邳人在大街上就能直接游泳了,可惜现在是寒冬,冰冷的河水让下邳人的生存危机感更加强烈了。

幽闭恐怖的下邳城,吕布的脑海里灵光闪过,想起有两个人可以救他。一个是河内郡太守张杨,他的朋友;一个是袁术,曹操的仇人。

派往寿春的特使是许汜、王楷。袁术幸灾乐祸地摆架子,说:"吕布不愿意和我做亲家,理当失败,干吗还要来告诉我呢?"许汜和王楷说:"您不救吕布,必定会导致自己失败。吕布失败,您也就失败。"袁术一听,觉得有道理,急忙调遣军队,可是他对吕布还是有气,只是陈兵声援,并无实际军事行动。

吕布急了，又派部将秦宜禄去催促袁术。这一次，袁术见到秦宜禄后很喜欢，舍不得让他走了，把一个不知从哪里捡来的汉室公主嫁给了他，不放他回来了。这下可好，救兵没搬来，白搭上一个部将。更麻烦的是，秦宜禄一走，下邳更加危险了，这倒不是因为秦宜禄有多重要，而是因为他的妻子杜氏貌美如花，关羽一直惦记着，曹操从关羽急不可耐的神色上断定杜氏一定是尤物，也想早一天见到杜氏，这一来，关羽和曹操攻打下邳的积极性就更高了。

吕布没辙了，知道袁术还在忌恨自己悔婚的事情，就想出了用女儿换取袁术援兵的办法。他用丝绵裹住女儿，绑在马上，趁夜送女儿出城，打算亲自把女儿送到袁家成亲。半路上，吕布与曹操的守兵遭遇，在乱箭射击下，只得退回来，一场狼狈的送亲活动流产了。

也许是真的被吕布感动了，袁术真的向徐州进军，但是在广陵被陈登阻击了。

张杨倒是从一开始就救援吕布的。他在河内郡起兵，打出支援吕布的旗号，直接威胁许县。可是，张杨一起兵，就被部下杨丑杀了，杨丑转而投降曹操。不得不说，老天是一定要吕布灭亡的。不过，杨丑也没活太久，很快就被他的部下眭固杀了，眭固率众投降袁绍。

援兵等不来，陈宫又反对投降，吕布所能做的只能是天天坐在白门楼上搂着老婆喝闷酒。

下邳城里，弥漫着死亡的气息，军心动摇。作为天下闻名的武将，吕布是非常爱惜部下的，他对大家说："你们不要发愁，我现在就出去投降。"

可是，陈宫挡在了前面，他说："我们今天投降逆贼曹操，就好比以卵投石，岂可全命！"

吕布再次放弃了自己的立场，又回到白门楼上喝闷酒去了。

建安三年的腊月初五到了，还有三天就到腊八了。喝了腊八粥，就开始过年了。吕布目光怅惘，不知道这个年怎么过。

楼下一片骚动。吕布向下面看去，陈宫和高顺被绑起来了。吕布叹口气，看样子部下是要拿陈宫和高顺作为新年贺礼献给曹操了。吕布并不为自己的部下感到耻辱，用别人的命来换取自己的命，在战争年代也是种生存策略，毕竟，活着是最无争议的理由。

吕布端起酒杯，仰起脖子，饮尽最后一滴酒，他知道，这是生命中的最后一滴酒了。放下酒杯，他对身边左右侍从说："你们砍下我的头来，能拿去换得奖赏，省得便宜了下面那些叛徒。"侍从们流着泪,无人肯上前。

吕布自己走下白门楼,束手投降。

天下人传诵"人中有吕布,马中有赤兔",而军人更愿意用"飞将"来称呼"吕布"。只是,吕布在战场上才能飞起来,现在他跪在曹操脚下,被五花大绑。俘虏和战胜者开始了对话:

"曹公,您好像瘦了!"

"你以前见过我吗?"

"当年在洛阳的温氏园中见过。"

"也许真的见过,可是我全忘了。我是瘦了,还不是因为没有早一点抓到你的缘故啊。"

"绑我绑得太紧,稍微松一下嘛!"

"缚虎不得不紧!"

曹操不松绑,吕布看到刘备正在一边神态悠闲地坐着,就打招呼说:"玄德,你是座上客,我是降虏,绳子绑我绑得太紧,你为何不为我说句话呢?"

刘备似乎没听到吕布的话,依旧神态悠闲。倒是曹操看不下去了,他准备下令给吕布松绑,可是被他的主簿王必阻止了。

曹操无奈地说:"我本来想放过你,可是主簿大人不答应啊。"

吕布全无失败者的沮丧,他对曹操说:"从今天开始,天下安定了。"

曹操纳闷:"这话从何说起?"

吕布说:"你害怕的不过是我,现在我已经臣服,如果你能让我率领骑兵,你率领步兵,天下何愁不安定呢?"

曹操迟疑了,天下人都知道,他是很爱惜人才的。

本来神态悠闲的刘备,见状从座位上跳起来,急切地说:"没看到吕布是怎样侍奉丁原、董卓吗?"

曹操对着刘备点头,目光开始收敛起来,每当要杀人的时候,他就会这样,或许,这样能掩饰杀人时的焦虑吧。

吕布瞪着刘备,破口大骂:"这个长大耳朵的小子最不讲信义!"

曹操给了吕布一个与"飞将"身份极其不符的死法:缢杀。吕布的头被砍下送到许都。一代猛将,三国争霸大戏的搅局者从此告别,只留下那句人人传诵的歌谣:"人中有吕布,马中有赤兔。"

高顺也被杀了。高顺虽跟随吕布,却有着极佳的名声:为人清白,有威严,不饮酒,不受贿。他训练出一支特种部队,由数百人组成,号称"陷阵营",曾经让刘备吃尽苦头。

还有陈宫。曹操与陈宫之间有着太多恩怨,他不明白陈宫对他为何先尽力支持,后死力反对。杀一个人很容易,但是征服一个人很难。曹操要陈宫活下来,因为他怕失去征服陈宫的机会。

曹操一定要让陈宫低头,就对陈宫说:"公台,你平常自谓智计有余,现在怎么会这样呢?今竟何如?"

陈宫回头看看吕布的尸体,说:"只是因为这人不听我的,才到了这地步。如果他听我的,也不一定被你擒捉。"

曹操哈哈大笑,说:"那,今天这事,你看怎么办好呢?"

陈宫说:"为臣不忠,为子不孝,死是应该的。"

"为臣不忠"是说他刚刚指责了吕布,"为子不孝"是说他没保护好母亲。他的母亲、妻子、女儿此刻也都在曹操手里。

曹操找到了陈宫的软肋,说:"你这样决绝,我又该如何对待你的老母亲呢?"

陈宫没有丝毫屈服,说:"我听说以孝治天下的人,不杀害别人的父母。我的老母亲能否活下去,全看你了。"

曹操紧跟着问:"那我该如何对待你的妻女呢?"

陈宫说:"我听说施仁政于天下的人,不断绝人的子嗣,我的妻女能否活下去,全看你了。"

再也没有什么办法能征服陈宫,曹操不说话了。

陈宫说:"请让我出去接受刑杀,以明军法。"说着,他站起来就向外走,曹操拉他,但是拉不住。陈宫要用死来征服曹操。

陈宫,还记得我们在兖州并肩战斗讨伐黄巾军的岁月吗?人和人之间最大的悲剧,不是你离开我,也不是我离开你,而是我们永远回不去了。

曹操流泪了,把陈宫送上刑场。曹操下令将吕布和陈宫的首级斩下,送到许都,让天子和群臣见证他的功勋。

可是,曹操对陈宫的家人很好,下诏赡养他的老母亲到死,他的女儿长大后,曹操还把她打发出嫁。

一面取人头颅,一面养人老母,曹操啊,你到底是善还是恶?

张辽选择了投降,后来成为赫赫有名的"曹营五子良将"之一。

曹操一看到毕谌被押上来，就笑了："我们还是相见了！"吕布在兖州叛乱时，关押了毕谌的母亲，曹操让毕谌投降去找母亲，他表态不会背叛曹操，但是接着就逃走了跟了吕布。毕谌曾经耍了曹操一把，这一次，曹操肯定不会放过他了，大家都为他担心起来。

"能孝的人，最终也会忠。他正是我所需求的人啊！"他释放了毕谌，还任命他为鲁国相。

解决了吕布，曹操并没有急着回许都，他要打造一个稳定的徐州。臧霸盘踞泰山已久，成为很有名气的"泰山帮"。吕布在徐州时，他归附吕布，现在吕布被擒杀，他就隐身江湖。曹操派人把他找出来，厚加款待，臧霸又归附了曹操。臧霸帮助曹操招降了同伙，曹操在泰山郡周围重新划分郡国，让泰山帮的头目们都做了郡守和相国。不用征战，用朝廷封官的方式消灭敌人，这是曹操的争霸利器。

刘备现在与臧霸都是曹操的部下，都要听命于曹操。刘备找到臧霸，带来了曹操的命令："把徐翕和毛晖二人的脑袋送去。"徐翕和毛晖在兖州背叛曹操，曹操收复兖州后，他们没有跟随吕布，而是投奔了臧霸。

臧霸说："我之所以能够自立，就是因为不做这种不义的事情。我受过曹公的不杀之恩，不敢违背他的命令。但是曹公是想成就王霸之业的人，可以用大义的言辞回复他，希望你替我去说说。"

刘备回复曹操，曹操很是感慨，召见臧霸，对他说："这是古人才能做到的事情，而你却做到了。这正是我希望的啊！"

可是，曹操还是对臧霸说："你还得把徐翕和毛晖找来。"曹操任命这两个幸运的家伙做太守。对于英雄，如果不能消灭，那就为己所用。

该杀的杀了，该收的收了，也和美丽性感的杜氏上床了，曹操心满意足地带着刘备回师。刘备是老虎，曹操不会允许他在徐州占山为王，而是要把他关进许都的笼子里。

曹操并没有直接回许都，而是绕远路到了黄河北岸，进攻眭固驻守的射犬。作为部将，杨丑杀了张杨，他本人又被部将眭固杀死。眭固率领部队投奔袁绍，袁绍派他驻守射犬。袁绍还给眭固安排了一个人做搭档，这人就是魏种。魏种在兖州背叛曹操后，几经波折投奔了袁绍。曹操曾经发誓只要是魏种不投奔南越和北胡，那就不会放过他。曹军攻下了射犬，斩杀眭固，俘虏魏种。

曹操并没有杀魏种，解开捆绑他的绳索，任用他为河内郡太守，让他负责黄河以北的事务。曹操解释说："只因为他有才干！"

为攻破徐州立下殊功的陈登,被曹操封为伏波将军。陈登的势力范围主要在江淮之间,与孙策的势力范围毗邻。

每当面对长江,滔滔流水就会告诉他,正是对岸的孙策,将叔叔陈瑀从广陵赶了出去。

这个仇,是一定要报的。

五　战火里的追风少年

十七岁,他本该系马高楼垂柳边,却醉饮琵琶马上催;十七岁,他本该挟弹飞鹰浮云外,却相看白刃血纷纷。

飞将吕布虽然名声不佳,但是因为他武功非凡绝伦,像孙权这样的意气少年还是偷偷地奉之为偶像。建安三年,吕布在白门楼轰然倒下,在17岁的少年孙权心里引起了强烈的震撼。

一位风华少年,用闪亮的碧眸观摩成人的战争游戏。这双闪亮的碧眸,闪过一丝死亡的阴影。"许贡是那么可恶的一个家伙,可是为什么他被杀死时,我的心里还有一丝不安?"孙权悄悄地问自己。

许贡本来早就该死的。他栖身于严白虎,以为从此安全了。没想到严白虎被孙策打败,严白虎跑了,许贡却没能跑得了。考虑到早就剥夺了他的吴郡太守之位,又把他逼得流落在山贼那里,孙策也就没杀他。可是,许贡在吴郡还是有势力的,孙策派人暗暗地监控他。

不久许贡忍受不了这样的耻辱,给汉献帝写了奏表,说孙策骁勇冠世,与当年的项羽类似,应该召孙策进京,如果一味让他在地方上发展,那就会成为祸患。许贡想夺回吴郡,没有其他办法,只能让朝廷出面,毕竟,孙策才是朝廷任命的正牌吴郡太守。这封信应该是很隐秘的,但是还没送出去,就被孙策的耳目得到了。

孙策把许贡找来,狠狠地训斥他。许贡指着天,跺着脚,说:"孙子才会写那样的奏表呢!"孙策把奏表摔在他的面前:"孙子,去死吧!"孙策派武士绞杀许贡。

许贡的小儿子和几名亲信门客早就得到消息,逃了出去,流亡民间,就像野狗一样。要知道,野狗的攻击性更强一些。

许贡的事情提醒孙策,有人会对朝廷说他的坏话,孙策派出张纮出使许都,带去江东特产,表达忠心。曹操看看张纮的礼单,比建安元年的那次上贡要多一倍。

许贡的事情,曹操也听说了,知道孙策是个狠角色。曹操宁愿孙策是中老年,中老年总害怕失去,做起事情来顾虑多,有所收敛。例如袁绍和刘表,虽然比孙策还要强大,危险性却不如孙策,因为他们懂得害怕。孙策这样的年轻人,总渴望得到,想了就做,做了就做,锐气张扬,从来不懂得害怕。当时曹操筹划东征吕布,担心孙策搅局,就拜他为讨逆将军,封吴侯。此前,王誧灵机一动,以朝廷名义拜孙策为明汉将军,那是临时的,不算数。当然,将军封号不是白给的,曹操同时还给孙策下了诏书,要他讨伐袁术和刘表。

其实,不用讨伐,袁术的日子早已经过不下去了。袁术称帝,虽然没有几个人承认,但是他仍然让自己像皇帝一样活着。吃穿住行,都要像皇帝一样豪华,不,本来就是皇帝,应该说要达到皇帝应有的样子。至于玩女人,也不能输给其他皇帝,淮南虽然只是巴掌大的一块地儿,可是袁术居然也凑了数百名妃嫔。袁术从称帝到死,也就是两年的时间,去掉身心不佳不举不起的时候,可以说是夜夜新郎了。袁术是个负责的新郎,没有辜负他的一群群新娘,他让她们穿绫罗绸缎,吃山珍海味。可是,在他治下的臣民,连连饥荒,甚至发生了人吃人的惨剧。

这不禁让人想起曹操,虽然他也与袁术一样好色,没办法,控制不住嘛,但是曹操懂得控制贪欲。他写了《内诫令》,要求家人节俭,反对奢华生活,他的衣服被褥,一件用十年,每一年拆洗缝补一番,就算是新的了。当时流行把香料放进衣服里,类似今天用香水,荀彧就喜欢用香,经过处芳香袭人,因此获得了"留香荀令"的说法,但是曹操禁止家人熏香。不熏香,晚上放屁,房间里臭怎么办?别急,生活实用经验丰富的曹操早就做好了预案:房室不洁,可烧枫胶和蕙草。后宫之中,曹操规定吃饭只能有一道肉,衣服不能锦绣,鞋子不能有两种以上的颜色,帏帐屏风坏了之后就修补,坐垫只要暖和就行,没必要修饰。要是你做了曹家人,想穿锦绣衣服显摆显摆,那就拿命来吧。曹植是大才子,他的妻子发誓要做佳人,以对得起才子佳人这个说法,那天穿了一件锦绣衣服出去转了一圈,曹操知道了,把她撵回娘家,赐死。

穿一件锦绣衣服天就要塌下来了吗?当然不。但是,在当时的物质条件下,少一个人穿得好,就会多十个人穿得暖。都在争夺天下,曹操懂得供养天下,袁术却只懂得让天下供养。也许袁术懂得他也该供养天下人,可是人生缺少快感,只能靠物质享受来刺激了。疯狂地放纵享受,其实是末世之兆。吃了,喝了,与女人睡觉了,袁术就抱着从吴夫人手里抢来的传国玉玺,激情地呻吟:"我是皇帝!我是皇帝!"

舒仲应说："士兵快要饿死了,还怎么打仗呢？"舒仲应是袁术任命的沛相,但是却只能留在寿春,因为沛国此时正在曹操控制之下。舒仲应如不想做空头沛相,就要打下沛国。可是,打下沛国,就要出兵,就要军粮。舒仲应也不知道这是第几次要军粮了,这次,他的运气太好了,袁术居然能有十万斛军粮拨给他！

舒仲应把军粮运走了,可是没能运回军营,他把军粮都分给饥民了。到处是饿死的人,你运着粮食,有力量跨过那一具具尸体前进吗？你只能选择把粮分给路边那些快要饿死的人。

袁术听说了,愤怒了,把舒仲应抓来,集合行刑队伍,要对舒仲应处以斩首示众的处罚。舒仲应大声说："我知道必定会死,但还是这样做了！我宁愿以一人之命,救百姓于涂炭！"

袁术跳下马,走到舒仲应跟前,拉着他的手说："仲应,足下欲独享天下赞誉,而不与我共享吗？"

舒仲应想开了,十万斛粮食,部队能吃几天呢？吃几顿饱饭再到战场上送死,不如把粮食分给百姓,这样被袁术杀死也值。

可是,江淮间的百姓,有了这十万斛粮食,吃上一顿饱饭,然后呢？

最后,袁术也吃不上饭了,也集合不起人马到吕布或者曹操的地盘上去抢,只能去潜山投奔部下雷薄和陈兰。袁术本来以为他们见到皇帝亲临,就会受宠若惊地三跪九叩,山呼万岁万万岁。他没打算回来,临走前烧了寿春的皇宫。可是,雷薄和陈兰根本不让袁术进门:不认识你这个叫花子。袁术气坏了,想"龙颜大怒",可是,回头一看,身边的人跑了一大半,只剩下几个吃闲饭的还在,袁术只得忍耐忍耐再忍耐。

这时候,袁术才知道,老老实实做人,比折腾来折腾去做皇帝要幸福多了。他顿悟了,给远在黄河以北的袁绍写了一封信,说上天要亡汉室已经很久了,袁家就该出个皇帝,他愿意把传国玉玺送给袁绍,让袁绍做皇帝。袁术想得很美,要袁绍受累做皇帝,然后他可以在袁绍的庇护下过安稳日子。

曹操在徐州用水灌吕布的下邳城的时候,袁绍也在用火烧公孙瓒的易京。曹操攻克下邳杀了吕布之后仅仅三个月,袁绍也攻克了易京,雄踞中国东北隅的公孙瓒不想学吕布求生,杀死老婆孩子,然后自杀。这样,北方的幽州、冀州全部以及并州、青州、司隶校尉部的一部分尽入袁绍囊中。

袁绍下令将公孙瓒的首级砍下,呈送许县。袁绍这是告诉曹操,你杀吕布,我杀公孙瓒,谁也不比谁差,走着瞧！

袁绍认为他有资格做皇帝了。因为争夺天下,同父异母兄弟袁绍和袁术成了水火不容的敌人,现在,因为一块传国玉玺,袁绍和袁术又决定手拉手了。袁绍派长子袁谭从青州南下迎接袁术,袁术北上,准备经过下邳与袁谭会合。

袁术要从下邳经过,还得问问曹操答应不答应。曹操当然不答应,他要派人去徐州阻击袁术。

曹操派出的人是刘备和朱灵。派刘备去徐州无异于放虎归山,精明的曹操为何出此昏招,稍后再说,我们先全程跟踪袁术的最后的岁月。

袁术在下邳被挡住了,只得走回头路。袁术其实没处可去,因为寿春已经烧光,没法待了,所以袁术只是像丧家犬一样流窜。时值炎热的六月,袁术冒着酷暑在煎熬中前进,坚持了八十来里,挪蹭到江亭,忧愤恐惧的袁术病倒了。

随从汇报:"断粮了!"袁术不相信,就把厨师找来,问还有多少吃的,厨师回答说只有三十斛麦屑。

"我现在不是皇帝,只是一个病人,"袁术向随从提出要求,"我想喝蜜浆!"随从出去找了半天,两手空空地回来,无奈地向袁术摊开手,摇摇头。

袁术瞪大眼,空洞地望着一无所有的前方,大叫道:"袁术至于此乎!"喊罢,他倒在床上,呕血不止。东吴的官修史书《吴书》记载,袁术吐血一斗多。袁术生前在江淮间吸血,死前偿还了一斗。

以天子自居的袁术,疯狂地过了一把皇帝瘾,就这样孤独地死去。他苦心经营起来的伪朝廷和军队在他死后也立刻一哄而散。一个叫徐璆的人,逃跑之前做了一次小偷,把传国玉玺揣入了自己怀里。后来,徐璆辗转来到许县,把这东西献给本该拥有它的汉献帝。就凭这块石头,徐璆就被拜为位列九卿的太常。后来,他持节拜曹操为丞相,曹操还客套地对徐璆说:"要不,你来做丞相?"徐璆吓坏了,急忙摇头摆手:"岂敢!岂敢!"

袁术死了,本该尽早入土为安,可是他的堂弟袁胤、女婿黄猗等人,担心曹操会打过来,不敢守卫寿春,就抬着袁术的棺柩,带领袁术的家小,到皖城投奔庐江太守刘勋。

而袁术旧部杨弘、张勋等人没有选择刘勋,选择了孙策。他们把袁术这几年搜罗的珠宝带上,准备渡江投奔孙策。刘勋半路上打劫,连人带物全都抢到自己手里。

找死!孙策和周瑜进攻皖城,在一个太阳还未升起的早晨攻入城中,俘虏三万多人,包括袁术称帝时设置的鼓吹乐队和百工,还包括袁术的妻子、刘勋的妻子,当然,也包括大乔和小乔(史书上为"桥")。

可是,给孙权印象最深刻的是袁术的女儿也被俘虏了。当一个少女成为你的女人时,你对她的印象能不深刻吗?孙策娶了大乔,周瑜娶了小乔,孙权娶了袁术的女儿。洞房花烛夜,燃烧的红烛,火红的盖头,孙权的碧眸里,却氤氲着袁术死时床前泛滥的血色。袁术呕血而亡的消息很快传遍了全国,在孙权这个多情敏感的少年心底荡起了层层波澜,久久不能散去。

刘勋本想占便宜,没想到遇上硬茬,连老本也搭上了,丢了庐江,逃往沂(今湖北鄂城),修筑工事,给黄祖发去急报:救我!黄祖派儿子黄射率水军五千人来救援刘勋。

黄祖!就是这小子指挥士兵射杀了父亲!孙策磨刀霍霍,眼睛里燃烧着怒火。

在孙策的强力进攻下,刘勋大败,他本来指望黄射替自己抵挡几下,可是没想到黄射比射出去的箭跑得还快。刘勋一看没辙了,就比黄射跑得还快,投奔曹操。这一仗,孙策俘虏刘勋两千多兵士,缴获一千多艘战船。

仗不是你想打就打,不想打就不打。黄射不想打了,孙策却是非打下去不可,而且要打到底。孙策乘胜进军,直奔黄祖的大本营夏口,很快就前进到了沙羨。

孙策把孙权喊过来,指着沙羨的城墙说:"杀父仇人就在里面!"

报仇!报仇!报仇!

孙权期待这一天已经很久了。9岁的时候,孙权因父亲被害而形成的心底创伤至今还未痊愈。在这个年代,每活一天,不息的战火就会提醒你生存的艰难,也会刺激你征服别人的欲望,你内心里那份不安就会永远存在。

战斗在十二月十一日黎明打响,孙权以奉业校尉的职衔出现在战阵里。哥哥亲自擂鼓,弟弟骑马冲锋,江东军队士气大振,踊跃百倍,飞一般地越过壕堑。孙策军队采用他们最擅长的火攻,火光冲天,燃烧着整个江面,似乎烧熔了初升的太阳。孙权融入整个战场,在火与血中奔突厮杀。

人类的战火还是未能烧熔太阳,日上三竿时,战斗结束了。据孙策后来给朝廷的奏表,这次战斗一共斩首二万余敌,敌人跳江溺亡一万多人,俘虏黄祖家人七人,缴获船六千多艘,其他军用物资像山一样堆积。

遗憾的是黄祖侥幸脱身以逃。燃烧的江面上,孙权咬着牙,望着黄祖逃去的夏口方向。黄祖,你躲得过初一,躲不过十五,早晚你会死在我手里。

孙策上表汇报战况与胜果,曹操深深感叹:"猘儿,难与争锋也!"猘儿就是疯狗的意思,疯狗不好惹。而且,袁绍已经在七月份集合大军,准备进攻许都,曹操可不想陷于被南北夹击的尴尬境地,所以他必须下血本安抚"猘儿"孙策。曹操涎着脸托媒人到东吴提亲,把侄女嫁给孙策的四弟孙匡,又为儿子曹彰娶了孙贲的女儿。名为秦晋之好,其实是互换人质,表明彼此忠诚。孙权与孙翊也都被曹操任命的扬州刺史严象举荐为茂才。汉朝的察举制,选拔人才的途径除了举孝廉还有举茂才。孝廉重视品德,茂才重视才能。茂才只有高官和地方长官才能推荐,并非每个地方都有,因此茂才名额更少,往往全国只有二十几人。加上此前孙策被拜为讨逆将军,封吴侯,孙氏四兄弟就都与曹操扯上了关系。看来,相士刘琬给曹操提供的情报是说孙氏四兄弟都很了得。

从征讨黄祖的战场上凯旋,就是过年了。

二月份,孙策要孙权率领军队攻打匡琦城(在今江苏淮安境内,一说在今安徽当涂)。陈登一直想为叔父陈瑀报仇,当然志吞江南才是他真实的内心,只不过打起报仇的旗帜,更容易激发士气罢了。孙策西征黄祖之机,陈登暗地里派特工去江东,把印绶送给严白虎的余党,封他们官衔,让他们做内应,图谋攻取江东。既然你想打,那就陪你玩玩。孙策先发制人,派孙权进攻匡琦城。

让一个19岁的大孩子做主帅远征,没有人认为不合适,因为孙策渡江东征时才17岁。不过,这毕竟是孙权第一次独立执行作战任务,孙策总是不怎么放心,他调拨给了十倍于匡城守军的兵力给孙权,部队布在江面上,旌旗和铠甲都遮蔽了整个江面。孙策要弟弟来个开门红。

可是,最终孙策还是失望了。

陈登字元龙,他绝对配得上这个字。面对十倍大敌,他镇静自若,气定神闲,想好了对策。年轻气盛的孙权来到匡琦城下一看,城门紧闭,城墙上一点动静也没有,以为城里害怕了,就放松了警惕,让士兵安营休息。没想到,陈登一直在城墙上等着,城里士兵也一直握着兵器待命。陈登一看孙权放松了警惕,就打开城门,指挥将士们杀出。孙权所部猝不及防,溃不成军,很多士兵登船不及,被杀死淹死者不计其数,损失一万多人,大败而回。孙权不服,重整军队卷土重来。陈登命人聚积柴草,隔十步一堆,纵横成行,布列整齐,然后乘夜点燃。孙权所部看到火光连绵不绝,以为曹操的援兵已到,十分惊惶,纷纷溃逃。陈登见时机已到,亲率大军出击,又斩首万级。

孙权的第一次独立带兵出征以惨败而终,这在他心里留下了阴影。以后漫长的岁月里,他率领的军队很多次不战而溃。

一看弟弟不行,孙策亲自出马,但是率领军队到了丹徒就停了下来,因为要等军粮。

对孙策来说,难得有这么一点清闲时间。年轻人闲不住,他又打猎去了。他是喜欢刺激的,常常单骑出猎。

于是,悲剧发生了……

第八章 争霸赌局

◎孙策复制了父亲的死：都是因为在路上单独行动时中箭而死，都是在事业的关键时候突然死亡。剩者为王，孙策还是没能坚持到官渡之战的爆发，否则，历史将会是另外一番样子。

◎刘备又玩起了藏心术。不愿臣服曹操，当然也不愿臣服袁绍。刘备不想做谁的臣，只想做自己。从小时候在大桑树下发誓"吾必当乘此羽葆盖车"开始，刘备就信奉这样的人生信条：做最完全的自己。

◎没打算赌，计算好了胜率的袁绍败了，有生力量被摧垮，从此一蹶不振；只能靠赌，走一步赌一步的曹操胜了，拥有了打压袁绍的绝对优势力量，从此成为天下无敌的霸主。曹操其实没有赌，他只是面对跳一跳就够得着的机会，跳了一下而已。

一　做最完全的自己

读心术大比赛——

吕布死了。袁术死了。公孙瓒死了。剩者为王，现在天下人都屏气凝神等待曹操和袁绍两大王者决一雌雄。

解决了公孙瓒这个后顾之忧，袁绍可以专心对付曹操了。而孙策，则想着在曹操与袁绍的争斗中插一杠子，期待能够渔翁得利。

199年六七月间，盛夏的黄河奔腾咆哮，宣泄着压抑了一年的情绪。黄河边上，战马嘶鸣，金鼓振天，刀戈的锋芒反射着令人眩晕的阳光。袁绍点选精兵十万，战马万匹，屯兵黄河，准备进攻许都。

谋士沮授反对进兵，他说："救乱诛暴，称之为义兵；恃众凭强，称之为骄兵。义者无敌，骄者先灭。曹操奉天子以令天下，现在我们举师南向，于义则违。况且决定战争胜负，不在强弱。曹操法令严明，士卒精练，不是公孙瓒那样的坐而受攻之辈。现在我们舍弃万安之术而兴无名之师，我替袁公感到害怕！"

冀州地方实力派崔琰则说："天子在许，百姓帮助顺从朝廷的一方，我们不如坚守辖境，向天子进贡述职，这样可安定地方。"

谋士谋的是事，读的是人心。读得了人心，才能谋得了人事。沮授、崔琰通读天下人心，反对袁绍兴兵。袁绍不读天下人心，被个人私心欲望支配，非渡河不可。

其实，袁绍并未轻举妄动，他在出兵前后向各地派使者，争取支持。

曹操夺了张绣的寡婶，张绣杀了曹操的儿子，二人水火不容。张绣要是从南阳出兵攻击许都，那就会形成南北夹击之势，袁绍想到这里，不禁笑出声来。袁绍派出使者来到南阳，与张绣商定夹击曹操的事情。袁绍知道张绣听从贾诩的，特意给贾诩写了一封信。

张绣问贾诩："怎么办？"贾诩说："不如归从曹公。"张绣说："袁强曹弱，我们又与曹操是仇敌，怎么能归从他？"贾诩说："正是因为这样，我们才归从曹公。曹公奉天子以令天下，这是第一条理由；袁绍强盛，我们弱小，归从他必定得不到重视。曹公弱小，得到我们必定欣喜，这是第二条理由；有霸王之志的人，肯定会把个人恩怨放在一边，以在天下面前彰明恩德，这是第三条理由。希望将军不要再犹豫。"

贾诩读懂了袁绍，也读懂了曹操，更读懂了张绣。张绣果真听从了贾诩，在十一月率众归顺曹操。

袁绍要是懂得读心术，就会知道荆州牧刘表是个只求过安稳日子的大叔，就不会多此一举地派人去见刘表了。在袁绍使者面前，刘表答应了配合行动，但是始终未见实际行动，他想采取中立而保存实力，以期坐收渔利。

刘表的手下分析说，像这样保持中立，实际上是两头都不落好。别驾刘先说，现在豪杰并争，袁曹相持，天下之重全在刘表，要想有所作为，那就趁机崛起，如果不然，就选择其中一方予以支持，无论作何选择，拥有十万之众的荆州也不该在此时选择坐而观望。可是，刘表最终还是选择了坐而观望。

袁绍和曹操都没有忘记对关中势力的争取。当时，关中诸将中实力最强的是马腾和韩遂，他们可以号令关中。袁绍使者来联络他们时，马腾暗地里答应了。傅干知道了，跑来劝马腾，说："古人云，顺道者昌，逆德者亡。曹公奉天子诛暴乱，是顺道；袁绍背王命，驱使匈奴人进攻中原，他本人宽而多忌，仁而无断，兵马虽强，却失人心，这就是逆德啊。"他提醒马腾，如果阴怀两端，等成败确定后，曹操必会奉辞伐罪，那时马腾就会身败名裂。

马腾的脸上浮现出恐惧，傅干进一步劝说马腾出兵支持曹操，解曹公之急，事后曹操必会重谢。马腾接受了傅干的建议，派遣儿子马超率领精兵一万多人支持曹操。

凉州牧韦端是政客，则比马腾油滑得多。他先不表态，派杨阜去许都亲眼看看虚实。杨阜回来后，关中诸将问他："袁和曹谁胜谁败？"杨阜说："袁公宽而少断，好谋而少决。不断则无威，少决则失后事，别看他现在强盛，最终却不能成大业。曹公有雄才远略,决机无疑,法令划一而军队精良,能任用各种人才,使之各尽其力,必能成就大事。"

在傅干和杨阜的指引下,关中诸将读懂了袁绍和曹操,即使不支持曹操,也采取了中立,反正是不支持袁绍。

每个人,读天下人,也被天下人读。曹操和袁绍就这样读天下人,也被天下人读。真正的战争还未开始,曹操就征服了天下,袁绍纵有十万精兵,又能如何作为呢?

八月份,曹操进军黎阳,九月份分兵屯守官渡。有你无我,有我无你,曹操与袁绍的生死对决开始了。

孙策本来屯兵丹徒准备进攻陈登,然后伺机北上。现在官渡上空战云密布,孙策遥望江北,鲜血燃烧了起来:机会来了!他暗地里策划,准备袭击许都,把汉献帝抢到自己手中。

早就有卧底把情报送到官渡前线。孙策的威名天下皆知,曹营一片恐慌。郭嘉从容地站出来,告诉大家:"孙策刚刚吞并江东,他所诛杀的都是英豪雄杰,有人为他们效死。可是孙策轻率而疏于防备,虽有百万之众,无异于独行中原。如果有刺客从埋伏中突起,一个人就可以杀死他。在我看来,他必定会死于匹夫之手。"

郭嘉最精通读心术,他读准了孙策,更读懂了孙策的仇人。可是,孙策却不屑读天下人的心,他以为对天下人征服即可。

建安四年就这样在动荡不安中过去了。在等待军粮运送的间隙,孙策出去打猎,这本来就是他最喜欢的消遣活动,因为他酷爱袭击猎物的感觉。孙策骑着快马,很快就把随从甩没了影,他喜欢这种单人匹马行动的快感。孙策得意地在山林间骑马驰骋,他很乐意和随从们玩捉迷藏的游戏。

可是,还有人喜欢袭击,也有人喜欢捉迷藏。这不,三个人突然从路边的树丛里跳了出来,扑向孙策。不过人家不是玩游戏,而是要玩命!

许贡被孙策绞杀后,他的小儿子和门客流落到江边,无家可归,过着野狗一样的日子。和安卧在主人门洞下的狗相比,野狗更富有攻击性。他们怀念之前的快乐时光,仇恨剥夺他们幸福的孙策。这三个突然跳到孙策马前的人就是许贡的门客。

等孙策意识到危险时,一切都已经太晚了。他急忙拉开弓,对着其中一人射过去,那人应弦而倒。要射第二个人时,剩余两人手中的弓箭飞出来了,其中一支箭正中孙策面颊。

和今天电影上演的一样,救兵总是晚到一步。在孙策血流满面的时候骑兵卫队赶到了。骑兵卫队刺杀了那两个刺客。

医生安慰孙策，伤是完全可以治好的，但应好好养护，一百天不能有剧烈活动。孙策拿过镜子自照面目，对左右说："脸成了这个样子，还能建功立业吗？"执著于脸面，就会丧失内心。孙策崩溃了，他攥起拳头，奋力地捶着桌子，大吼着，伤口迸裂，在四月四日夜晚死去，时年26岁。

是夜，残星的寒光透过窗子，洒在那杆扫平江东的戟上。

生如夏花之灿烂，死如秋叶之静美。他的生命，是月夜里一颗流星，戛然划过，虽然短暂，但是留下了闪亮的轨迹。

孙策复制了父亲的死：都是因为在路上单独行动时中箭而死，都是在事业达到巅峰的时候突然死亡。剩者为王，孙策还是没能坚持到官渡之战的爆发，否则，历史将会是另外一番样子。

孙策吃了不懂读心术的亏，他以为天下人都和大乔一样喜欢被他征服，以为天下和大乔的床一样安全。

郭嘉准确预测了孙策之死，从而获得了"鬼谋"的称号，这应该是一个谋士最高的称呼了。人们敬佩郭嘉高超的读心术，可是郭嘉真的是能与未来对话的巫师，确信孙策必定在眼前死去的吗？因此有人猜测许贡的门客是郭嘉训练的杀手，被郭嘉在官渡之战爆发前派过去，执行了暗杀行动。毕竟，人心是靠不住的，没有人只靠读心术就能取得成功，只有行动起来才会把握一切。

不过，郭嘉的读心术确实独步天下，尤其是对刘备，更是读到了心底的每个角落。可惜，曹操没有采纳郭嘉的尽早杀掉刘备的建议，结果在争霸天下的路上多了一个无法战胜的敌人，一直到死。

郭嘉的读心术固然高明，无奈刘备的藏心术更高，所以才骗得了精明的曹操。

二　刘备的藏心术

说真的，曹操待刘备不薄。吕布被消灭以后，曹操将刘备带到许都，表奏他为左将军，关羽和张飞也都获得了中郎将的官职。刘备老婆被俘，曹操帮他救了出来；刘备没给关羽和张飞的，曹操帮着给了。曹操对刘备十分敬重，出则同舆，坐则同席。曹操手下出生入死血战立功的大将，除了夏侯惇，谁也没得到过这样的待遇。

名马配英雄，曹操让刘备到养马场选马。白鹄、绝影、爪黄飞电，曹家有很多名马，刘备来到养马场，在一百多匹上等马中挑花了眼，一匹也没选出来，然后到普通马中选，又挑了半天，挑了一匹瘦骨嶙峋从来没人看得上的马。管马的人翻了好几遍档案，才找到这马的名字：的卢。

曹操的人都笑喷了，果真是卖草鞋的，没见过世面，不识货啊。千挑万挑，挑了这样一匹马，刘备很惭愧，讪讪地离开了。骑在马上时，他才明白自己挑这匹马是因为它与他有着相同的低调性格。

曹操这样做，还不就是敬重刘备是个英雄吗？可是，刘备却把内心隐藏得很深很深，韬光养晦，曹操根本无法读懂他的内心。

其实，曹操一直想读懂刘备，在刘备身边安插了很多密探，刘备哪一天找什么人喝了几两小酒，曹操都会在第一时间知道。曹操这样做，刘备也不好说什么，因为这不仅仅是针对他的，曹操对手下所有人几乎都这样做。

刘备把自己关起来，埋头种菜。关羽和张飞这两个万人敌武将，不免抱怨："我们本该叱咤疆场，却在这里对付菜上的小虫子，干脆一头撞在茄子上自尽算了！"兄弟知心，刘备捧来一把菜种子，喜滋滋地对关羽和张飞说："芜菁！以后我们种芜菁，不容易长虫儿。"

这一天，刘备正全神贯注地对付芜菁叶上的一条虫子，有人敲院门，是曹操请他去喝酒。

酒场上难免胡吹海侃。曹操说："今天下英雄，只有我和你。袁绍之徒，不值一提！"刘备当时正集中力量对付一根鸡腿，闻言大惊，两手抖动，筷子掉落地上。

刘备为何如此紧张？因为刘备读懂了曹操，对曹操来说，越是英雄威胁越大，必欲除之而后快。刘备装傻种菜，不就是为了让曹操瞧不起他吗？

曹操严肃地盯着刘备脚下那根躺着的筷子，杀意开始在眼里聚拢。那根筷子出卖了刘备的内心。

"轰隆隆——"这时外面响起了震雷，刘备哆哆嗦嗦地说："圣人说：'迅雷风烈必变'，看来确实如此啊，只震一下，就有这么大的威力。"

曹操抬头看看天，眼里杀意渐渐消散。

酒席结束，双方散去。刘备一进园子，直接到了菜地里，对张飞和关羽说："快找人去葱地里除草。"种菜本来是很不爽的游戏，张飞和关羽不耐烦地说："没几棵草，除啥啊！"刘备说："今日不除草，明日被人当草除。"张飞和关羽只得喊来几个仆人应付一下。

草本来就不多,很快就除完了,仆人们就要散去,刘备把仆人喊过来,要他们把葱一棵棵地扶正。

大耳朵,受不了你了!不就是一棵葱吗,长歪了不要紧,切成末下锅就不歪了。仆人们不情愿地回到地里,一个腹黑的家伙还趁机把几棵葱悄悄地拔了出来。刘备看到了,抢过张飞手里的木棍向那小子身上抡去。

门外,一个人从门缝里观察着眼前的一切,用心记着,一会儿就走了。他回去报告曹操:"回禀主公,刘备正在园里扶葱,还因此打人。"

曹操长吁一口气,放心了。曹操酒醒之后,回忆起刚才与刘备煮酒论英雄,猜想一定会被刘备读心,很是后悔,就派人去菜园里看看刘备在干什么。

刘备在葱地里做的一切,全是给曹操看的,全是藏心术。

不就是喝酒唠嗑吗?双方至于这么紧张兮兮吗?原来,双方都是心怀鬼胎。曹操时刻担心刘备会在眼皮底下做出对他不利的事情,因为他知道刘备是个狠角色。而刘备,却真的参与了一件要置曹操于死地的密谋。

事实证明,刘备虽然把自己关进菜园子里,却没有片刻离开天下最大的事情。

到了许县之后,在曹操的扶持下,献帝渐渐找到了天子的感觉,开始觉得曹操太过霸道,就暗地里愤愤不平。董承的女儿是献帝的贵人,董承看到女婿成了曹操的傀儡,十分不平。献帝和岳父一合计,决定一不做,二不休,除掉曹阿瞒。

曹操的戒备是很严密的,无论是谁去见了皇帝,出来一定要被清身,以免带出密信。可是,献帝把诏令写在衣带上,董承把衣带系在自己身上,再说他是国丈,侍卫们对他的搜查只是走走过场。

衣带诏的主题概括为两个字:诛曹。衣带诏秘密小组的组长是董承,成员有长水校尉(一说越骑校尉)种辑,将军吴子兰、王子服,左将军刘备。董承不会贸然把刘备列在名单上,肯定事先取得了刘备支持,而且刘备肯定也参与谋划了行动细节。

震雷果真是巧合,但是,曹操这番话真的是巧合吗?曹操会不会觉察到了什么?

密谋衣带诏时,刘备肯定是信誓旦旦,但是,现在他对这个秘密团队的能力产生了怀疑。连诏书都要写在衣带上才能带出来,皇帝和国丈能有多大能力?但是,刘备并没有在团队秘密活动时暴露想法,因为那样他就有可能死在董承手里。

就这样,刘备一边戒备着曹操,一边敷衍着衣带诏秘密小组,一边找机会离开,曹操和董承居然都没发现他的异样。这得需要多么超强的藏心术啊!

还是那句话,没有人能靠读心术和藏心术取得成功,行动才是王道。对刘备来说,找个合适的理由离开虎口许都才是最重要的。

刘备总是那么幸运,袁术要北上投奔袁绍,曹操要找人去下邳阻击袁术。刘备第一时间找到曹操,主动请缨赶赴徐州。刘备的理由很充足,他熟悉徐州,与袁术是仇敌。曹操呢,认为刘备吃了这些天闲饭,也该出出力了,就答应了刘备,让他与朱灵同去。

刘备得令,顾不上一园子葱还没收,带着曹操拨付的部队,脚底板上抹油般地出发了。

别了,许都!

别了,曹公!

从此我们是敌人!

读心大师郭嘉跑来,说:"放走刘备,事情就会有变化!"

程昱跑来,说:"主公先前不杀刘备,考虑得很全,我等确实不能比得上主公。但是这次让他拥有兵权,他必然会生出异心。"

刚刚被任命为冀州牧的董昭也跑来了,说:"刘备有大志,又有关羽、张飞为羽翼,他心里怎么想可真不好说!"

曹操不相信他会读不懂刘备,就说:"我已经答应他了。"

到了徐州,刘备和朱灵还没有与袁术交战,袁术就知难而进地退了回去。行动任务完成,刘备与朱灵应该回许都复命,但是刘备让朱灵先走一步。朱灵走了,徐州的力量就空虚了一些,刘备就可以做想做的事情了。曹操任命的徐州刺史车胄在懵然不觉之中,被刘备斩杀。

刘备宣布:"我从五年前就掌牧徐州了!"他公开叛变曹操。刘备这么大胆,是因为他有袁绍撑腰。他早早地派孙乾到袁绍那里结盟。刘备最大的生存技能,就是总能找到靠山。

曹操大怒,有人劝他:"愤怒是拿大耳贼的狡诈来惩罚自己。"曹操说:"不,我是为自己愤怒!"是呀,天下人都说他是奸雄,可是他却被枭雄刘备骗惨了。

一定要好好教训一下大耳朵,要不天下人还怎么看得起曹操!曹操派出刘岱和王忠,率领大军,气势汹汹直扑徐州。这个刘岱并不是已经故去的兖州刺史刘岱,而是曹操司空府的长史(秘书长),是曹操的沛国老乡,曹操的亲信。至于王忠,是个狠角色,吃过人。曹丕后来做了皇帝,就拿他这一历史开玩笑,让人从乱坟岗里找了一些骷髅,串起来,挂在他的马鞍上。

一个信得过,一个打得过,按说这是一个完美组合,可是刘备从斩杀车胄那一刻起,就做好了迎战准备。刘岱和王忠不堪一击,溃不成军。刘备最后还在阵前教训他们:"像你们这样的,来上一百个人还是打不过我,即使曹操自己来,胜负也未可知。"

刘备当然知道,曹操亲自来,他是非败不可的,但是曹操陷于官渡之战中,刘备认为他绝无分身之术,就说几句大话爽一爽。

爽完,刘备留下关羽镇守下邳,自己回到小沛。

有袁绍牵绊,曹操来不了来徐州,但是过了年后发生的一件事,让曹操不得不把攻打刘备提上了议程。

还没出正月,衣带诏秘密小组暴露,惊出曹操一身冷汗。

斩董承,夷其三族!

斩王子服,夷其三族!

斩种辑,夷其三族!

斩董贵人,夷其三族!

大耳贼跑到徐州去了,没有跑到天涯海角去,那就去徐州杀他。

"不可!"诸将纷纷劝阻,"与主公争夺天下的是袁绍。现在袁绍举兵而来,如果我们舍弃他而东征,袁绍就会乘虚攻打我们后路,怎么办呢?"

曹操早就读懂了打交道多年的袁绍,现在也读懂了背叛他的刘备,他对大家说:"刘备是人中之杰,现在留着他,将来必定会成为祸患。袁绍反应迟钝,肯定不会立即采取大的行动。"

"刘备不是说即使我去,也说不准胜负在谁手里吗?那我就让他明白明白。"曹操安排好官渡前线的防务,亲率大军征讨刘备。

消息传到袁绍一方,田丰拄着拐杖来到袁绍面前,说:"同你争夺天下的人是曹操,现在曹操东击刘备,打起仗来,他不可能很快就能解决,我们应该立即举兵袭击他的背后,这样可以一往而定。用兵讲究时机,现在正是时候。"

可是,袁绍想了想,很为难地说:"我的孩子病了,我怎么离得开?"

田丰气得白胡子一撅一撅,拿着手杖敲打着地面,长叹一声说:"唉!大势去了。遇到这样一个难得的好机会,却因为一个孩子的病而失去,可惜啊!"

得到曹操亲来的情报后,刘备还是不能相信,就亲自率领几十个骑兵出去看个究竟。

天呀,那不是曹操的麾盖和旌旗吗!说了大话的刘备自知不是对手,弃众而逃,谁也不顾。

刘备在藏心术上的成绩是优秀,但是他的读心术上却勉强算是良好,他想不到曹操会从官渡分身,更想不到袁绍不会趁机攻击曹操后方。

刘备的老婆第三次被丈夫丢下不管,当了曹操的俘虏。同样被曹操俘虏的还有据说与刘备情若兄弟的关羽。老婆和兄弟,说舍就舍,刘备,算你狠!

见过笨的,还没见过像袁绍这么笨的。刘备对盟友袁绍很失望,但是他也无处可去,只能投奔袁绍。

袁谭亲率军队迎接刘备,将刘备安置到平原。平原,是刘备以前在这里担任县令和相国的地方。那时,他是老同学公孙瓒的部属。现在,他会做袁绍的部属吗?

袁绍对刘备的到来感到欣喜若狂,派大将专程迎接刘备,并亲自离开邺城二百里,与刘备相见。

袁绍这么夸张,是因为刘备的到来填补了无人支持的空白,满足了袁绍做大哥的虚荣心。而且,袁绍还指望刘备在官渡为他抵挡曹操的箭呢。

刘备又玩起了藏心术。不愿臣服曹操,当然也不愿臣服袁绍。刘备不想做谁的臣,只想做自己。从小时候在大桑树下发誓"吾必当乘此羽葆盖车"开始,刘备就信奉这样的人生信条:做最完全的自己。

有了刘备加盟,袁绍认为他在官渡的胜算又多了几分,就加快了渡河进攻许都的步伐。这时,田丰又来了,说:"曹操已经打败刘备回军,许都不再空虚了。曹操善于用兵,巧于变化,他兵力虽少,但不可轻视。不如与他打持久战,外结英雄,内修农战,然后挑选精兵,乘虚出动,扰乱敌人,敌人救右边我们就攻击他左边,救左边则攻击他右边,使敌疲于奔命,百姓不得安业。这样,我方还未疲劳,敌人就已经受困,不到三年,就可坐胜敌人。"可袁绍恨不得现在就压过曹操,田丰还要他等三年,那还不如杀了他。

田丰一看袁绍不开窍,就说了几句狠话:"想通过一次决战就解决成败问题,如果不能如愿,后悔就来不及了。"

袁绍说不过田丰,恼了,下令把他关进大牢。

哼,老东西,等老子从许都得胜回来,到时再把你放出来和你说道说道。

三　曹操首级的价格

深夜,官渡,黄河涛声从黑暗深处穿越而来。

曹操大帐,灯火如昼,曹操在专心地读书。在权力游戏面前,曹操始终是若即若离的,沉溺其中却又能超脱游离。他所做的一切,与其说是争夺江山,不如说是找回自我。即使是在上空战云密布的官渡,曹操依然是一有时间就读书。似乎,每当翻开书的时候,把自己融进灯光和文字里,他才找到了自己。

突然,头上一阵剧烈的头疼袭来,他放下了书,痛苦地用双拳捶打着头,转移疼痛的感觉。曹操有一个无法征服的敌人,那就是逆气病。健康的人,气都是下行的。年轻的父母为孩子的病情担忧,老中医恰好听到孩子放屁,就会安慰说只要能放出屁来,就没有什么大病。气一旦上行,就会胸闷气喘心慌头疼,说明得病了,这在中医上叫"逆气"。曹操常年患有逆气病,头痛,很可能是脑瘤之类的病。曹操常常在枕头旁放个装水的铜盆,每当头疼起来的时候,他就把头浸在里面,这样就能减轻痛苦,其实这只是掩盖了痛苦。

用铜器盛水有个问题,那就是时间长了水就会变臭。曹操没办法,就换成银盆盛水,银具有较高的催化能力,产生原子氧,而原子氧可以灭菌,能清除异味。

曹操换用银盆没几天,跑官的人们就来给他送银盆,人家说这不是送给他,是送给天下,理由是曹操身体好了,天下才会好,曹操要是不收银盆,就是对天下不负责任。曹操无奈,只得接受,床头堆满各种型号的银器。银盆累积起来用一千多年都够了,曹操不再收了,马上又有人给他送银碗、银杯等银器。

渐渐地有人说,曹操喜欢银器。曹操是提倡节俭的,就不再使用银盆,改用木盆盛水。

这一次,头疼欲裂的曹操,却没有把头浸在木盆里,因为一份紧急文件送到他的手中——袁绍发布到各州郡的讨伐曹操檄文。

看看袁绍说些什么吧。"有非常之人,然后有非常之事;有非常之事,然后立非常之功。"上来这几句话就把曹操震住了,还没读过这么灵动的檄文呢。写作水平同样了得的曹操,忘记了头疼,津津有味地读了下去。

曹操看到,这篇檄文挖根挖到他的爷爷曹腾那里,为他找了一大宗罪状:

1.曹操的祖父是宦官妖孽,曹操的父亲是不知是从哪里领养来的野孩子,曹操是赘阉遗丑。

2.曹操几次陷于危机,都是袁绍出手相助,但是曹操恩将仇报,进攻袁绍。

3.曹操喜欢乱杀人。

4.曹操专制朝政。

5.曹操因为个人恩怨,随意治罪。

6.曹操设置发丘中郎将、摸金校尉等官职,干盗墓的勾当。

7.曹操统治残酷,翻遍古今所有书籍,无道之臣,贪残酷烈,就数曹操最严重。

8.曹操与公孙瓒勾结,谋害袁绍。

这篇檄文不计算现代断句标点,正文共有1453个字,洋洋洒洒,文采飞扬。给曹操找的那些罪状,真真假假,假假真真,最高明的是真中有假,假中有真,真假难辨,由不得你不信。尤其是把曹操祖孙三代合在一起刨根,骂街作风很具攻击性。

写得太精彩了!曹操不但不生气,反而欣赏起这篇檄文,头疼病居然好了。接下来的一段时间,每当头疼的时候,曹操不再把头浸在水里,而是拿出这篇檄文读了又读。

曹操当然知道,黄河以北只有陈琳有这样的文笔。陈琳,字孔璋,广陵射阳人,诗、文、赋皆佳,天下闻名的大才子。陈琳曾担任大将军何进的主簿,当时何进要召董卓进京,陈琳极力劝阻,可惜何进不听。何进死后,陈琳到冀州避难,袁绍让他负责文字工作,袁绍这次总算是知人善任了一次。

这篇檄文公开悬赏:得曹操首级者,封五千户侯,赏钱五千万。檄文还动员曹操一方,无论是偏裨将校还是诸吏,只要是投降,不再追究任何罪责。

典韦死后,承担宿卫任务的是虎将许褚。徐他想杀了曹操去袁绍那里领赏,可是有许褚在,他始终不敢行动。终于熬到了许褚休假的一天,他怀揣利刃来到曹操大帐,见到了曹操,只等寻找机会下手。

这时,一个最不可能进来的人进来了,他就是许褚。传说中的眼神秒杀上演了,许褚只看了徐他一眼,徐他就崩溃了,脸色大变。警觉的许褚一下子就发现了异常,走上前,三下两下将徐他制服,从他身上搜出了利刃。徐他被斩,曹操从死亡的边缘回来了。

曹操擦着额头上的冷汗,问许褚怎么休假还来大帐。许褚说:"末将在家,总是心神不安,觉得还是回到主公身边安心。"从此,曹操更加信任许褚,出入同行,不让他离开身边半步。

一篇檄文就让徐他蹈死地而不顾,这就是文字的力量吧。有了这篇檄文,袁绍认为自己已经取得了一半胜利,而颜良、文丑两员大将的随征,让袁绍认为又取得了另外一半胜利。

颜良和文丑是袁绍最得意的武将。孔融听说颜良、文丑这两员武将随征,直接对曹操说,乖乖投降,放弃抵抗吧,颜良、文丑勇冠三军,由他们带兵,谁能战胜得了呢!

对袁绍来说,头疼的不是如何取胜,因为他认为取胜是板上钉钉的事情,头疼的是胜利后如何建设新政权。袁绍让儿子去高密县,接郑玄去邺县,让他随征到官渡。郑玄这时是个74岁的糟老头,一个文人,不能打仗,带上他有什么用?郑玄是天下名士,从四面八方投到门下的学生有一千多人,现在很有名气的崔琰、郗虑就是他的学生。袁绍要带上他,就是准备打下许都建设新政权时,要他做招牌人物。遗憾的是,郑玄走到元城县(今河北大名)就病倒了,不久就死了。信心爆棚的袁绍不愿相信这是一个凶兆,仍然带着一箱箱图书典籍出发,其中有不少是典章制度方面的资料,袁绍把这些东西看成宝贝,因为将来掌权后,制定制度就可以不动脑子,直接照搬这些资料就行。

袁绍眼睛只盯着胜利后的美好场景,丝毫没想到自己会失败。

四　赌博先赌心

为了迎击袁绍,曹操布下了三条防线:第一道是黄河北岸的黎阳,第二道是黄河南岸,东线是白马,西线是延津,第三道是官渡。曹操兵力远远不足,不能在正面数百里的黄河沿线分兵把守,面对整体推进的袁绍大军,曹操只能采取这种纵深防御体系。不求死守,只求分散敌人兵力,形成局部优势后打击敌人。

曹操设下了一个赌局。袁绍兵力占优,一旦采取闪电战,突破官渡,就能长驱直入,直捣许都。可是,除了赌一把,曹操还有其他选择吗?

赌博先赌心,曹操敢和袁绍这样赌,是料定了一贯好谋而寡断的袁绍不会采取闪电战,那曹操就有时间慢慢地寻找机会了。

200年二月,曹操亲率大军由邺城南下,剑指黎阳。曹军无意抵抗,主动撤到黄河以南。本来,这里的守军就是配合南岸防线的机动部队,为创造局部占优局面作准备的。袁绍散步一样地占领了黎阳,少不了庆祝一番。

这是第一把赌。主动把敌人放进来,不是开门揖盗吗?

该给曹操一点颜色看了,袁绍派出了最得意的大将颜良。四月,颜良率部渡过黄河,直奔白马。

曹操采取荀攸建议,放弃白马,主力开赴延津,吸引袁军主力向延津转移,调动袁军后,再迅速回师白马,这样就在白马形成兵力占优的局面。

这是第二把赌。如果袁绍不配合,不分兵西进,那白马的兵力就更加微弱,可谓不堪一击。再就是,曹军西进后东返要读秒进行,早了,袁军就识破用意,晚了,白马就失守。

曹操还是赌对了,袁绍非要给曹操来一下厉害的,就跟着曹军主力转而向西进攻延津。

曹军主力急忙回师,对付白马城下的颜良孤军。曹操派出了有"万人敌"之称的关羽。

这是第三把赌。关羽早就声明,他要立功报答曹操后再回到刘备身边。关羽要是真回去怎么办?关羽要是阵前倒戈怎么办?

曹操又赌对了。信奉武将操守的关羽,阵前杀了颜良,取得了白马之战的全胜。当然,此战之后,关羽离开了。另外,曹操从下邳俘虏了刘备的老婆,本来想借此要挟刘备,可是刘备毫不动心,自顾自跑到袁绍那里去。如何处理刘备的老婆,这可难住了曹操:娶了吧,刘备还没死;杀了吧,受人非议;留着吧,还得管饭。刘备,算你狠,曹操把刘备的老婆找来,说:"可怜的女人,我放你们走。下一回找男人,可别找耳朵大的,记住了没有!"

袁绍没想到会在白马一线受挫,而且倒了颜良这面旗帜。在哪里跌倒,就在哪里爬起来,袁绍一定要在白马找回面子,急忙回师进攻白马。曹操就像一个高明的猎人,逗引得猎物跑来跑去。

不可与袁绍硬碰硬,放弃白马是必须的,可是放弃白马后往哪里退呢?袁绍刚刚占领延津,往那里去无异于自投罗网,可是也不能轻易撤往最后一道防线官渡。最后,曹操作出了一个让人匪夷所思的决定:沿黄河向西撤往延津方向。更加让人匪夷所思的是,曹操命人带上了白马的老百姓,估计是胁迫,和当初董卓要洛阳百姓西迁长安一样。

这是第四把赌。要是半路遭遇袁绍主力,那曹操就只能跳到黄河里喂鱼了。而且,带上老百姓,尾大不掉,行动迟缓,这不是自找麻烦吗?

按照战略目标,袁绍应该直接向南进攻,奔许都而去,可是,袁绍急于与曹操一较高下,急于寻找决战机会,就把渡河的兵力分为两部分,一部分守卫刚刚占领的白马,一部分追击曹操。第二支部队的统帅是文丑。颜良死了,文丑就是袁绍手下最大牌的大将了,袁绍还给文丑配了个搭档:刘备。

曹操率领着一支五六百人的部队,到达延津之南时,他下令安营休息。营帐刚刚安好,就看到袁军追来了,而且是文丑和刘备率领的精锐。情报显示,文丑和刘备带来了五六千人。一对十!将士们等着曹操下令逃跑,可是曹操却让大家登上高处,没事先看看风景。看来,曹操要在第四把赌里再赌一下了。赌中赌,人生有时真的需要赌,因为一切皆有可能。

侦察兵快马急报:"敌兵近了,大约五六百个骑兵。"曹操还在看风景。

侦察兵快马急报:"敌人骑兵越来越多了,步兵根本数不过来。"被人打扰了看风景,曹操很不高兴,说:"不要再说了。"

这时,正常的人如果求活就会下令撤退,如果死战就会下令严阵以待,可是曹操偏偏下了一个谁也想不到的命令:走出营门,解鞍下马,把从白马带来的辎重物资摆在道路上。

诸将傻眼了,以为曹操被吓傻了,都看着被曹操封为"谋主"的荀攸,说敌人骑兵那么多,还不如进营坚守。荀攸说:"我们在这里还能作为引诱敌人的诱饵,又怎么能离开呢!"这时大家才知道曹操是在诱敌。

文丑和刘备率领的五六千骑兵前前后后都到了,诸将再次请示:"可以上马了。"

曹操说:"不可以。"他要诸将耐心,接下来会看到更好的风景。

果然有更好的风景。袁绍的骑兵越来越多,有的开始分散开去捡拾曹军摆在路上的辎重。那么重的辎重,放在身上什么都不能做了。有的甚至为抢夺辎重发生了火并。

曹操下令:"可以了!"于是将士们都跨上马,纵兵出击,袁军毫无防备,大败。文丑被斩杀,刘备再次从曹操手里逃走。

五六百人怎能大败五六千人?那些从白马带来的老百姓起了很大作用,抢辎重的不仅仅是袁军士兵,还有数不清的老百姓。老百姓四处乱跑,冲散了袁军。说不定文丑就是被老百姓牵来的一只猪撞倒,然后被杀的呢!

原来可以拿老百姓做掩护来撤退,刘备从这次战斗中跟着曹操学会了这一招,以后在当阳长坂他就用上了。

因为赌对了人性的贪婪,曹操赌对了战争。颜良、文丑接连被杀,袁绍全军深深震撼。

袁绍被激怒了,他亲率大军渡过黄河,推进到阳武(今河南原阳东南),发誓要把曹操杀死扔到黄河里。可是曹操却不给袁绍机会,撤出第二道防线,退守官渡。

中国历史上著名的官渡战役拉开了序幕。

虽然在第二道防线取得胜利,但是曹操并未消灭敌人多少兵力,依然在兵力上处于极大劣势,而且,官渡是许都最后的一道屏障,一旦丢失,曹操就会完败。最关键的是，先前的胜利都是以赌取胜，接下来，曹操还能赌得赢吗？有从来不败的赌客吗？

雪上加霜的是，许都的后院汝南郡起了火。汝南郡是袁绍的老家，一直有一支黄巾军活跃，首领是刘辟、何仪等人，他们此前归顺了曹操，但是现在看到曹操被困在官渡，就在七月份起兵叛乱，公开响应袁绍。

袁绍喜出望外，决定派人去推动刘辟，把火烧得旺一些。袁绍这次推出的是刘备。刘备能为袁绍的事业殉葬吗？曹操派出曹仁率领精锐骑兵出现在汝南郡，刘备放了几支箭，象征性地抵抗了一下，然后回到官渡前线。刘辟更是不堪一击，被曹仁击溃。

可是，对曹操来说，官渡前线的形势却是越来越严峻。

八月份，袁军主力推进到官渡前线，用沙土堆成土丘为依托建筑营寨，东西绵长数十里。曹操只能分兵筑营，兵力不足的劣势暴露在敌我双方将士的眼前。根据《三国志》，袁绍有十多万人，曹操兵力不足一万，而且伤兵占了十分之二三，有人质疑这个数据。估计袁绍军十多万没都在官渡，曹操军一万只是就官渡战场而言。

九月一日，日食。日食在当时被看成是凶兆，通常情况下交战双方都会停下来。公元前585年5月28日，伊朗高原上米底王国和吕底亚王国的战争进行到第六个年头，两军正在酣战，忽然发生日食，交战双方认为不吉利，停止了长达五年的战争。1030年夏天，挪威有一场斯蒂克尔斯塔战役，当时突然出现的日全食使交战双方惊恐不已，但是国王奥拉夫二世要求继续战斗，结果在战斗中死去，人们认为他受到了太阳的"诅咒"。

不能按照正常人的思维去看待赌徒。曹操这个赌徒这时反其道而行之，向对面的人建土丘发起了进攻。这是曹操的第五把赌。既然是赌，就要博胜，曹操认为日食到来时，袁军肯定人心惶惶，疏于防备，也许能乘虚捞一把呢。

第五把赌，曹操输了，不胜而还，白白消耗了本来就有限的兵力。

战争进入了艰苦的相持阶段。袁绍在曹营外堆起土山，搭起射箭塔，向曹营内射箭。曹军士兵只能顶着盾牌走路，曹营成了乌龟世界。

曹操手下谋士刘晔将攻城用的飞石车进行改进，号称霹雳车，抛掷石块，专打营外射箭塔上的袁军弓箭手。高空优势失去了，袁绍又向地下想办法，命人挖掘地道，准备从地下攻进曹营。曹操以地道对地道，在营中横向挖了壕堑，袁军地道一挖过来就暴露了。可见，官渡之战的科技含量在当时是很高的。

科技战相持了一个多月，劣势一方的曹军日益显得捉襟见肘。更要命的是，汝南郡的黄巾军在龚都的带领下，又打起了叛曹助袁的旗帜。刘备找到袁绍，踌躇满志的样子,把胸膛拍得山响,对袁绍说:"派我去南方,我找两个人帮您拿下官渡。"刘备要找的人,一个是荆州牧刘表,一个是龚都。袁绍感慨地想,刘备总算是没吃白饭,关键时刻用得上,要是有刘备联合刘表和龚都,从南线进攻许都,形成夹击之势,胜利还远吗?

刘备到了汝南,立即找到龚都,组成了一支数千人的联合军。曹操派遣叶县守将蔡阳出击刘龚联军。这是曹操的第六把赌,因为他认为刘备不堪一击,也不相信刘备会为袁绍卖死命。可是,永远也读不懂刘备的曹操,想不到刘备这次是为自己而战。来南线联合刘表和龚都,是忽悠袁绍的。刘备看出了袁绍是非败不可的,就用这个借口,离开了袁绍,想在汝南自己发展。做最完全的自己,这是刘备永远坚持的人生信条。

刘备对蔡阳放出话来:"我虽然形势上不占优,可是像你这样的,来一百万个,也无法奈何我。曹孟德单车前来,我就自己离开。"刘备这次没敢再说曹操的大话,因为他怕把曹操真的招惹来了。蔡阳被刘备的鄙视气疯了,轻进邀击,结果兵败被杀。刘备总算是正儿八经地赢了一次,虽然赢的只是一个小角色。

第六把赌曹操输了,留下了刘备这个大麻烦。刘备在汝南发展势力,轰轰烈烈,给许都带来很大压力。官渡前线得到这个消息,军心不稳。

同时,派到袁绍阵营的卧底人员带来情报,说袁绍的谋士许攸策划了一个作战方案:分兵袭击许都。听说了这个策划案,曹操的头疼加重了很多。曹操军队数量少,目前集中在官渡,许都只留下很少兵力,如果袁绍像许攸说的那样,派遣一支轻骑兵,昼夜兼程袭击许都,定能成功。拿下许都后,袁绍就可以奉天子以讨曹操,而且南北夹击把曹操困在官渡。曹操苦笑:"果真是老朋友,下手快准狠。"许攸是袁绍也是曹操的老朋友,当初他与人密谋废掉灵帝,曾经想拉曹操入伙。

最可怕的事情还是发生了,粮食快吃完了。战争持续了半年多,各种负面消息接踵而至,士兵们看不到胜利的希望,恐慌的气氛弥漫在曹营。

曹操把身边的勇士集合起来,挺着胸,昂着头,语气铿锵地训话:"再过十五天,我就给你们打败袁绍,到时候就不再烦劳你们了!"勇士们无动于衷,以前在南阳征伐张绣时,曹操玩的那出"望梅止渴"给大家的印象太深刻了。这一次,勇士们没上曹操的当,毕竟十五天就打败袁绍的希望,谁也看不到。

有人开始找退路,暗中与袁绍联络,一封封密信通过各种途径,从曹军阵营送到袁绍面前。先向袁绍示好,为将来铺路吧。当然,可以趁许褚打盹的时候叛变,然后提着曹操的人头去袁绍那里领赏。

夸下十五天的海口,是曹操的第七把赌。说真的,如何在十五天内战胜袁绍,曹操一点谱也没有。军粮越来越少,曹操越来越泄气,不想再赌下去了,给留守许都的荀彧写了一封信,说想回去了。荀彧很快回信说现在正是用奇的好时候,再坚持一下,就能胜利了。

用奇?这个想法不错,可是如何用奇呢?夜深了,曹操把脚泡在盆里,却忘记了洗脚,独自在灯下苦苦思索。

这时,卫士进来禀报,说是外面有个自称是曹操老朋友的人要见他,名字叫许攸。

许攸?

许攸!

许攸本是袁绍帐下谋士,缘何深夜至此?一道灵光在曹操大脑里一闪,他知道用奇的机会送上门来,第七把赌要赢了!曹操从洗脚盆里跳起来,光着脚跑出去迎接许攸。原来,袁绍没采纳许攸那个可置曹操于死地的作战方案,直接说许攸是多此一举,一定要在官渡捉住曹操。袁绍认为胜不是问题,如何胜得漂亮才是问题。许攸正为袁绍的愚蠢感到窝囊,这时传来一个消息,许攸在邺城的家属犯了法,被袁绍的亲信审配抓进了监狱,并说要挖出后台。许攸一不做,二不休,逃到曹军大营。

"子远,你来,我就能成功了!"一见到许攸,曹操就抚掌大笑。

一落座,许攸就问:"你现在还有多少军粮?"既然是老朋友,那就不用拐弯抹角了,说话直奔主题。

曹操说:"尚可坚持一年。"

许攸说:"回答错误,请重新回答!"

曹操又说:"尚可坚持半年。"

许攸说:"看来你是不想打败袁绍了,为什么不据实回答呢?"

曹操尴尬无比,说:"刚才是开玩笑,其实只可以坚持一个月,怎么办呢?"

其实,一个月也是爱面子的说法,前面说的十五天破敌表明,曹军的粮食也就是还能维持十来天。

许攸不想让曹操过分难堪,放过这个问题,对他说:"你孤军独守,外无救援而粮谷已尽,这正是危急之时。现在袁绍辎重有万余辆车,存放在故市、乌巢,守军警惕性不高;如果以轻兵袭击,出其不意,烧了粮草,不过三日,袁氏自败也。"

许攸提供了一份极其机密的情报:袁军后勤基地的精确位置和防备情况。许攸还提供了奇袭乌巢的方案。

曹操立即召集诸将商议,大家都反对奇袭乌巢的方案,理由就是许攸是从袁绍一方来的,很是可疑,说不定提供假情报,引曹军向火坑里跳呢。可是,贾诩和荀攸都认为许攸是可信的。

曹操决定赌第八把,就信许攸一回,奇兵出击,逆转战局。这是生死之赌,万一许攸真的是骗子,那曹操就会死在乌巢。可是,凭借对许攸二十多年的了解,曹操还是决定要赌一把。要知道,一个人并非所有的时候都能选择,事关生死,曹操其实不想赌,但是此时除了赌他别无选择。

曹操是天黑时亲自率领五千精锐步骑出发的。曹军穿着袁军的衣服,打着袁军的旗子,每人抱着一捆柴火。曹军每人口中都衔着一根小木棍,马嘴也用绳子缠上,悄无声息地在袁军的防区里前进。这第八把赌,一声咳嗽就可以丢掉性命。

过关卡了,袁军的守卫严加盘问:"没接到调动军队的命令,你们是不是曹操的军队?"曹军回答:"袁将军害怕曹操从侧面袭击我军粮屯,特意派我们去乌巢加强防守。"夜色的掩盖下,盘查的卫兵看不到答话人的不安神情,就放他们过去了。

驻守乌巢的大将淳于琼从睡梦中惊醒。帐篷外,火光和人影迭撞,杀声与脚步声合奏。淳于琼是老资格了,曾经与曹操、袁绍同列西园八校尉,他做梦也没想到,曹军会从天而降。曹军四处放火,带去的柴火有了用场,乌巢的粮草物资腾腾燃烧起来。袁军士兵从睡梦中醒来,只见四处起火,顿时大乱。

可是,曹操这时还不能确保赌赢了。乌巢距离袁绍在官渡前线的大本营只有四十多里路,袁绍很快得知乌巢遭袭。这时,部将张郃力主救援乌巢,如果袁绍听他的,派重兵去乌巢,那曹操就会陷于死地。可是,袁绍再次向死亡深渊里滑去,接受另外一个谋士郭图的建议,只派小股部队支援乌巢,主力大军强攻曹操大本营。

淳于琼并不容易对付,曹军在乌巢打得十分惊险。正在这时,袁绍派来的援军眼看着到了,左右的人向曹操报告:"敌兵很近了,请分兵拒之。"曹操一边厮杀,一边高喊:"等敌人到我身边再报告!"曹操只能取胜,一旦失败,就是死亡,这是一次无法重来的赌博。曹军上下无不殊死力战,终于在敌人援军到来的前一刻攻破淳于琼大营,斩杀袁军督将眭元进、骑兵督将韩莒子及吕威璜、赵叡等七员大将,俘虏一千多人。赶来的袁绍部援军见大势已去,纷纷溃散。

第八把赌赢了,可是距离最后的胜利还很远。在乌巢只是烧了袁军的粮草,但强大的袁军并未被摧垮。要是曹操不能尽快摧垮袁军,那就会在袁军饿死前就被杀死了。

曹操下令将俘虏的一千多人的鼻子全都割去,缴获的袁军驴马也被割去了唇舌。残忍的杀戮中,曹操释放着开战以来的郁闷情绪。曹操这样做,当然不仅仅是为了宣泄,他把割下来的人的鼻子、驴马的唇舌扔到袁军面前,袁军士兵哪里见过这种场面,无不惊恐万分,溃散而去。快跑啊,跑晚了就没鼻子了。

割鼻子是曹操下的命令,但是他忽视了淳于琼这个老朋友,手下们割顺了手,把淳于琼的鼻子也割下来了。

淳于琼被带到曹操面前时已经血流满面。曹操很是吃惊,就问:"你怎么到了这个地步啊?"

淳于琼不服,昂起头说:"胜负自有天意,有什么好问的!"

曹操不想杀掉这个见证自己青春的人,但是许攸看着老同事淳于琼,说:"明天他照镜子,一定不会忘了是谁割了他的鼻子。"曹操一想,也是呀,淳于琼照一次镜子就会骂他一次,还是杀了他吧。

攻打曹操大营的袁军将士,得知乌巢粮草被烧,军心动摇,但是带领进攻的张郃和高览如果加把劲,还能扭转战局。只是,袁绍阵营内耗严重,张郃和高览率领袁军主力投降了曹操,袁军全线崩溃。

战云消散,鼓声远逝,官渡之战渐渐拉上帷幕。袁绍派来的十万大军,被曹军所杀八万人,辎重巨亿被缴获。

在形形色色的战利品中,有两类东西格外显眼,一类是袁绍带来的书籍、典籍,这都是袁绍打算建设新政权用的,另一类是信件,其中就有战争相持时曹营人士写给袁绍的效忠信。

曹操下令,谁也不能看这些信,一把火烧了了事。曹操说:"当初袁绍那么强大,我尚且感到不保,何况大家呢!"

袁绍和袁谭来不及穿戴整齐,带着八百名骑兵仓皇出逃,狼狈地渡河而去。袁绍想开拓一个新世界,却连本来拥有的世界都丢了。

没打算赌,计算好了胜率的袁绍败了,有生力量被摧垮,从此一蹶不振;只能靠赌,走一步赌一步的曹操胜了,拥有了打压袁绍的绝对优势力量,从此成为天下无敌的霸主。曹操其实没有赌,他只是面对跳一跳就够得着的机会,跳了一下而已。

黄河岸边,河水依旧向前奔流,长眠在沙滩上的征夫,却再也无法回家。飞来飞去的乌鸦,为眼下的一具具尸体而兴奋地叫着,却不知道尸体下的江山已经易主。

邺城,监狱,阴森幽闭。

"恭喜田先生,这下您要得到重用了!"隔着牢门,狱卒向田丰道喜。

袁军狼狈不堪地逃过黄河,总算是暂时摆脱了死亡之神的追杀,惊魂未定地喘息着。他们不约而同地想起了一个人——田丰，都捶胸而泣说："假如田丰在这里，我们也不至于到这地步啊！"

很多人都以为，田丰这下会得到重用了。田丰却绝望地摇摇头，对狱卒说："谢谢你的贺喜。可是，如果我们取胜的话，我必定能活下去，但是现在我们失败了，那我马上就要死了。"谋士首先要精通读心术，田丰早就读透了袁绍。胜了，田丰活着，袁绍会有面子；败了，田丰活着，袁绍会感到惭愧。

其实，这种情况下感到惭愧是正常的，袁绍一开始也惭愧，他对另一个谋士逢纪说："当初只有田别驾劝我不要急着出兵，现在如果见到他我很惭愧。"

见到他惭愧，那就不见了呗，不见他那就杀了他呗。正好这时对战败负有决策责任的逢纪污蔑田丰说："田丰听说您撤军，拍手大笑，他为言中而高兴。"袁绍对左右说："我不采用田丰的话，果真被他讥笑。"打起仗来优柔寡断的袁绍，这次果断地下令杀了田丰。

杀了田丰，袁绍还是得直面失败。第二年四月，曹操见袁绍在仓亭集解兵力，就集中兵力出击，袁绍逃回邺城。

可是，曹操并没有咬住不放，而是在九月份回到许都。因为，有人给许都带来了危险。

第九章 战云再起

◎在曹操那里种菜，在刘表这里结耗，精通藏心术的刘备，再次把自己的野心掩藏在低调的举止下。刘表和蔡瑁、蒯越想不到，天天埋头结耗的刘备在他们的眼皮底下，有条不紊地挖着荆州的墙角，构建自己的大厦。

◎曹操与袁绍，是一起长大的朋友，曾是一条战线的战友，曾是官渡战场上水火不容的敌人，但是现在，他们只是人，一个活着，一个死了。活着的，被战争的残酷煎熬，被政坛的纠葛煎熬，被头风病的痛苦煎熬，他想到自己很快也会死的。

◎一个人往往在病重的时候最清醒，这时候做出的事情往往是一生之中最正确的抉择。也许，每个人都能听到死亡之神的召唤，躺在病床上的一代霸主刘表，知道自己要退出这个让他身心疲惫的霸局了。他完全丧失了斗志，这时他才发觉：人最宝贵的不是地位和权力，而是生命和亲情。

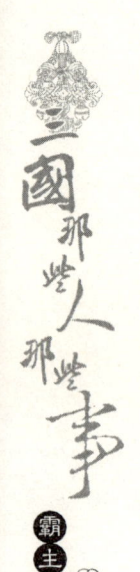

一　全靠一匹马活着

这人就是刘备。

刘备的藏心术独步天下,骗过公孙瓒在平原立足,骗过陶谦取得荆州,骗过吕布重回小沛,骗过曹操杀了吕布,再次骗过曹操脱离许都,骗过袁绍来到汝南,以后他还会骗下去,因为不骗他就无法活下去。

在袁绍最需要的时候,刘备不是拉他一把,而是离开袁绍,独自来汝南发展。与龚都联合后,刘备在汝南迅速发展,威胁许都,他的军队距离许都最近的时候,只有几十里路。曹操决定教训一下刘备,就亲自率军南下。

刘备只有几千人,连与曹操打个照面都不敢。曹军出动的消息一传来,刘备就派糜竺和孙乾与刘表联系,情愿依附于他。曹军刚刚赶到,刘备就拔营开溜,向荆州逃去。曹操赶到,望着前面道路上的漫漫飞尘,又开始头疼了:"真不该把的卢送给大耳贼!"

所有人都赞叹,那匹低调无比的的卢,跑起来的时候风驰电掣,就像光一闪,还未来得及注意它,它就消失了。

和曾经的陶谦、袁绍、吕布一样,刘表对刘备的到来感到受宠若惊,亲自到郊外,以上宾之礼迎接刘备。

当然,刘表这样做并不是因为崇拜刘备,而是为了利用刘备。刘表拨付给刘备军队,让他驻扎在新野,和当初陶谦和吕布让刘备驻扎小沛的目的一样,都是为了让刘备做挡箭牌,抵御强大的曹操。

刘备只能给刘表做苦工,因为他没有其他选择。可是,从来不愿意为别人做事,只愿意利用别人为自己做事的刘备,暗地里发展势力,荆州的英雄豪杰纷纷投奔他,其中剑侠徐庶最受刘备器重。

好小子,荆州的人都听你的,谁还听我的!刘表暗暗对刘备起了戒心,就对刘备说,你天天在新野闷着,时间长了耳朵就更大了,出去和曹操打一仗吧,反正你和他有仇。在刘表的安排下,刘备北上侵入曹操的地盘,到了叶县。曹操派遣夏侯惇和李典抗击刘备,结果夏侯惇在博望坡中了刘备的伏兵计,遭到火攻,大败。李典急忙来救,刘备见好就收,打着呼哨而退,得意地回到新野。

刘表的特长是举办讲坛沙龙什么的,能不打仗就不打仗,所以荆州人很少享受到战场胜利的快乐,博望坡大捷让荆州人激动万分,啊,原来荆州人也可以打败无敌的曹军!长了大耳朵的人可真是了不得啊!

本来,刘表打算要刘备去叶县,要么取胜抢来地盘,那样刘表可坐享其成,要么失败抢不来地盘,刘备从此在荆州就不能抬头走路,当然最好是刘备能被曹军杀死。可是,现在,在博望坡放了一把火就跑回来,一个米粒儿大的地盘也没抢来,却成了荆州英雄,投奔他的人越来越多。

得了,还是把这小子放在眼皮底下看起来吧。刘表让刘备屯驻樊城,与刘表的治所襄阳隔水相望。这样,刘备的一举一动都在刘表的监管之下。

刘备开始了给刘表做三陪的日子,陪吃,陪酒,陪聊。郭嘉说刘表不过是一个"座谈客"而已,现在有刘备做三陪,刘表做起座谈客来就更过瘾了。

座谈只用口舌,却是比刀光剑影还要惊险的战场。

一天,刘备、许汜与刘表坐在一起共论天下之士。许汜曾是吕布部下,在刘备、曹操联军包围下邳时,曾经出城向袁术求救,吕布失败后,他就漂泊到了荆州。

忘记了是谁谈起了陈登,许汜说:"陈元龙就是江湖混混,骄狂之气至今犹在。"

刘备没有立即表明态度,这是他一贯的作风,他问刘表:"您觉得许君所言对不对?"

刘表说:"要说不对,许君又是个好人,他不会随便说别人假话的;要说对,陈元龙又盛名满天下!"说了一大筐全是废话,这也符合刘表的一贯作风。

刘备问许汜:"您认为陈元龙骄狂,有什么根据吗?"

许汜脸上露出委屈的神色,说:"曾经有一次,我因世道动荡而流落到下邳,见过陈元龙。当时他毫无客主之礼,很久都不搭理我,自顾自地上大床高卧,而让客人们坐在下床。"

刘备回答说:"您素有国士之风。现在天下大乱,帝王流离失所,元龙希望您忧国忘家,兴匡扶汉室之志,可是您却向元龙提出田宅屋舍的要求,言谈也没有什么新意,这当然是元龙所讨厌的,又有什么理由要求元龙和您说话?假如当时是我,我肯定会上百尺高楼上去高卧,而让你们睡在地下,哪里只是区区上下床的区别呢?"

许汜选择性叙述,刘备却毫不客气,当场还原了当时事情的全貌,许汜羞惭得恨不得立即从大家面前消失。到了南宋,大词人辛弃疾在其代表作之一《水龙吟·登建康赏心亭》中写道:"求田问舍,怕应羞见,刘郎才气。"

刘备明明知道许汜和陈登的过节,却先问刘表的立场,其实是挖坑让刘表向坑里跳。座谈客绝非浪得虚名,刘表没有上刘备的当,当时只是哈哈大笑。

在又一次聊天的时候,刘备出去上了趟厕所,回来双眼泛红,眼角还带着泪痕。刘表问:"左将军,你怎么了?"

刘备流泪,是因为刚才在厕所里褪下裤子,看到大腿内侧长满了赘肉——髀肉,眼泪马上滂沱而出。刘备也是一个四十多岁的老男人了,不至于对身材如此计较,但是髀肉复生是生活安逸的见证,说明很长时间没有上马杀敌了。关羽和张飞天天嚷嚷,说他们的刀都生锈了。

也许是青春逝去太让人恐慌,精通藏心术的刘备那天在刘表面前居然泄露了内心秘密,回答说:"我过去常常身不离鞍,髀肉皆消;现在不骑马了,髀里肉生,日月若驰,老将至矣。"说着说着,刘备又要流泪了。

"左将军期待一战?"刘表笑问,内心却一阵厌恶。在刘表看来,刘备在他这里日子过得安稳,却还期待战事!可见刘备定是想造反,刘表从此对刘备更加戒备了。

刘表读不懂刘备的痛苦。这时的刘备四十多岁,还没有子嗣。说起来,刘备经历的女人也不少了,但是一个接一个死去,也有没死的,但是一次接一次地被刘备舍弃成了俘虏。但是甘夫人这时是在刘备身边的。这么多女人,没有一个能为刘备生个儿子,这对已过中年的刘备来说,压力比山还大。没有儿子也就罢了,事业又没有,没有归宿,命运太残忍了!

髀肉引起的伤感先放一边,先对付眼前的危险再说吧!最大的危险永远来自和你站在一起的人,同样是在刘表手下混日子的人,荆州人蔡瑁和蒯越把刘备视为一个强劲的敌人。蔡瑁和曹操年轻时就是好朋友,他有两个妹妹,一个是刘表的现任妻子,一个是襄阳名士黄承彦的妻子。补充一点,黄承彦有个丑女儿,嫁给了一个叫诸葛亮的小伙子,这小伙子目前躬耕隆中。蒯家在荆州的势力不亚于蔡家,刘表当初受朝廷派遣单骑来荆州,正是在蒯家的支持下才站稳了脚跟,蒯家的核心人物是蒯越。

荆州就是一块大蛋糕,由刘表切分给大家,刘备一出现,蔡瑁和蒯越分的蛋糕就小了许多,甚至他们以为刘表就是用刘备来牵制他们的。

干掉大耳朵,一了百了,多利索啊,蔡瑁和蒯越动了杀机。

刘备常常从樊城来襄阳陪刘表喝酒,蔡瑁和蒯越决定在下一次酒宴上动手,而且做好了准备。杀了就杀了,刘表不会为一个外人和自己人翻脸吧。其乐融融的宴会,最适合下手杀人,鸿门宴太出名,大家都学会了。

可是,蔡瑁和蒯越忘记了,这招是刘备玩剩下的。刘备在小沛时,正是用这招杀了杨奉。害人之心可以有,防人之心不可无,刘备一到宴会上就嗅出了危险的味道,立即借口上厕所走出去。

一走出去,他就飞速地翻身上马,拍马向城外飞驰而去。这次刘备骑来的还是的卢。逃到襄阳城西,前面有一条叫檀溪的河流挡住了去路。回头看看,追兵要上来了,刘备一闭眼,纵马跳入河里,想渡河脱险,不料的卢游泳技术欠佳,陷在水流中。这下好了,不用人家动手,就要被淹死了。刘备急了,说:"的卢,今天危险了,努把力吧!加油啊!"的卢打个喷嚏,一昂头,从水中奋起,一跃三丈,载着刘备渡过檀溪,顺利脱险。

伟大的的卢!伟大的刘备!

刘表知道了这件事情,果然没怎么惩罚蔡瑁和蒯越,只是批评他们,下不为例啊。

谁也不敢保证的卢每次都能保持这么好的状态,刘备以后更加警觉了,像鸵鸟一样把头缩起来,低调低调再低调。有好心人扔给他一抱牦牛尾,有空儿就结毦,省得闲出病来。结毦就是用鸟羽或者兽毛编制饰物,用来装饰头盔、兵器、马头什么的。蔡瑁和蒯越很快把握了这一动态,相视大笑,哈哈哈,不愧为卖草鞋的出身,结毦肯定很有心得。

在曹操那里种菜;在刘表这里结毦,精通藏心术的刘备,再次把自己的野心掩藏在低调的举止下。

刘表和蔡瑁、蒯越想不到,天天埋头结毦的刘备在他们的眼皮底下,有条不紊地挖着荆州的墙角,构建自己的大厦。

这项工作需要有能接触到荆州政权核心的人配合才能开展,刘备没费多大劲,就找到了这人,那就是诸葛亮。

诸葛亮闪亮登场了!

二 三顾茅庐的真正主题

诸葛亮,字孔明,琅邪阳都(今山东沂南人),名门之后。很有必要交代一下,他比刘备小了整整20岁。尚未成年的时候,诸葛亮死了父亲,后来跟着叔父诸葛玄投奔刘表。诸葛玄也死了,诸葛亮就与弟弟诸葛均开始独立生活,安家于襄阳城西二十里隆中,躬耕陇亩。除草累了,休息的时候,诸葛亮会说他文可比管仲,武可比乐毅,大家喜欢他这样说,因为庄稼地里没有其他好笑的事情。可是,了解他的朋友都说诸葛亮的才能甚至超过了管仲和乐毅,这其中就有剑侠徐庶。

虽然和诸葛亮有亲戚关系,但是刘表认为任用一个年轻农夫会降低荆州的品质,所以诸葛亮一直没有走出隆中那座茅庐。

徐庶向刘备推荐诸葛亮:"诸葛孔明是卧龙,将军愿意见他吗?"刘备说,好啊,那你下次约他一块儿来吧。徐庶却严肃地说:"这个人不是一般人,不可让他受委屈,最好是你亲自去请他。"

有没有搞错啊,刘备这时虽然寄人檐下,但好歹是朝廷任命的左将军、豫州刺史,吕布、袁术、曹操这些个天下豪杰他都打了个遍,那个什么诸葛亮字孔明的,年纪轻轻,一个泥腿子,还得亲自去请!

可是,让人大跌眼镜的是,刘备最终还是亲自去隆中请诸葛亮出山,而且是三顾茅庐才把诸葛亮请了出来。有人分析,刘备和诸葛亮这是作秀给世人看,从而抬高诸葛亮的身价。当然,更可信的分析是刘备看重的是诸葛亮与刘表的亲戚关系,非要请他出山不可。刘备的藏心术高深莫测,人们怎么分析他的动机都是徒劳的。

这时,对无所作为的刘备来说,诸葛亮最大的价值不是才能,而是情报。刘表像防贼一样防刘备,却不能防诸葛亮,毕竟是亲戚嘛。诸葛亮常去刘表家走动,探望一下长辈,但是更多的时间是与刘琦、刘琮两个同辈人闲聊。闲聊,本来就是诸葛亮的特长与爱好。孔明从闲聊中获得了很多有价值的情报,这是关羽和张飞靠打打杀杀永远也无法得到的。

据说,三顾茅庐时,诸葛亮提出了三分天下的隆中对,才获得了刘备的赏识。隆中对明确提出三分天下:曹操拥有百万之众挟天子而令诸侯,占一份;孙权占有江东,已历三世,占一份;刘备可夺取荆州和益州,占一份。隆中对的神奇,就在于和以后三国鼎立的局面完全吻合。可是,当刘备和诸葛亮在隆中的草庐里,望着门外的荒草,纵论天江东已经平定,孙权要摆脱坐吃父兄老本的名声,只能是攻占荆州。黄祖作为荆州牧刘表麾下大将,镇守夏口,扼守长要冲,孙权只有踩着他的尸体才能打开荆州的门户。

203年十月,孙权第一次进攻黄祖,所向披靡,很快逼近黄祖大本营沙羡城下。可是,正当全力攻城时,孙权接到后防紧急情报:豫章、吴、会稽等郡的山越全面复动。后院起火,孙权不得不下令撤兵。第一次出征功败垂成。

207年,孙权第二次进攻黄祖,俘虏了一些老百姓回来了。第二次出征虽有胜果但不辉煌。208年,孙权第三次进攻黄祖。这次战斗分外惨烈,但是孙权最终获得胜利。不可一世的黄祖仓皇逃跑,被孙权手下一个叫冯则的骑兵追上,冯则砍下了黄祖的头颅。这一次,江东军队带着数万名俘虏和黄祖的头颅凯旋。孙权任命周瑜为江夏太守,驻守江夏,控制了长江水陆要冲,为西进夺取荆州提供了基地。

而这时,刘表也任命长子刘琦为江夏太守,屯兵夏口,与周瑜对峙。而刘琦来江夏正是刘备和诸葛亮的秘密策划,这是他们从刘表手中夺取荆州的第一步棋。而北方的曹操,听到孙权剿灭黄祖的消息,断定孙权下一步必定会夺取荆州,他感到时不我待,做好了南向用兵的准备。

一场争斗荆州的"赛跑"开始了,天下的焦点转移到荆州,可是谁也不知道,战争大戏会在那个叫赤壁的地方上演。那里,乱石穿空,惊涛拍岸,卷起千堆雪,即将进行一场淘尽风流人物的历史角逐。

四 曹操的平衡术

彻底消灭了北方袁氏集团后,曹操才顾得上将目光投向荆州。

官渡之战以后,袁绍只是失去了对曹操的绝对优势,南下主动进犯的实力没有了,但是拒曹操于黄河彼岸的兵力还在。可惜的是,心比天高的袁绍无法接受官渡惨败的事实,一病不起。202年的五月,袁绍呕血而死。曾经号令天下的霸主,以这种凡俗的方式告别了他亦爱亦恨的无限江山。他的死几乎是复制了弟弟袁术的死,都是郁闷致病,都是呕血而死,很可能他们患有家族遗传病。袁绍和袁术曾经都是霸主,一个在南,一个在北,可惜互相为敌,只有在死前的症状上,才看得出他们是兄弟。

袁绍不负责任地撒手人寰,留下一个烂摊子。袁绍死了,袁氏集团并未一哄而散。

袁绍第三子袁尚成为袁绍继承人,为冀州牧,治所在邺城(今河北临漳县西南);长子袁谭仍为青州刺史,治所在临淄(今山东淄博市东北);次子袁熙仍为幽州刺史,治所在蓟城(今北京市);外甥高干仍为并州刺史,治所在晋阳(今山西太原市西南)。黄河以北的四州之地,基本上还在袁氏集团的控制之下。

袁绍的三子一甥,就像是四根手指头,攥起来也算是一个拳头,能给曹操带来很大麻烦,可惜的是他们非但不能联合,反而同室操戈。这一局面的形成,是袁绍一手造成的。袁绍的犹豫摇摆也体现在立嗣上。按照伦理应该是立长子袁谭,但是袁绍喜欢袁尚,加上没想到自己死得那么快,所以临死也没确定嗣子。袁绍死的时候,袁谭在青州,鞭长莫及,而在邺城的袁尚近水楼台先得月,生母刘氏与审配、逢纪勾结,假托袁绍遗命,立袁尚为嗣子。袁绍生前是大将军,袁尚不可能获得朝廷任命,他把大将军的印绶拿过来,就算是大将军了。袁谭见大局已定,只能接受这个现实,自称车骑将军,比大将军低了一级,也算是维护兄弟脸面。

袁绍死的时候,曹操正在老家练兵,为北伐作准备。为了方便军粮运输,曹操开挖睢阳渠,这是一条东起浚仪(今河南开封)西至官渡的运河。曹操志在平定黄河以北,他很重视睢阳渠工程,亲自到浚仪视察。从谯县到浚仪要路过梁国,这里长眠着曹操年轻时的一个熟人——桥玄。曹操在混沌的少年时代,因为桥玄的鼓励而得到了力量,看到了自己前行的方向。

"你跟我约誓说:'我死了后,你路过我的坟墓前如果不用斗酒只鸡祭奠我的话,车子走过三步,你如果腹痛的话,可不要感到奇怪啊!'这虽然是临时嬉笑之言,但如果不是至亲好友,又怎么会说出这样的话来呢?现在我祭祀你,不是怕你灵魂生气让我腹疼,而是怀念过去的交情啊。"

曹操派人祭祀桥玄,写下了这样的祭文。在桥玄墓前,曹操破格献上了太牢之礼。当时祭祀分三等:诸侯之祭用牛,称为太牢;大夫之祭用羊,称为少牢;士人之祭用猪,称为馈食。桥玄官至太尉,没有侯爵,只能适用少牢。曹操为这位老朋友祭祀超过了普通规格。

袁绍一死,曹操就把主力调往黄河,他坐镇官渡,寻找渡河北伐的机会。

而黄河彼岸,袁谭和袁尚兄弟俩,没等曹操动手,就相互动起手来了。袁尚派袁谭去黎阳驻守,让他最先承受来自曹操的攻击,又怕他造反,就把亲信逢纪派过去做监军。袁谭忍无可忍,把逢纪杀了,兄弟俩在天下人面前公开翻脸。

机会来了!九月份,飒飒金风从黄河宽阔的水面上吹来,曹操率军渡河,进攻黎阳。

袁谭向袁尚求救,袁尚亲率大军支援哥哥。面对共同的敌人曹操,兄弟二人终于齐心合力。一直到次年的二月份,曹军还未攻下黎阳。曹操原来并不像传说中那么可怕啊,袁氏兄弟大着胆子出城进攻,结果大败,率部逃回邺城。

曹操占据黎阳,渡河之后有了立足之地。四月份,曹军到达邺城之下,但是没等开战,曹操就下令撤退,似乎他带这么多人来,就是为了春游一趟。曹操是听了郭嘉的。郭嘉说如果进攻太急,袁谭和袁尚就会合兵,如果暂缓进攻,这哥俩就会火并,现在不如做出南征刘表的姿态,然后等他们打起来,再进攻邺城。

曹操留下贾信驻守黎阳,率军南下,五月间回到许都。

一切正如所料,曹操退兵后,袁谭和袁尚打了起来,双方在邺城外交战。哥哥没打过弟弟,退到了南皮。弟弟一定要将哥哥斩尽杀绝,攻击南皮,哥哥再败,退到婴城,弟弟又追过来,哥哥又逃向平原。

看样子袁尚还会追来。袁谭心一横,老子投降曹操,看袁尚这个狗娘养的还敢不敢追过来!

袁谭的特使辛毗见到了曹操,曹操却很犹豫,因为他想让袁氏兄弟打得再狠一些,他也正好趁这个空儿进攻荆州。可是,辛毗说:"河北平则天下震动!"曹操一想,是啊,要是袁尚把袁谭灭了,那就没人消耗袁尚的力量了,袁尚就能强大了,就不好对付了。

嗯,就养着袁谭吧,让他去对付袁尚。八月份,曹操率军再次来到黎阳,弟弟本来正在平原围攻哥哥,听说曹操来了,急忙回到邺城。

为了拉拢袁谭,让他跟袁尚死磕到底,曹操与袁谭结成了儿女亲家,给儿子曹整娶了袁谭的女儿。这门亲事传出去,大家都笑掉了牙,曹操与袁绍同辈,袁谭是袁绍的下一代,曹操与后辈结成了亲家。不过,曹操是不在乎名声的人,做事只求管用就行。

带着袁谭的女儿,曹操从邺城撤退了。

曹操一撤,袁氏兄弟又打了起来。第二年(204年)二月,袁尚让审配、苏由驻守邺县,他自己亲率军队攻打平原郡的哥哥。

连亲兄弟都不放过,这样的人还靠得住吗?苏由厌憎袁氏兄弟,闯出邺县投奔曹操。

正如官渡之战时的许攸一样,苏由带来了邺县的机密情报,曹操洞晓了邺城虚实,可以决战了。曹军包围了邺城,打算一举拿下。

邺城是袁绍大本营,经营多年,城防坚固。曹军堆土山,挖地道,邺城始终岿然不动,驻守邺城的审配很得意。五月份的一天,他登上城墙侦察敌情,看到曹军在围着城墙挖壕沟,整个壕沟连接起来长达四十里,但是又浅又窄,抬抬脚就可以跨过去。审配想了半天,也没想明白曹操挖这些壕沟是做什么用的。按说,审配这时应该派人出城干扰,可是,审配不想陪曹操玩这么无厘头的游戏,也就不管不问了。曹操你有劲挖就是了,当心别累着啊。

夜晚,审配酣然入睡,曹操却下令全体将士都去挖沟,把那四十里长的壕沟扩大到二丈深、二丈宽,然后把漳河里的水引过来。看到汹涌的河水漫出壕沟,向城里奔流,从梦中惊醒的审配的心似乎被水浸渍,他想起了曹操曾经用水攻下了吕布镇守的下邳。

水是渐渐涌进城里的,城里的人有了准备。人没淹死几个,但是粮仓和柴堆都被淹了。城里的人吃不上饭,有一半以上被饿死了。审配不灰心,因为他还有指望,那就是袁尚率领的大军在洹水一带,距离邺县不过一百多里路,他不会置邺城于不顾的。

曹操得到情报:袁尚大军正朝邺县方向开来!曹军诸将大都认为不如避过袁尚锋芒,放他进城,让他在城里淹死或者饿死。

曹操看看前方的大道,说:"这要看袁尚从哪边来。如果他从北面的大道来,那我们就避开他;如果他从西面的山道来,那我们必定能擒获他。"从哪里来都是袁尚啊,曹操的话让大家摸不着头脑。

曹操派出多路侦察兵,向北面大道和西面山道两个方向打探敌情。确切的情报传来:袁尚从西面山道而来。

"我已经得到冀州了,你们知道不知道?"曹操对诸将说,诸将抬头看看西面绵亘的太行山脉,看不出那里有什么蹊跷之处。曹操说:"很快你们就会知道了。"

曹操不是故弄玄虚。袁尚如果从北面大道来,说明他没留退路,必会殊死战斗;袁尚从西面山道来,说明他做好了战败退到太行山里藏身的准备,这就说明他怯战,曹操就有信心打败他。

袁尚在距离邺县七十里的阳平亭停了下来,在滏水岸边扎营。夜里,他派人向邺城举火报信,城里也举火回应,这是袁尚与审配约定的城里城外共同行动暗号。

一切都在曹操掌握中。审配从城里冲出,袁尚从滏水岸边赶来的时候,曹操在两个方向早就埋伏好的精兵同时阻击。审配退回城里,袁尚被围在了漳河边。

袁尚果然没有死战到底的打算,这时他向曹操请求投降。一直以来,曹操在袁尚和袁谭之间玩平衡术,对付他们只用六成功力,让他们活下来,让他们内斗,当他们斗得筋疲力尽时,曹操就会出击。而现在,溃不成军的袁尚已经没有力量与袁谭对抗,平衡的天平打破了,袁尚也就没有利用价值了,曹操可以让他退出了,就毫不犹豫地拒绝袁尚的投降，发起了猛烈的攻击。

战后，曹操给献帝的奏章里，描述了这场战斗的情况：

将士被坚执锐，红旗耀眼，虎士呐喊，敌人望见我军旗帜就意志崩溃，听到我军杀声就丧失斗志，扔下武器，丢下盔甲，一败涂地。袁尚单骑逃走，丢下了节钺和大将军、邟乡侯的印信各一枚，头盔一万九千六百二十顶，矛、盾、弓、戟等武器不可胜数。

刘备擅长藏心术，而曹操则擅长攻心术，为了击溃邺城守军的心理，他让人把袁尚的节钺、印信、衣物等在城墙下展览。按说，曹操这一招本来挺管用，但是城里的将士依然顽强抵抗，原因是审配根本不服输，他鼓励大家说："曹军也疲惫不堪了，二公子袁熙就要来救我们了！"

一次，曹操在城外巡视，让审配看见了，他安排弓弩手埋伏好，找到机会突施冷箭，差点儿射中曹操。

审配要死战，有人却不想陪葬。八月二日夜，没有月光，也没有星光，邺城的东城门下亮起一点诡异的火光，那是曹军进城的火把。审配的侄子审荣把守东门，他打开城门迎接曹军。邺县沦陷，审配逃到井中，但是仍然被发现，成了俘虏。审配进井之前，杀了辛评一家，他认为正是辛评这样的谋士挑拨，才使得袁谭和袁尚兄弟阋于墙。

随曹军进城的，还有辛评的弟弟辛毗，他本来是袁谭的特使，却借出使的机会归顺了曹操。审配被五花大绑地押去见曹操，路上遇到辛毗。辛毗赶上去，用马鞭敲着审配的头，骂道："狗奴才，你今天死定了！"审配回头跟他对骂："狗东西，正是因为你们这些人才毁了我冀州，我恨不得杀了你！就凭你，今日能决定我的生死吗？"

一路对骂，审配被押到了曹操面前。曹操问他："知道是谁打开了你的城门吗？"审配回答："不知道。"曹操说："是你自己的侄子审荣啊。"审配叹息："小儿不足为用，才到了今天这地步！"

曹操又对他说："前几天我巡查，你为何射出那么多弓弩啊！"审配不甘："只恨太少了！"

曹操开始喜欢审配了，反而替他开脱，说："你忠于袁氏父子，也是不得不这样做的吧？"曹操这样说，就是有意让审配活下来，可是审配神色慷慨，一点没有屈服的样子，辛毗在一边又哭又叫不停，求曹操杀了他，为哥哥报仇。

曹操闭上眼，下达了杀审配的命令。好不容易遇到一个欣赏的人，却不得不杀掉，这可真让人痛苦啊。

审配被押着上刑场，遇到了一个叫张子谦的熟人。张子谦也是冀州人，但是他早就投降了曹操,他平时与审配关系不好,现在他有理由对着审配笑了,他对审配说:"你和我比,究竟怎么样呢?"审配厉声说:"你是降虏,我是忠臣,我即使死了,也超过活着的你!"

临行刑,审配说:"我的主公在北边。"说完,他面向北受刑而死。

审配不是成功者,可能也算不上一个英雄,但是他仍然让我们肃然起敬。

审配死了,袁家的很多人也死了,但是袁家的很多妇女活了下来。她们成了曹军的战利品,孙策和周瑜攻克皖城后不是分享了大乔和小乔吗?此时18岁的曹丕在第一批进邺县的军队中,只有他才有资格第一个冲进袁府。在袁府里,他发现了一个23岁的美丽少妇,一见钟情,马上决定娶她。比起那么多被先奸后杀的女人来说,这个被曹丕娶了的女战俘算是烧了八辈子高香。但是,这个少妇是袁熙的妻子,名叫甄宓,这时袁熙还没死,曹丕此举就是夺人妻女。更麻烦的是,曹丕的弟弟曹整娶了袁谭的女儿,曹丕又娶了袁谭的弟媳,辈分还能再乱一些吗?

胜利之后,18岁的曹丕想着女人,而他50岁的父亲却想着坟墓。

曹操来到一座坟墓前,祭奠一番,热泪盈眶。

你在那边孤独吗?在那边还有人争霸吗?你在等我这个老朋友与你团聚吗?你见到我时,会报仇吗?

曹操是多么想与坟墓中的人倾诉啊。谁能想到坟墓中的人是袁绍呢?曹操与袁绍,是一起长大的朋友,曾是一条战线的战友,曾是官渡战场上水火不容的敌人,但是现在,他们只是人,一个活着,一个死了。活着的,被战争的残酷煎熬,被政坛的纠葛煎熬,被头风病的痛苦煎熬,他想到自己很快也会死的。

正如袁绍,生前争夺天下,死后不也就是占个六尺之地吗?曹操烦了,倦了,在一次从邺城的东门巡行到西门后,他突然想起了涡河,想起了谯县那些陪他度过孤独童年的蚂蚁,顿时诗情大发,写了一首《却东西门行》,诗的最后是这样写的:"冉冉老将至,何时返故乡。神龙藏深泉,猛兽步高冈。狐死归首丘,故乡安可忘!"

一个50岁的老人,忍受病痛的折磨,想回家了。可是,他踏上的是一条不归路,无法选择退出,除非像袁绍一样死去。曹操被朝廷任命为冀州牧,正式取得对冀州的管理权。零乱的河山还等着他收拾,他还得继续战斗。

他不仅得到了冀州的城池,也得到了冀州的人才。

崔琰,冀州第一名士,袁谭和袁尚都争着聘用他,但是他看不起他们,即使被关进监狱,也不为他们效劳。现在,曹操征辟他为冀州牧别驾,让他做治理冀州的第一助手。

曹操对他说："我昨天审查了一下冀州的户籍，总共可以征得甲士三十万人，真不愧是个大州啊！"崔琰教训曹操说："现在天下大乱，袁氏兄弟又互相残杀，百姓苦不堪言。您来到这里，也不先问问百姓的生活风俗如何，救他们于水火之中，反而先问户籍，这可不是冀州的百姓所希望的啊！"曹操是你想训就训的吗？在场的人听了，脸色都变了，认为崔琰必死无疑了，有人已经开始默默地为他构思悼词了。可是，曹操却收敛笑容，正儿八经地向崔琰谢罪。

"你当初写讨伐我的檄文，只列举我一个人的罪状也就行了，为什么还要加上我的父亲和祖父呢！"曹操问陈琳。陈琳那篇《为袁绍檄豫州》，骂了曹操三代，曹操读了，头疼病当时就好了。陈琳现在成了俘虏，头也不低地回答曹操说："箭在弦上，不得不发。"意思很明确，我写也写了，你看着办吧。曹操爱才，非但不杀陈琳，反而让他去司空府负责公文撰写。

曹操是高柔躲不过去的噩梦。当初，陈留郡人高柔预测到曹操与张邈必会有一场死战，来冀州投奔堂兄高干，但是他没想到曹操会追到冀州来，打了一场更惨烈的仗。高柔也成了俘虏，因为他与高干的特殊关系，曹操对他很不信任，但是高柔没有过错，随便杀他，会在冀州造成恐慌。那就找个杀他的理由，于是曹操任命高柔为刺奸令史。这是一个刺探犯罪行为的官职，专门负责找人茬儿，很容易就办错案。一旦高柔办案出现闪失，就从重从快定他罪。可是，高柔办案公允，没有错案冤案，也没有积案，赢得了曹操好感。一次曹操夜巡，到了高柔所在部门时，就想进去看看能不能抓住高柔什么把柄，结果看到高柔坐在那里抱着文书睡着了，曹操很感动，解下自己身上的裘衣，盖在高柔身上，然后悄悄离开。后来，高柔调到司空府，得到重用。

本来被猜忌的高柔得到了信任，而本来被信任的许攸却被砍了头。有的绽放，有的凋零，生命就这样在时光里流转轮回。

许攸是曹操的老朋友，在官渡之战中又立下殊功，他把自己放在了非凡的地位上，经常与曹操开些年轻时在一起开的玩笑。他对曹操说得最多的一句话是："阿瞒，要不是我，你就得不到冀州。"曹操笑着说："你说对了。"谁愿意有人老是在自己面前摆出恩人架子啊，曹操烦死许攸了。许攸对曹操尚且如此，对诸将更是傲慢，诸将都愤愤不平，可是也不敢说什么，谁不知道许攸是曹操的老朋友啊。一次，许攸经过东城门，忍不住回头对左右的人炫耀说："要不是有我，曹家就进不了这个门。"曹操很快听说了这件事，他不想再忍了，就把许攸抓了起来，审问一番，顺手找个罪名，杀了。

许攸的悲剧告诉人们，不管你有多牛，在领导面前都不要牛。

该提拔的提拔，该杀的杀，安定了邺城后，曹操可以考虑对袁氏兄弟斩草除根的问题了。曹操围攻邺城的时候，袁谭抓住机会，先后攻占了曹操地盘上的甘陵国、安平国、勃海郡、河间国的一些地方，实力大增。本来这时他要是进攻邺城，虽然不一定收复得了，但是能给曹操添不少麻烦。可是，这个做大哥的放过了曹操，转而攻打逃到中山国的袁尚。弟弟打不过大哥，就到幽州投奔二哥袁熙。袁谭这时才把主力移到龙凑，准备收复邺城，但是这时曹操早就从容地做好了准备。袁绍的外甥并州刺史高干投降，曹操可以集中精力对付袁谭了。

曹操给袁谭写了一封信，谴责他负约。亲家是没法做了，曹操把袁谭的女儿遣送回去。

十二月，朔风劲吹，雪花大如席，杀机笼罩在北方的天空下。曹操亲率大军向龙凑杀来，精锐骑兵部队虎豹骑随征。

袁谭不敌，退守南皮。第二年（205年）正月，南皮城下响起了震天鼓响，擂鼓的人正是曹操。战鼓催人急，虎豹骑纵横驰骋。袁谭大败逃走，被虎豹骑追上，砍下首级。袁谭要是与弟弟联手，也许能与曹操一搏，但是他总是把对付弟弟看得比对付曹操重要。而现在，他的头颅被拎到了曹操面前，从此，他再也无法去伤害弟弟了。

袁谭的首级被示众，曹操下令，谁要是敢来哭袁谭，那就把他的妻子、儿女一块儿杀了。可是，命令公布没多久，就有人抹着泪求见曹操，要求收殓袁谭。

这人就是王修，袁谭的别驾。南皮鏖战时，王修在乐安运送军粮，听说袁谭危急，就带着几十人赶去救援，到了高密，就听说袁谭死了，王修下马哭喊着说："我没有主君了，还能到哪里去呢？"

曹操接见了这个不怕死的，王修说："我受袁氏厚恩，如果能殓葬旧主，然后自己从容就戮，也没有什么遗憾了。"这样的忠义之人，怎能不让人感动呢？曹操本来就是一个容易感动的人，他同意了王修的请求，接着任命他为司空掾，让他督运军粮。

攻克南皮就意味着攻克了袁氏集团最后的根据地。曹操心情十分轻松，带人到处打猎，他骑上马能弯弓射飞禽，跳下马能徒手擒猛兽，创下了一天射猎六十三只野雉的记录。

袁谭死了，他的两个弟弟也过着生不如死的日子。袁熙的部将造反归降曹操，将袁熙与袁尚赶出幽州。袁熙和袁尚狼狈逃窜，投奔辽西的乌桓首领蹋顿。蹋顿以前娶了袁家的女儿为妻子，现在收留了两位大舅哥。七八月份，曹操进攻幽州，蹋顿不敢抵抗，撤到了塞外。

可以先放过这哥俩了，曹操决定回师休养，十月份，回到了邺城。

可是，这时并州刺史高干又叛乱了，进军到太行山中的军事要塞壶关。曹操这个五十多岁的病人得不到任何休息，冒着严寒，再次率军亲征，这次的征途是险峻的太行山区。曹操写了一首《苦寒诗》，记录行军的艰难："北上太行山，艰哉何巍巍！"无论是胜利还是失败，行军路上的每一步都是对人类极限的挑战。高干带人前往荆州刘表处搬救兵，半路上被一个叫王琰的小人物截住，杀了。王琰用高干的头颅换来了侯位，也许他才是这场战争的最大赢家。三个月之后，壶关被攻克，并州成了曹操的地盘。

投奔乌桓的袁熙和袁尚，在蹋顿的支持下，又活跃在幽州。

收复冀州！收复黄河！收复中原！收复天下！袁尚用这些口号来鼓励人心。

207年二月，曹操提出了北征乌桓的计划。大家一致反对，都说袁尚只是一个亡虏而已，不会有什么发展。最可怕的是如果现在远征，刘表必定会趁机袭击许县。

可是，曹操喜欢一贯地出怪招，他还是出征了。路上，大家最担心的事情发生了：刘备动员刘表趁机袭击许都。

五　写在刀尖上的诗歌

207年，刘备的心情本来挺不错的，因为47岁的他终于有了儿子，是甘夫人生的。

刘备也许本来是有儿子的，但是若有儿子，也该随着他或者他们的母亲一次次地被人俘虏，刘备在踏入荆州前是没有儿子的。在那个年代，奔五十岁的男人没有儿子，人生是不成功的。更让刘备郁闷的是，他的最大仇敌曹操却有二十多个儿子。刘备本来以为自己不会再有儿子的，天天就像被判了死刑一样消极，长沙郡一个姓刘的好心人对他说："要不，你领养我外甥？好歹死后有人给你烧香上坟啊！"刘好人在罗侯这个地方有个外甥，姓寇，刘备于是收养了这个姓寇的年轻人，并给他改名为"刘封"。封，当然是封侯，刘备是在提醒刘封：跟了我刘备，你就会被封侯。没办法，不是亲生的，就只能这样笼络。

可是，现在我刘大耳朵有自己的儿子了！刘备给儿子取名"刘禅"，禅就是继承王位，与刘封的"封"合为"封禅"，就是天子祭祀天地。刘备给儿子和养子的取名很有喜感，大家见到刘备，拱手作揖，说给太上皇贺喜了，刘备低调地摆摆手，说哪里哪里，以后儿子能有斗升之米的家当就算是祖上积德。于是，刘备把刘禅的乳名确定为"阿斗"，字确定为"升之"。

封禅大业也好,斗升之米也好,反正刘备抱着阿斗,心里乐开了花。可是这种好心情很快就被刘表破坏了。

"曹操北征乌桓,正是我方袭击许都之良机。"刘备对刘表说。刘备的意见是很有道理的,如果付诸实施,可以对曹操的后方构成威胁,这也是曹操手下诸将最担心的事情。

郭嘉的可怕在于他能读透人心,他对曹操说:"刘表是座谈客罢了,自知才能不敌刘备,重用刘备则担心不能驾驭他,不重用则刘备不会为他效力。"

刘表果真不听刘备的,在曹操远征乌桓的时候,他像模像样地坐在襄阳,主持一次次谈话,享受做老大的感觉。

当刘表在灯红酒绿的宴席上高谈阔论时,曹操正艰难跋涉在泥泞的征途上。曹操采取郭嘉建议,留下辎重,轻兵加速前进,偷袭乌桓。

乌桓人的大本营在柳城,这个地方的具体位置尚有争议,一般认为它位于今天辽宁省朝阳市西南方,在当时属于蛮荒之地。曹操的计划是从无终(今天津蓟县)傍海,取道山海关进击柳城。老天故意考验曹操,连日大雨,大水暴涨,道路泥泞,行进艰难。最危险的是,只要是乌桓人在这条线路上安排重兵阻击,曹军就只能停下前进的步伐。

那就退回去呗,省得被人家打回去丢人。曹操下令部队撤回无终,并派人在路旁立下木牌,上面写着:"方今暑夏,道路不通,且待秋冬,再行进军。"

撤兵进兵本是极其机密的事情,曹操却为何在路边公开写小广告?也许是曹操头风复发,回去避暑了吧,蹋顿这么想。曹操回去了,蹋顿就放心地与袁尚、袁熙喝酒了。蹋顿有理由放心,因为从无终到柳城,只有曹操写小广告的这条路可以走——除非曹操生出翅膀,飞过徐无山。

蹋顿想不到,曹操组织了一支轻骑部队,扔掉辎重,真的上了徐无山。徐无山本来是大军无法通过的,因为滦河穿山而出,形成天然河谷,只有鸟儿能够飞过去。曹操不会生出翅膀来,但是他让士兵逢山开路,艰难前行,终于越过了平冈、白檀,登上了距离柳城只有二百多里的白狼山。白狼山在春秋时叫首阳山,因为伯夷和叔齐不食周粟隐居在此饿死而出名。

这时,乌桓人才发现曹军主力"飞"到了眼前。蹋顿扔掉酒杯,仓促迎敌。这时,乌桓有数万骑兵,数倍于曹军,而曹军急行军没有带多少水和粮食,很难坚持几天。曹军要是不能速战速决,即使不是死在乌桓骑兵的马刀下,也会像伯夷叔齐一样饿死。

可是,精通孙子兵法的曹操,趁敌人立足未稳,发起猛攻,曹军上下都知道绝无退路,置之死地而后生,打起仗来都以一当十。旋风般的虎豹骑再次出击,斩杀蹋顿,乌桓人群龙无首,溃败。战后统计,曹军斩杀蹋顿以及有名号的乌桓各王以下,投降的胡人、汉人共计二十多万人。

这次赌博式的胜利来之不易。战场上,有人骑在马上扭动着身子舞起来,拍着手,唱着歌,打着呼哨。领舞的人是曹操,他的马鞍上挂着蹋顿的首级。

可是,袁尚、袁熙兄弟却向东南方逃去,投奔了辽东太守公孙康。曹军诸将气势如虹,踊跃请战,要求乘胜直追,将公孙康与袁氏兄弟解决了,省得以后还得再跑一趟。公孙康虽然只是一个郡太守,但是却控制了辽东,成了一个土皇帝。

"班师回冀州!"曹操下令。大家不愿意了,当初都不愿意来,曹操非来不可,现在来了,大家的积极性被调动起来了,曹操却要退回去了。曹操要大家安静,说:"我想要让公孙康把袁尚、袁熙的头砍了送来,就不用劳驾大家了!"曹操认为公孙康对袁氏父子向来畏惧且忌惮,如果追之过急,他就会与袁氏兄弟联合反抗,如果缓一些,他们就会自相残杀。

任何成功的计谋首先是对人心的精准判断。公孙康自保至上,不会为袁氏兄弟得罪曹操,而袁氏兄弟也因为曹操的不再追击,暂时安全了,就会想找机会杀了公孙康。最后的结果是公孙康得地主之利,在宴会上绑了袁氏兄弟,然后把他们扔到院子里的地上。

正是深秋,辽东地区早已经天寒地冻。袁尚冻得受不住了,要求拿张席子铺在地上好受一些。袁熙对弟弟说:"脑袋马上就要被送到万里之外了,还要席子有什么用!"公孙康砍下他们的头颅,派人追上曹操,呈了上去。

曾经不可一世的袁氏集团至此灰飞烟灭。其实,袁氏集团不是被曹操摧垮的,而是他们自毁长城。

胜利了,曹操却高兴不起来。曹操走南路返回,向西南方向行进。天又寒又旱,二百里之内找不到水源,军粮也成了问题,曹操只好下令杀马,饮马血,吃马肉,前后一共杀了几千匹战马。立下殊功的虎豹骑在部队里再也没了骄傲感,因为他们都成了步兵。马血才有几口啊,曹操命人凿井取水,挖了三十多丈,才挖出来几滴水。更让曹操揪心的是,他最倚重的谋士郭嘉病倒了,连马都不能骑,只能躺在车上,曹操一路上不停地询问他的病情。

归途的艰难并没有挡住曹操的诗人情怀,他东临碣石,留下了字字珠玑的千古名篇《步出夏门行》五首。碣石山在今河北昌黎北十五公里,为观海胜地,秦始皇、汉武帝都曾经登临碣石观海,并刻石记功。曹操登上碣石山的时候,正是十月深秋,金风瑟瑟,洪波澎湃,秦皇汉武的光辉激励着他,诗情充沛在天地间。其中《观沧海》篇写道:

> 东临碣石,以观沧海。
> 水何澹澹,山岛竦峙。
> 树木丛生,百草丰茂。
> 秋风萧瑟,洪波涌起。
> 日月之行,若出其中;
> 星汉灿烂,若出其里。
> 幸甚至哉,歌以咏志。

面朝大海,曹操不再是叱咤疆场的霸主,只是一个与天地对话的多情诗人。他的心里,不再是地盘和沙场,而是日月和星辰。

面对沧海、日月、星辰,曹操肯定感到了人生的渺小。这个53岁的老人,并未消沉,相反更加激情澎湃:"神龟虽寿,犹有竟时。腾蛇乘雾,终为土灰。老骥伏枥,志在千里;烈士暮年,壮心不已。盈缩之期,不但在天;养怡之福,可得永年。幸甚至哉!歌以咏志。"

很难想象一个刚刚从血腥战场上返回的人会写出如此浪漫的诗歌。这些写在刀尖上的诗歌,读来让人血脉贲张。

第二年,也就是208年,赤壁之战爆发的这一年,正月份曹操率领全军凯旋,回到邺县。迎接的人们把眼都望穿了,也没找到郭嘉的身影,因为他病故于路上。这次远征乌桓,是诗歌之旅,也是死亡之旅。

战争年代,人们往往忘记了除了杀戮,还有疾病能终结人的生命。曹操无比悲痛,亲自参加葬礼,泪水滂沱,连呼:"哀哉奉孝!痛哉奉孝!惜哉奉孝!"闻者无不动容。对曹操来说,郭嘉不仅仅是谋士,更是知音。他曾经说:"只有奉孝(郭嘉的字)能知道我的内心。"而现在,这个事业上最得力的助手、感情上最贴近的知己就此远去。天下之大,谁可以再做知己呢?已经占领北方的霸主曹操,不仅仅是在哀悼郭嘉,也是在哀悼他自己。

当初决定北征乌桓时,很多人极力反对,但是郭嘉极力支持曹操。"彻底查清当初是谁反对北征的。"曹操下令。

难道这就是传说中的秋后算账?大家都紧张起来,那些上了名单的人摸着自己的头,估摸估摸头还能在脖子上留几天。

可是,谁也想不到曹操竟然说:"厚赏反对北征的人!"曹操认为,这次北征是冒着生命危险侥幸取胜的,虽然成功了,但实在是老天保佑,所以以后不能总这么干,大家之前的劝谏是比较稳妥的建议,要给予嘉奖,否则,以后再遇到这种情况大家就不敢多言了。

可是,曹操还是杀了一个话多的人——孔融。

六 杀人的理由是这样找到的

曹操想杀孔融已经很久了。

这一天,孔融家里照例是高朋满座,杯觥交错,孔融和客人们正开怀畅饮,有好心人进来提醒孔融:"曹公颁布禁酒令了,你就让大家都散了吧!"孔融一摔杯子,狗屁禁酒令,圣人的后代喝杯酒怎么了!

拿那个什么狗屁禁酒令给我看看,孔融说。呷着酒读完禁酒令,孔融开始给曹操写信,要反驳一下这个在他看来狗屁不通的禁酒令。曹操说饮酒无德,孔融说天上有颗"酒旗"星,地下有个"酒泉"郡,人有海量称"酒德";曹操说饮酒误事,孔融说古圣贤喜欢喝酒的一抓一大把,帝尧千盅不醉,孔子百觚不倒,刘邦醉斩白蛇起事,樊哙醉解鸿门之厄;曹操说饮酒亡国,孔融说夏桀和商纣王是因女色亡国,那干脆把婚姻也禁了。

禁酒令是官面文章,实际上曹操是想从酒杯里抢下粮食来补给军队,聪明如孔融岂能看不懂这一点,他揣着明白装糊涂,是想搅曹操的局。孔融是圣人的后代,影响力大,能引领舆情,曹操耐着性子给孔融写信,说明禁酒的必要性,可是孔融越来越来劲,接连回了好几封信,语气越来越傲慢,甚至有了侮辱之词。每次写完信,孔融总是大摆宴席,对着一屋子前来蹭酒喝的朋友,夸张地感叹说:"座上客常满,樽中酒不空,我再也没有忧愁了。"孔融不知道,他喝的不是酒,是去黄泉路上的断魂汤。

204 年攻占邺城后,曹操兼任冀州牧,有人投其所好,建议恢复古代的九州制。这人罗列的理由一大筐,堂而皇之,但是真正的理由只有一个,那就是古代九州里冀州最大,曹操担任冀州牧,可以号令更广大的地盘。

古代,九州就是中国的另一个叫法。最早提出九州概念的是《周礼》,规定中国分为扬、荆、豫、青、兖、雍、幽、冀、并九州,但是以州为单位的行政区划却始自汉朝,但已经不是九州,而是十三个州。恢复古代的九州制,就要对各方势力重新洗牌,当然洗牌人是曹操。

一贯与曹操站在一起的荀彧，这次却对曹操说不，写信给曹操说，恢复古九州，冀州就应该得到很多现在属于其他州的郡县，现在刚刚破了袁尚，海内震骇，大家都自恐不能保其土地，守护其兵，假使恢复古制，大家必将心生恐惧，担心被夺走土地，必然会拼命死守，那样的话，天下就无法统一了。

曹操没有生荀彧的气，因为孔融说了比荀彧更难听的话。孔融一上来是支持恢复古制九州的，曹操十分高兴，可是，孔融接下来说："九州制是古制，王畿制也是古制，恢复九州，那是不是也要恢复王畿制？"曹操一听，傻眼了。王畿制也出自《周礼》，"方千里曰王畿"。畿就是直属管区，意思是说以首都为中心，方圆千里以内都是王畿。按照王畿制，以许县为中心，千里之内的地区都应该划入天子直接管辖的范围，这样一来，豫州、兖州、冀州的大部分地区，也就是现在曹操的根据地，都应该是天子禁区。

孔融，算你狠！曹操下令终止关于恢复九州制的讨论，但是暗暗地给孔融和荀彧记下了一笔账。

恢复九州制是国家大事，孔融参政议政也罢了，可是曹操娶儿媳妇的事儿，孔融也说三道四，怎么难听怎么说。攻下邺县后，曹丕娶了甄宓，孔融听说后，给曹操写来一封信祝贺说："武王伐纣，以妲己赐周公。"曹操纵然读了那么多稀奇古怪的书，可是也不知道孔融引用的典故出自何处，于是更加敬佩孔融博学了。后来，曹操见到了孔融，就虚心地向他请教："周武王把妲己赐给周公，出自何典啊？"孔融眼皮朝天翻翻，说："哦，我是根据当时的事情，想当然编的。"曹操气得直翻白眼，原来这小子是有意笑话曹家啊。

妲己是纣王的爱妾，骚名昭著，据说纣王是因为迷恋她才亡国，孔融把甄宓比作妲己，把曹操比作武王，把曹丕比作周公。而周公与武王是兄弟，曹操与曹丕却是父子，孔融说公公把儿媳妇赐给儿子，似乎是在说儿媳妇先经了公公的手。

孔融这样说，看来的确是活腻了。可是，孔融名声太大，曹操要是直接杀他，会落下打击迫害人才的嫌疑。最好是让别人去杀孔融，可是天下之大，谁敢杀孔融呢？曹操在苦苦思索。

荀彧和孔融虽然阻挡了九州制的步伐，但是没有阻挡得了曹操权力扩张的步伐。杀了袁尚之后，曹操已是天下独尊，可是他的官职才只是一个司空，与司徒赵温并列三公。司空要是什么都说了算，从程序上说有很大麻烦，最起码一点，曹操不可能直接过问司徒要管的事儿。

怎么办？那就不要赵温做三公了，208年春，曹操罢免了赵温。可是，司徒罢免了，司空也该罢免啊,曹操毫不犹豫地把自己从司空位子上罢免了。这样,三公制度告别了历史舞台。

同样是被罢免,赵温回家抱孙子去了,曹操却自任为丞相。曹操宣布自己为丞相的时候,很多不好学习历史的年轻人,都不知道什么是丞相。就汉代来说,西汉成帝以前,基本上是丞相制,三公并未实际权力,丞相权力很大,到了成帝,为了限制丞相的权力,就把御史大夫改为司空,与大司马、丞相并列为三公,削弱了丞相的权力。到了东汉,丞相这个职位干脆消失了,三公改为太尉、司空、司徒。现在,曹操要统领权力,恢复丞相制度,从而获得一人集权的合法性。六月份,曹操当上了丞相。

按照丞相制,应该设立御史大夫作为丞相的副手。御史大夫负责监察百官,需要德高望重者担任,八月二十三日,曹操公布了御史大夫的人选,所有人都大吃一惊。曹操公布的人选是郗虑,此人此前担任光禄勋,虽然也位列九卿,但是职责是守卫宫殿门户,资历浅、经验少,怎能去弹劾百官?而且,郗虑与孔融关系恶劣,他要是当上御史大夫,怎么能摆得平孔融?在中国,摆不平孔融,由着他说三道四,是什么事都干不成的。

汉献帝早就失去了对官吏的实际任免权,他的作用就是在曹操确定的任免书上签字盖章。可是,在当初曹操表荐郗虑为光禄勋的时候,汉献帝还是忍不住犯了嘀咕,当着郗虑的面,问孔融:"郗先生有什么特长啊?"孔融看也不看郗虑,全然忘记了老祖宗的温良恭俭让,残忍地说:"可以打发他去路边站着,不能让他掌权。"郗虑是小人物,但是小人物不一定好惹,他当场指着孔融的鼻子,对献帝说:"孔融当年主政北海国,政治混乱,人民流散,他的能力在哪里?"两人在皇帝面前翻脸了。后来,曹操还做了一次和事佬,分别写信给他们,让他们和好。曹操能够扫平北方,却不能扫平郗虑和孔融之间的隔阂。

郗虑自上任的第一天起,什么也不做,只做一件事情:搜集孔融的罪名。郗虑恨不得让孔融死已经很久了,早就给他找了一万多个罪名,最后郗虑随便列了四条罪名,足够判孔融好几次死刑,然后指使担任丞相军谋祭酒的路粹写检举信,上报给曹丞相。

郗虑为何不自己检举孔融呢?因为郗虑是御史大夫,对皇帝负责,他的检举信要交给献帝,但是献帝显然不会杀孔融;而路粹是丞相府的人,对丞相负责,他可以把检举信交给曹操,这样曹操就能获得对孔融案件的处理权。

盼星星,盼月亮,终于盼来了有人检举孔融,曹操落下早就准备好的笔,第一时间作了判决:斩立决,杀无赦。八月二十九日,曹操任命郗虑为御史大夫的第六天,许县的中心广场上,孔融被斩首示众,他的老婆也被杀了。孔融的鲜血惊醒了人们:郗虑正是因为与孔融过不去,才被选为御史大夫。

孔融被抓的时候,他的七岁的女儿和十岁的儿子正在别人家做客,消息传来的时候,两个孩子正在下棋。两个孩子看看传递消息的人,神色没有任何变化,又低下头下棋。大人急了:"你们的父亲被抓了,你们还不站起来,为什么呢?"他们回答:"安有巢毁而卵不破乎?"主人可怜他们,给他们端来肉汤,哥哥渴了,端起来就喝,妹妹说:"有今日之祸,岂能活得太久,以后还能知道肉味吗?"哥哥终于流泪了,号啕大哭,再也无法咽下一口肉汤。

很快有邀功的人向曹操报告:"孔融的一子一女,非同一般。"曹操说:"不能留有余患,那就杀了他们吧。"于是,这两个孩子被押上了刑场。临死的时候,妹妹对哥哥说:"如果死后有知,我们就能马上见到父母了,这不正是我们盼望的吗?"

连孩子都不放过,曹操恨极了孔融。曹操为何非要孔融死?大家都以为孔融是祸从口出,就连孔融也是这么认为的,他临死的时候,也没忘了展示自己的文采,写了一首诗,前两句是"言多令事败,器漏苦不密"。可是,祢衡用拐杖敲着地骂曹操,曹操也没杀他,为何对孔融如此从重从快呢!别忘了,杀圣人的后代,要受天下人非议的。

事实上,孔融要不是圣人的后代,也许曹操还懒得杀他。孔融这样的大人物,杀了他才会震慑天下,祢衡那样没有分量的角色,杀了只会空落个滥杀的名声。随着对朝政控制的力度越来越大,曹操被越来越多的人视为"国贼",他决定要用杀戮来树立权威。现在孔融一死,就没有人敢说曹操是国贼,而是毕恭毕敬地称呼他为丞相了。当你只强一点点时,别人往往会攻击你,但是当你强大到别人无法超越时,别人就只能去崇拜你。孔融一死,许县朝廷再也没有人敢对丞相说三道四,曹操可以放心地进攻荆州了。

其实,曹操七月份就出征了,杀孔融的命令是在路上下达的。曹操之所以这么急着赶赴荆州,是因为荆州眼看就要落在刘备手里了。

七　诸葛亮还是算错了

在诸位雄踞一方的霸主当中,刘表是活得最痛苦的一个,因为他始终在后悔。官渡之战时,他既不支持袁绍,也不支持曹操,结果曹操消灭了袁绍后,能从容对付他;他当时迎接祖宗一样地把刘备安置到荆州,但是刘备来了之后,背后总搞小动作,挑拨他两个儿子的关系;曹操北征乌桓,刘备建议他乘虚袭击许都,但是他还在犹豫当中,曹操就从乌桓凯旋了。

后悔啊,他对刘备说:"不采用你的建议,才失去了这次千载难逢的机会。"后悔有什么用呢?刘备安慰他说:"现在天下分裂,每天都有战争,战事一个接一个,哪里有尽头呢?如果能应付好接下来的事情,这也不值得去遗憾。"

和贻误战机相比,刘表最后悔的却是生了两个儿子。刘琦和刘琮这亲哥俩,为了争夺嗣位,已有老死不相往来之势,这在做父亲的刘表看来,是多么耻辱和痛苦的事情啊!唉,还是只生一个好啊。刘表天天长吁短叹。

七月份,曹操南征荆州,直趋宛(今河南南阳)、叶(今河南叶县西南),杀机凛凛地扑来。孙权这个碧眼贼,刚刚剿除黄祖,攻占夏口,对荆州也虎视眈眈。内忧外困,年老的刘表终于耗不住了,病倒了。

刘表的病越来越重。一个人往往在病重的时候最清醒,这时候做出的事情往往是一生之中最正确的抉择。也许,每个人都能听到死亡之神的召唤,躺在病床上的一代霸主刘表,知道自己要退出这个让他身心疲惫的霸局了。他完全丧失了斗志,这时他才发觉:人最宝贵的不是地位和权力,而是生命和亲情。他不想让自己的儿子们在他死后为继承权而争得焦头烂额,同时面对曹操、孙权、刘备的攻击。知子莫如父,他太清楚两个儿子的本事了。儿子们能够在这个乱世平安地活下去,这才是他这个做父亲的渴望。他要把荆州这个烫手山芋转给刘备。

他把刘备叫到病榻前,说:"我就要离开了,把荆州托付给你吧。"

像安慰所有已露死亡迹象的人一样,刘备急忙凑上前,说:"呵呵,话不可这么说哦。等你康复了,我还要和你聊天呢!"

刘表说:"现在去死,我也该知足了,67岁了嘛。和曹冲比,我已经活得太长了。"曹冲是曹操的儿子,聪明无比,留下了"曹冲称象"的佳话,可是,他刚刚得病死了,只有13岁。日薄西山的病人对死亡的消息格外敏感。

刘表让人把一道奏表拿给刘备看,说:"以后,荆州就是你的啦!"刘备接过来一看,刘表表奏他为荆州刺史。荆州牧是在为荆州安排接管者。

刘备从来不相信送上门的东西,他冷静地说:"你的两个儿子都年轻有为,在下无德无能……"

刘表说:"孟子有言,天下者天下人之天下,非一人之天下,惟有德者居之。我的儿子不才,诸将先后去世,我死了之后,你取了荆州便是。"这似乎是在哀求刘备和平取得荆州,不要伤害他的儿子。

刘备说:"你的儿子都有贤能,你不要担心。"

"你为何不答应呢?"刘备回去后,诸葛亮失望地说。都知道刘表病重,荆州处于敏感时期,有远见的人都在选择将来可依附的人,选择刘琮的,就去蔡瑁、蒯越那里套近乎,选择刘琦的,就来诸葛亮这里套近乎。正是听从了诸葛亮的建议,刘琦才选择去了江夏,人们都知道刘备和诸葛亮是刘琦的后台。

在座的荆州人都看着刘备,等着他回答诸葛亮。刘备环顾一下所有人,一字一顿地说:"这个人待我优厚,今天如果听了他的话,别人肯定认为我薄情,我不能做这样的事情。"真让人感动啊,在座的荆州人纷纷点头,有的甚至流下了眼泪。

可是,刘备真的是高姿态放弃荆州吗?荆州的权力主要掌握在琮派蔡瑁、蒯越手里,他们拥护刘琮,就是为了占有权力,他们对刘备戒备已久,曾经想暗杀他,在这种情况下,他们怎么会允许刘备掌握荆州?曹操和孙权都在向荆州用兵,这时谁掌管荆州谁就是找抽。练达如刘备,聪明如诸葛亮,岂能看不透这些?他们这样一问一答,不过是作秀,让刘备有充分的机会在荆州人面前表演仁义的一面。

果然,人们向诸葛亮和刘备告辞后,把"刘备是仁义之君"这类的话传扬开去。在荆州最内忧外困、刘表病重且早已丧失威信的时候,刘备获得了越来越多人的支持。

"荆州牧的病越来越重了,似乎……似乎……不那么好……"诸葛亮语气沉重,劝刘琦回去探望刘表。刘琦是一个孝顺孩子,他远在江夏,刘表病重的消息正是诸葛亮告诉他的。联络沟通本来就是诸葛亮的特长。

刘琦从江夏回到襄阳,请求与刘表见面。可是,琮派显然不会允许他见到刘表的,诸葛亮早就预料到了。刘琦被拒绝后,就有了起兵夺回襄阳统治权的理由。那时,刘表二子相残,刘备就有机会了。

果然,蔡瑁、蒯越等人拒绝了刘琦探望父亲的请求。生命垂危的刘表,一旦看到刘琦后,父子相感,就有可能做出让刘琦做继承人的打算,这可不是琮派所希望发生的事情。

蔡瑁的亲卫队齐刷刷地亮出兵器,挡在刘表的门外。委屈、愤怒、仇恨,刘琦流着眼泪离开了。

刘备最盼望的局面终于出现了。只有如此,刘琦才会产生兵变的念头。而且,刘琦见父亲而不得,会博得更多荆州人的同情。同情,也是一种力量。

刘琦没有回江夏,因为父亲死了,他有理由留在这里。

"琮派"拥护刘琮为继任的荆州牧,为了证明"公平",他们把刘表的"成武侯"印交给刘琦。表面看来,兄弟二人,一个继承官位,一个继承侯位,是童叟无欺的公道,但是侯无权掌握政权和兵权,牧守却是镇守一方的诸侯。

刘琦把印绶用力摔在地上,用脚踩踏,恶狠狠地对使者说:"告诉刘琮那小子,让他作好战争准备!"刘琦可不是说气话,他是正儿八经地作准备,打算以奔丧的名义进兵襄阳。刘琦一直被琮派压制,又被父亲冷落,他不该这么有底气的,他的底气来自刘备。

如果不出意外,刘琦和刘琮这兄弟俩很快就会像袁谭和袁尚一样,互相残杀起来,那时刘备会先帮助刘琦攻打刘琮,在双方疲惫的时候伺机取代刘琦,从而掌控荆州。这个局是诸葛亮布下的:在刘备三顾茅庐时,他就用"跨有荆、益"的诱人前景吸引了刘备,然后忽悠刘琦远赴江夏,为将来兄弟相残埋下伏笔。这么精妙的局,也只有诸葛亮才能布下。

可是,诸葛亮还是算错了。诸葛亮没算到刘表会死得这么快,更没有算到曹操会来得这么快,以至于在刘表死后的第一时间,刘琦没有足够的时间掌控荆州局面。

八 不同寻常的逃跑

在刘备和诸葛亮怂恿刘琦进攻襄阳时,襄阳城里的一帮人却围着刘琮谆谆教导,对他循循善诱,要他投降曹操。

九月份,曹操大军推进到荆北防线新野,守将文聘不战而降,襄阳以北已经无险可守。

怎么办呢?荆州牧大印还没在手里焐热的刘琮可怜巴巴地问。

跟着刘琮还是跟着曹操?当然是跟着曹操有奔头,于是刘琮身边的人一致主张投降,而且是越快越好。

刘琮舍不得牧守大印,就问:"现在我们据有整个荆州,守着先君之业,以观天下,有什么不可以吗?"刘琮的意思是先抵挡几下看看,万一把曹操打败了呢?

担任东曹掾的傅巽劝说刘琮:"叛逆和归顺是有原则的,强大和弱小的形势摆在那里。我们以人臣的身份抗拒天子,是大逆不道;以不稳定的荆楚而抵御中原,必定危险;以刘备而抵抗曹公,肯定不行。这三个方面都占短,想对抗王师,是在走必亡之道。"

曹操是以大汉丞相的名义讨伐荆州的。刘表已有很多年不朝贡,属于叛逆,孔融活着的时候没少告刘表的状。曹丕参加了这次战争,他为此写了一篇《述征赋》,开篇第一句便是"建安十三年,荆楚傲而不臣"。曹操掌控着天子,谁对抗他,谁就是叛逆,他对抗谁,他就是讨逆。挟天子以令诸侯也罢,奉天子以令不臣也罢,反正曹操的行为永远是合法的。

傅巽见刘琮仍在犹豫,一副心有不甘的神色,就问他:"将军您与刘备比怎么样呢?"

刘琮是个诚实的孩子,回答:"我比不上他!"

傅巽说:"以刘备这样的雄才尚不足以抵抗曹操,即使他能抵御得了曹操,可是他又怎能甘居将军之下?"

名列建安七子之首的王粲也站出来劝说刘琮,说投降曹操可以保全宗族,长享福祚,世世代代受益。

投降曹操,尚可拥有富贵;抵抗曹操,没有丝毫胜算;即使胜了,还要面临被刘备吃掉的危险。也罢,这年月能活下去就不错了,何况现在投降的话,曹操不会亏待俘虏,刘琮作出了投降的决定。

曹操正对着地图盘算下一步的军事行动时,刘琮的使者到了,献上朝廷赐给刘表的"节",递上降表。

哪有这么轻易投降的?曹操和他的手下一开始不敢相信这么好的事会找上门来,但是一个叫娄圭的人说:"天下扰攘,大家都把朝廷名义看得很重,现在刘琮把朝廷颁发给父亲的节带来,这说明他有足够的诚意。"曹操一听,是这个道理,于是挺进襄阳。

刘琮投降后,被曹操任命为青州刺史,封列侯,蒯越等十五人因为劝降有功,也被封为侯。人们都说刘琮平庸,其实刘琮何尝不是在乱世中选择了一条高明的生存之道呢?非得像袁谭和袁尚走投无路,最后弄个尸首分离才算是强者吗?

曹操宣布李立为荆州牧,实现了对荆州的控制。李立是涿州人,刘备的老乡,曹操让他做荆州牧,有没有故意刺激刘备的意思呢?

风尘未洗,曹操就要去见老朋友蔡瑁。按说,堂堂大汉丞相,想见谁派人传一声就行了,可是,蔡瑁是曹操少年时就结下的好友,曹操发达了,在朋友面前不摆架子,他没有让蔡瑁来见自己,而是亲自到蔡瑁家里去。

到了蔡瑁家,曹操也不要蔡瑁跪下迎接,而是径自进了大门,直奔前面。手下提醒说:"再往前就是人家内室啦!"曹操不管不顾地往前走,嚷嚷着:"小时候我还看过他脱衣服呢!"说着,曹操就进了蔡瑁的内室,蔡瑁还没来得及上前迎接,曹操就喊上了:"快让你的老婆孩子来见我!"

一番亲热的叙旧。蔡瑁问："你这么急着来见我,是有什么事情吧?"曹操哈哈大笑:"还是你了解我啊,我们去见一个人吧。"蔡瑁说:"你小子,不会是又看上我们荆州的女人了吧。"

曹操说："还记得我和你以前去求见梁鹄,而梁鹄不见我们的事情么?听说现在他在荆州,看看他还有没有脸见你。"

风水轮流转。曹操太学刚毕业时,为求官而由蔡瑁陪着去见选部尚书梁鹄,结果梁鹄连门也没让他们进。现在三十多年过去了,曹操成了丞相,而梁鹄却躲避战乱来到荆州。曹操这么急着找梁鹄,是想早一天看到他的书法作品。梁鹄被曹操找了出来,被任命为军司马,曹操想让他写什么字,他就得写什么字。曹操确实喜欢他写的字,走着看,坐着看,最后把梁鹄的字悬挂在帷帐内,躺着也看,忘记了睡觉,看得眼睛都要花了。似乎,曹操举兵远征,不是为了江山,而是为了梁鹄的字。

当曹操悠闲地躺着欣赏梁鹄的书法时,刘备正在气急败坏地训斥刘琮派来的使者宋忠。

怕受到阻挠,刘琮投降曹操是瞒着刘备的,过了很久,刘备才知道荆州已经易主。当时曹操还在宛城,刘备还是不怎么相信刘琮这么轻易就投降。

刘琮派宋忠来樊城向刘备宣读投降曹操的通知,刘备这时才确信刘琮是真的投降了。想到自己的好事被破坏了,刘备又惊又骇,对宋忠说:"你们这帮人这样做事,不早来告诉我,现在祸患来了才通知我,是不是太过分了!"刘备越说越来气,就抽出刀来架在宋忠脖子上:"现在砍了你的头,也不足以解除我的愤怒。我这种大丈夫,以杀你们这类人为耻!"

这时的刘备,北临曹军压境,西面刘璋和东面孙权是敌是友尚不明确,只能选择南逃。刘备选择的逃跑目的地是江陵。有人劝说刘备:"杀进襄阳城,押着刘琮和荆州吏士直接到江陵去!"刘备说:"刘荆州临亡向我托孤,背弃信义只求自救,这样的事情我不能做,要是做了,我死后有何面目见刘荆州呢!"其实,刘备何尝不想这样做呢,他只是没力量罢了。一些人选择善良,只是因为没有为恶的力量。

到了襄阳,诸葛亮主张:"乘机消灭刘琮,就可掌握荆州了!"刘备说:"我不忍心啊!"但是,刘备还是把刘琮喊了出来,刘琮跪伏在地上,吓得要死,刘备狠狠地把他教训了一通,然后神气地离开。

刘备在荆州是客将,被压制在樊城,怎能有实力攻打刘琮呢?刘琮是跪在了他面前不假,但他是因为把父亲传下来的江山拱手送人而惭愧。真要打起仗来,获得荆州实力派支持的刘琮,会惧怕刘备吗？即使奇迹发生,刘备打败了刘琮,他能以疲惫之师对抗强大的曹军吗？无论从哪个角度看,此时攻打刘琮都是蠢主意,诸葛亮怎么会出这样的馊主意呢？

其实,这正是诸葛亮的高明之处,只有他这样高调动员刘备攻打刘琮,刘备才有机会在荆州人面前表演仁义的一面。诸葛亮和刘备的表演很成功,刘琮身边不少人当时就被感动,他们鄙夷地看刘琮一眼,然后跟着刘备走了。

刘备的系列表演还在继续。离开襄阳的时候,刘备特意来到刘表坟墓前,痛哭流涕地与刘表辞别。这一行为感动了刘表旧部,跟随刘备的人更多了。

中国的老百姓太渴望仁义之主的出现了。刘备让荆州百姓眼前一亮。很多百姓被刘备的"仁义"折服,更加痛恨外来者曹操。大家都忘记了,七年前,刘备也是一个外来者。时间真是人际关系的改良大师啊。

到了当阳,刘备带领的老百姓已经达到十多万人,辎重数千辆。所谓辎重,不过是老百姓的锅碗瓢盆和被褥衣服之类,甚至还有下蛋的老母鸡。可以想象,这样的队伍行进速度是很慢的。史书记载说是"日行仅十余里"。

"一日一夜,行三百里。"这是史书上对曹操精锐骑兵虎豹骑行军速度的记载。曹操观察到刘备的逃跑方向是江陵。从地图上看,江陵相当于荆州的心口。刘备要是一旦得到江陵,那就相当于扼住了荆州的命门。通晓《孙子兵法》的曹操深知地利的意义,决定抢先一步控制江陵,就派出了曹营特种部队虎豹骑追击刘备。

官渡之战时,刘备和文丑率领五六千骑兵追击曹操的五六百人,反而惨败,文丑战死,就是因为曹操带上了很多老百姓,阻挡了刘备和文丑骑兵的前进,制造了混乱。刘备当时对曹操的这一战术佩服得五体投地,现在他就拿来对付曹操。

甘夫人和刘禅就混在黑压压的人群里。这一次逃跑,刘备倒不是完全舍弃老婆孩子,因为混在老百姓中间,刘禅能得到最好的保护,敌军不会关注一个老百姓的婴儿。

曹操有意培养随征的曹丕,问他："刘备带领这十多万老百姓,真的是要保护他们吗？"

"不,刘备知道自己保护不了他们,他是在利用他们！"曹丕果然聪明。曹军面对十余万平民,必然一时找不到刘备的作战部队。刘备本来没有多少军队,主力早就让关羽带去汉津以躲避曹军锋芒,现在他率领的只不过是很少的人而已。刘备让诸将和家属藏身于群众中,虽然慢,但是安全。晚一点达到总比永远也不能到达要好得多。携民十万渡江,其实只是刘备借以保护自己的障眼法。

虎豹骑在当阳长坂找到了刘备。当阳，指的是荆山之阳，荆山在这里缓降为丘陵和平原，形成许多面积很大的山坡，长坂坡就是其中之一，《春秋》称其为"险地"。它东面是汉水，西面是沮水和漳水，北面是山地，有著名的虎牙关，南面是长湖。被堵在这个地方是绝无逃脱之理的。虎豹骑从襄阳朝南一路追击，路线与1949年2月中国人民解放军追击国民党军的路线一致。国民党将领宋希濂指挥的军队，在一个叫做荆门的地方被解放军追上，主力被歼灭，宋希濂率残部逃脱。荆门的位置与当阳大致相当。

因为重复，才有了历史。宋希濂复制了当时的刘备，也是在长坂被追上，也是主力被歼灭，也是主将率领残部逃脱。

曹营虎豹骑抓获了徐庶的母亲。徐庶是来向刘备辞别的，他指着自己的心口对刘备说："本想与将军共图王霸之业，是凭着我内心这方寸之地。现在老母亲被俘，我方寸乱了，对您的大事再也无益了，请求从此作别吧！"可以想象，肯定也有其他人的亲人被曹操虎豹骑抓获，徐庶要走，其他人也要走。刘备不能毁了自己好不容易树立起来的"至仁"形象，流着泪放徐庶走了。也许，刘备这一刻想起了童年时相依为命的母亲。

赵云拼死护主，甘夫人和刘禅回到刘备身边。可是，刘备的两个女儿却成了虎豹骑的俘虏，后来下落不明。舍不得老婆孩子打不得江山啊。

曹军已经赶去江陵，看来得另投其他地方了。可是，天下之大，能到哪里寻一寸栖身之地呢？幸亏关羽早就被安排在刘琦的地盘上，派出了水军在汉津江面上接应刘备。

血色的斜阳照着渡口，照着血染的征衣。刘备狼狈地上了关羽的战船，远离了虎豹骑的追击，算是暂时安全了。

英雄流浪。没有歌，所有的人都沉默。江水浩淼，何处是归程？没有人知道答案，甚至没有人知道前方在哪里。

地盘，地盘，还是地盘，有地盘才能生存，这就是争霸时代的丛林规则。可是，现在刘备的"地盘"只是关羽统领下的几百艘战船了。

诸葛亮早就打好了算盘，那就是让刘琦和刘琮兄弟鹬蚌相争，刘备渔翁得利，可是诸葛亮没算到曹操会这么快来到，虎豹骑跑了一圈，就取得了荆州。

好在，诸葛亮把刘琦拉到了刘备一边。当刘备在船上茫然地盯着奔流的江水出神时，刘琦带领军队前来迎接。双方会合后，一起向刘琦的大本营夏口奔去。

一个军士跌跌撞撞地跑来，嘴里喊着："船，船，前方有一艘船！"虎豹骑的追击，在军士们的心里产生了阴影。一艘来历不明的船就引起了恐慌。

老天保佑，船是从下游来的，那就是东吴来人了。

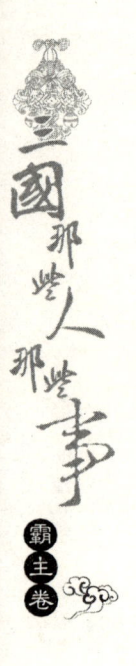

"可是,要是万一东吴孙权与曹操站在一起呢?"有人问,语气里满是绝望。

"孙权不会成为刘琮的,谁劝他投降曹操,他会拔出刀来的。"刘备说,咬着牙。

"孙权和刘琮有区别吗?"

"荆州是刘琮从父亲那里继承的,没费什么心血,所以能够拱手送人;东吴是孙权千辛万苦才安定下来的,又怎会甘愿送人呢?"

东吴的船靠近了,孙权的特使鲁肃走了下来。

第十章 大江东去

◎官渡之战，曹操认为自己取胜就是奇迹，硬着头皮赌了一把，结果赢了；赤壁之战，曹操认为自己取胜是手到擒来的事情，大大咧咧地等着孙权投降，结果输了。

◎孙权的可怕就在于他总是能在生死时刻找到解决问题的人。以后我们会发现，孙权一生，他亲自带兵打仗几乎从来不胜，但是他派人打仗，却往往取得奇迹般的胜利。

◎从一个草鞋摊主到皇帝，刘备是个创业传奇人物，他的发家史其实很简单，那就是从给他的人身上偷走更多。

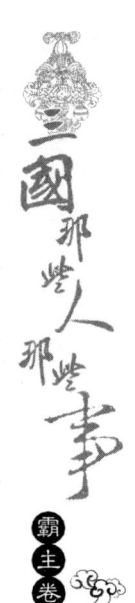

一　败给了自己

步子迈得太大，容易掉进坑里去。

本来南征的目的是夺取荆州，但是没有动用一兵一卒就取得了千里荆州，那么多的粮草人马，那么好的策略计划，一点儿也没用上，这对喜欢打硬仗善于打恶仗的曹操来说，也太不过瘾了。闲着也是闲着，顺手打下江东如何？

曹操认为刘备已是手下败将，不值一提，直接无视他，于是给孙权下了战书，"今治水军八十万众，方与将军会猎于吴"。曹操想，孙权最好是能与刘琮一样识时务，乖乖投降，否则就会和袁尚、袁谭兄弟一样死得很惨。

可是，孙权不是刘琮，也不是袁氏兄弟，而且孙权手下有鲁肃、周瑜这样的文武人才，最关键的是，孙权和刘备相遇了。在诸葛亮和鲁肃两位顶尖谋士的斡旋下，孙权和刘备这两位天下枭雄结成联盟，共同对抗曹操。曹操一方听说刘备派诸葛亮向孙权求救时，幕僚们都揣测孙权会乘机火并刘备，刘备必死于孙权之手。程昱却连连摇头，说："孙策死后，孙权掌握大权的时间不长，尚未为海内所忌惮。如今曹公无敌于天下，兵不血刃取得荆州，江东受到震慑。孙权虽然有谋，但不能独自抵挡曹公的攻势。刘备是当世英雄，享誉天下，关羽、张飞皆有万夫不挡之勇，孙权不但不会袭杀刘备，还会补充其兵力，倚之为援共同抵御我们。我们与孙权、刘备形成对峙局面后，刘备已得到实际资助，那孙权更不能得而杀之了。"可是，曹操已经习惯了吞并他人，不相信孙权会与刘备结成联盟，对程昱的话根本没放在心上。

即使孙权不杀刘备,与之联合,那也没有什么可怕的。在给孙权的战书里,曹操说自己有"八十万众",虽是恫吓之辞,但是据周瑜分析,二十多万人是有的。诸葛亮赶赴东吴,激励孙权与刘备联合时,说刘备虽然兵败于长坂,但是"今战士还者及关羽水军精甲万人,刘琦和江夏战士亦不下万人",合起来有两万人。孙权一方,力主抗曹的周瑜请得精兵五万人,孙权说:"五万兵难以在仓促之间征调,三万人还是可以的。"两万人加三万人,孙刘联盟投入的兵力是五万人。

五万人对二十多万人,怎能取胜呢？54岁的曹操征战一生,袁术、吕布、袁绍等豪强纷纷败在他的手下,整个北方都成了他的地盘,内心就产生了独孤求败的感觉,荆州不战而降,更让曹操对自己的威慑力产生了自信。曹操认为此番南征有点空虚,因为一个对手也没遇上:先不说刘表连病带吓死了,也不说刘琮认亲似的投降;说说刘备吧,一打仗就逃跑,想不起他打过什么胜仗;孙权呢,是个刚刚27岁的年轻人,只比曹操的儿子曹丕大了5岁而已;诸葛亮和周瑜,一个是刚刚从庄稼地里走出来的半吊子农夫,一个是靠俊秀脸蛋讨女人喜欢的公子哥儿。面对这样的对手,不,他们连对手都算不上,曹操根本就不用考虑如何取胜,只考虑取胜了之后如何管理东吴。

48岁的刘备也认为东吴这帮年轻人打不过曹操,他硬着头皮搭上江东的战船抗曹,是因为实在无路可走了,因为现在普天之下他是曹操最大的仇人,曹操不会放过他的。反正是要死了,就拉上孙权垫背吧。他自己能调动的军队本来就只有一万人,但是他并没有将全部军队交给周瑜指挥,而是隐藏了两千人交给关羽和张飞带领。

既然是联手抗曹,那就该拿出足够的诚意来,可是刘备却雪藏了手下最能打的两员大将和五分之一的兵力,有什么用意呢？刘备留了后手:东吴败,那刘备可以带着关羽和张飞逃跑;东吴赢,那刘备就要与东吴争夺荆州。孙刘联盟共同的敌人是曹操,但是孙权和刘备之间也有斗争,看不见的硝烟从一开始就燃着。

农历十月,曹操下令进攻夏口,刘备刚刚从长坂坡逃到那里去。其实曹操根本没把刘备列为敌人,因为在他眼里刘备已经没有任何威胁,但是要进攻江东,必须要突破夏口。汉魏时期,长江与汉江的交汇处是一段季节性河流,冬竭夏流,所以叫夏水,陆上便叫夏口,这是连接荆、扬二州的重要军事枢纽,历来为兵家所重视。后来,司马懿向魏明帝曹叡进献灭吴之策时曾提出:"凡攻敌,必扼其喉而捣其心。夏口、东关,是贼之心喉。如果让陆军进攻皖城,引诱孙权东下,然后让水军攻向夏口,乘虚击之,那就是神兵天降,必定攻破东吴。"

从江陵到夏口,可以走水路,也可以走陆路。走陆路要穿越云梦泽。长江流至江陵后没有直接向东,而是先向南绕了一个大圈,再往东去,中国第四大淡水湖洪泽湖就在这个圈里,这片水域面积有两千平方公里,河网密布,湖泊纵横,在当时它有一个非常好听的名字,叫"云梦泽",因为司马相如的《子虚赋》将其作为描写主体而出名。遗憾的是,曹操是来打仗的,不是来旅游的,云梦泽的湿地交通不便,不适合大部队行进,所以曹操只能选择水路。走水路快是快,但是水战不是北方军队擅长的。以自己的劣势去对抗南方军队的优势,战争还未开始,曹操的取胜概率就降低了。

其实,曹操根本没打算在水上与东吴决战,他只想着孙权一看到他的战船就会像刘琮一样乖乖投降,即使不投降,那也是龟缩在城里不敢出来。他想不到的是,周瑜带领三万人主动迎了上来。

迎上来就迎上来吧,三万人对抗八十万人,迎上来就是送死。有时说谎太投入了,说谎人也会相信谎言,曹操说自己有八十万人,本来是吓唬孙权的,但是最后他也情不自禁地相信自己有八十万人了。

双方在赤壁的江面上相逢。曹操根本没有在赤壁这个鬼地方与周瑜过过招的想法,可是周瑜的战船冲了上来。仗一开打,曹操才发觉不对劲,虽然他的军队占有人数优势,但是江面只有那么宽,能冲到前面去的战船,与敌人冲到前面来的战船数量是一样的。固定宽度的空间,化解了曹操兵力上的优势。相同的兵力下,不习水战的曹军遭遇擅长水战的孙刘联军,一下子就处在了劣势。

本来,曹军还有人数上的绝对优势,前面的人打没了,后面的人接着上,再打没了,后面的人再跟上来,就这样在江面上耗下去,看看谁能笑在最后。可是,就连老天也来捉弄曹操,他手下将士大都染上了瘟疫。曹军将士来自北方,从七月份出征,长途跋涉,身心疲惫,加上水土不服,免疫力下降,在东吴军队中没能扩散的瘟疫,很快在曹军中爆发蔓延。人越多,瘟疫传播得越快,曹军人数的优势此刻反而成了劣势。

就这样,曹操第一次与东吴过招,很快败下阵来。曹操不得不停止前进,退到北岸乌林一侧,而周瑜则停靠在南岸赤壁一侧。

曹操毕竟是曹操,他很快找到了对策。战船颠簸,士兵饱尝晕船之苦,曹操就用铁链把战船缩在一起,船和船之间加上木板,这样在长江的水面上就制造出了一片"陆地"。这一招很灵,在铁链和战船组合成的"陆地"上,曹军士兵的战斗力又恢复了一些。一时间,周瑜也找不到进攻乌林的妙计,而曹操大概是等待陆上的援兵赶到,双方僵持在寒风瑟瑟的江面上。

可是,过度自信的曹操还是被敌人抓到了漏洞。曹操把战船连在一起,打造水上

"陆地",固然解决了北方人晕船的问题,但是也带来了不能灵活移动的缺点。最要命的是,虽然初次交战失利,但是曹操认为自己仍然占据着主动权,所以,当黄盖诈降时,曹操没有丝毫怀疑,毫无戒备地答应了。

十一月十二日,黄盖诈降,烧了曹军连起来的战船,曹军溃逃,周瑜率领轻锐部队追杀。以前在曹操面前总是逃跑的刘备,这次终于有机会体验追曹操是什么滋味了,他从蜀山出发,向乌林进发,与周瑜水陆配合,追杀曹军。

这场在中国历史上知名度很高的战争,更详细的过程和细节在《三国那些人那些事·吴卷》里都写了,这里不再赘述。

周瑜谈笑间,曹军樯橹灰飞烟灭。曹操要逃跑,只能选择陆路了。向东和向南都是东吴的地盘,向北要经过水系复杂的云梦泽,曹操只能向西逃回江陵去。曹家将的一号人物曹仁在江陵镇守,曹操的想法是打算与他会合。

往西最近的一条路是华容道,这条路到江陵至少要近50里,走华容道是曹操的最佳选择。曹操率领残兵败将,用了四天时间才到了华容道。刺骨的寒风中,灰头土脸的曹军将士面对泥泞坑洼的道路,都倒吸一口冷气,因为这段道路看来根本无法通过。曹操下令瘦弱的士兵全都站出来,要他们放下武器,全都去做搬运工,背着柴草,遇到积水坑洼的地方,就用柴草填平。骑兵是曹操军队中的宠儿,曹操下令骑兵优先通过,但是步兵也想活命,纷纷往前挤,一时间,华容道上人仰马翻,背草铺路的瘦弱士兵刚刚给战友填平一个水坑,还没来得及直起腰,就被战马撞倒,然后脑袋被马蹄铁重重地踏一下。马上的战友根本听不到马蹄下战友的呻吟,仓皇离去。

那些倒在自己人马蹄下的人,谁也不抱怨,因为都习惯了曹军中的生存哲学:弱者总是先死掉。

一路血腥,一路仓皇,总算是逃出了死亡之路——华容道。将士们灰心丧气,曹操却一脸喜气,哈哈大笑,回头指着华容道,说:"刘备也算是我的老对手了,可是他拿主意总是慢一步,假如他早点派人在这里设伏,放火阻击我们,我们就全完了。"

的确如曹操所言,刘备行动慢了一步。曹军已过,刘备才赶到,虽然也放了火,但是火苗还是没能追上曹操的骑兵,只是沿途的农舍倒霉了。刘备来华容道,更像是来为曹操送行的,火烧博望坡的传奇没能延续。

曹操退到了江陵,与曹仁会合,只要稍作休整,完全可以卷土重来,而周瑜和刘备也眼看着快要追到江陵。天下人的目光从赤壁转移到江陵,都想看看曹操能否从周瑜手里扳回一局。可是,曹操却选择了退出,他留下征南将军曹仁、横野将军徐晃守江陵,折冲将军乐进守襄阳,然后率领残部北还。

官渡之战,曹操认为自己取胜就是奇迹,硬着头皮赌了一把,结果赢了;赤壁之战,曹操认为自己取胜是手到擒来的事情,大大咧咧地等着孙权投降,结果输了。

二　孙权的性格短板

曹操为什么回去呢?因为东线合肥受到了强力攻击。赤壁之败影响了士气,短时期内荆州的败局无法扭转,如果合肥再有什么闪失,那曹操的日子真就没法过了。再说,曹操从七月份出征到现在,半年已经过去了,要是再不回去,难保后方有人不搞小动作。

侥幸打赢赤壁之战的孙权,居然敢在周瑜围攻江陵的同时,分兵在东线进攻曹军,这不是胡搅蛮缠嘛!十二月,在周瑜和刘备联军进逼江陵的时候,孙权在东线开始行动了,他派张昭进攻九江的当涂,同时亲自率军包围合肥。

弱者要对付强者,胡搅蛮缠是个很管用的招数。孙权在东线胡搅蛮缠,曹操只得从江陵撤退,回去部署救援合肥的事宜。孙权在东线挑事儿,绝对不是有枣没枣打三竿,他一摆开架势,曹操就退回北方去了。逼退曹操的目的轻而易举就达到了,即使在东线一无所获也赚了。

可是,孙权还是想在东线能有所收获,因为此次他调动了"十万"人马。这个"十万",可能和曹操在战书里说的"八十万"一样,都是吓唬人的,但是保守估计三四万人是有的。带这么多人来,孙权肯定是有想法的,他围住合肥猛攻。在赤壁人数占劣势,尚且能取胜,在合肥人数占优势,那就不仅仅是如何取胜的问题,而是如何胜得漂亮的问题。

但是战争不是简单的加减法。孙权在合肥久攻不下,陷入僵局,张昭在当涂则被打败。有赤壁之战的辉煌在前,要是不能干净利索地打下合肥来,那得多丢人啊。合肥城下,孙权下令包围得再紧一些,进攻再猛一些。可是,合肥城的抵抗越来越激烈,每当东吴的士兵冲上前,雨点般的石块和木棍就从城墙上落下。发动夜袭怎么样?夜晚城墙上燃起鱼膏,照得如同白昼。

孙权其实是栽在了一个死人手里。合肥城墙上这么多木石和鱼膏,当然不是从天而降,而是已故扬州刺史刘馥的功劳。八年前,即200年,曹操派刘馥担任扬州刺史,刘馥把治所迁到合肥城,对城墙进行大规模重修。刘馥在城墙上堆积了海量的木石和鱼膏,当时大家都以为刘馥变态。这时,大家才明白,刘馥当时是算准了东吴人会来争夺合肥,这里战争少不了,要早点作好了准备。遗憾的是,刘馥早早病逝,没能亲眼看到孙权在合肥城下的狼狈样儿。

刘馥早就作好了准备,而孙权显然没有在合肥城打硬仗的准备,其实,本来来合肥就是一个即兴决定。木石和鱼膏在合肥城墙上堆了好几年,孙权此番出征居然没作出任何针对性的准备。

既无长远规划,也缺少现场应对能力,孙权这样的人能在赤壁打败强大的曹操,是因为他手下有周瑜、鲁肃一班武将谋士。孙权的可怕就在于他总是能在生死时刻找到解决问题的人。以后我们会发现,孙权一生,他亲自带兵打仗几乎从来不胜,但是他派人打仗,却往往取得奇迹般的胜利。

合肥城下,孙权不想任用别人,他想自己努力把问题解决了。为何努力了,却看不到成功的影子?孙权想不通,闪亮的碧眼里满是焦虑。

"古代围城,开其一面,迷惑敌人。现在我们围城这么紧,进攻这么猛,城里人感到恐惧,必然合力死战,所以我们难以攻克。趁他们的援兵还未赶到,不如稍微收收力,以观其变。"长史张纮说。

现在往死里攻,还攻不下,怎能收力呢!诸将不答应,孙权更不答应,他对着合肥的城墙,对将士们吼道:给我攻!往死里攻!孙权攻的不是城,而是一个心结,一个非要证明赤壁之战的胜利不是偶然的心结。他要把自己塑造成一个随时随地能向曹操叫板的形象。

可是,孙权着实倒霉,一个死去的刘馥已经给他了不少麻烦,又遇上了张辽和李典两员猛将守城。战后孙权才知道,张辽和李典合起来,也抵不上蒋济一人的作用大。蒋济是扬州刺史的别驾,相当于刺史助理或者秘书长,这时才二十六七岁。在人才济济的曹营,当时他只是一个不显眼的角色,同在合肥城中的张辽和李典比他出名多了,准备不足的孙权,也许根本就不知道世上还有一个叫蒋济的人。

合肥是万万不可丢的,不但要救合肥,而且要派精锐骑兵。曹操征调了一千骑兵,派一个叫张喜的人率领前往合肥。张喜当然不能指望着自己率领的区区一千人就能给合肥带去喜讯,曹操要他经过汝南的时候,把汝南的大部队带上。可是,没想到的是,张喜名虽有喜,却不能带来喜气,军中发生瘟疫,今天我埋他,明天你埋我,最后谁也不埋谁了,因为都病得爬不起来了。

合肥城内,扬州刺史温恢面如死灰。张喜来不了,刘馥又不能还魂,仗已经打了一个多月,木石和鱼膏眼看着就要用光了。

温恢发誓要把自己变成鱼膏的时候,蒋济扬着一封信,手舞足蹈地一路跑来,对遇到的每个人高喊:"丞相已发步骑四万援救合肥,已到雩娄!"

四万步骑援兵?堂堂刺史都不知道的情报,区区别驾又何从得知?温恢接过蒋济手中的信,迫不及待地读了起来,上面只有这么几行字:散布援兵将至之假信息,以震慑吴贼,使其知难而退。

温恢苦笑着说:"听说张喜病在路上爬不起来了。孙权那么精明,他能相信我们有援兵吗?"

蒋济说:"人们更愿意相信自己努力后得来的东西。让孙权努力一番后才能获得'消息'!"

孙权的侦察兵汇报:合肥城里有三支小分队出城,说是迎接援兵。孙权大惊:一定要截住他们!

孙权的人还算是给力。合肥城里派出的三支小分队被捉到了两支。在俘虏身上,孙权的人搜到了书信,书信上写着张喜的四万步骑兵马上就要到合肥了。

孙权并未像蒋济预料的那样,急忙下令撤兵。援兵不是还没到吗?那就速战速决,在援兵到来之前结束战斗!孙权居然产生了这样的想法,他骑上马,多次到曹军营前叫阵:"有种的出来决一死战!"对于合肥一方来说,只要是守住城就算是胜利,他们根本不理睬孙权。

你不出来,那我就进去!孙权点校精锐轻骑兵,成立敢死队,要亲自带领冲击敌营。张纮气喘吁吁地跑来,挡在马前,劝阻说:"战争就是凶器,是危险的事情。现在将军依靠强盛的气势,轻视凶暴的敌人,您这样做,三军将士无不感到心惊胆战!即使您能够斩杀敌将,拔下敌军的旗帜,那也只是偏将应该去完成的事情,不是主将所应当去做的啊。希望您能够抑制勇气,专心建立霸王之业!"

易冲动,情绪化,逞强好胜,这是孙权的性格短板,但是孙权有一个可怕之处,那就是总是能在生死时刻找到能解决问题的人,这次他听了张纮的,下令烧毁攻城的器具和营寨,率兵撤退。

回去后,孙权才知道被比他小好几岁的蒋济忽悠了,但他并不感到羞愧,因为他想再次出兵合肥,让蒋济看看他的厉害。好狠斗勇的性格,是孙权一生无法突破的障碍。

又是张纮适时出现,劝阻孙权,建议顺应天命,休养生息,积蓄力量。孙权再次听了张纮的,合肥之行不了了之。

其实,孙权放弃出征合肥的计划,主要是受到了另外一个人的威胁——刘备。

三 乱世的花嫁

从一个草鞋摊主到皇帝,刘备是个创业传奇人物,他的发家史其实很简单,那就是从给他的人身上偷走更多。被黄巾军打得无立足之地时,老同学公孙瓒收留他,但是他带走一支部队,转投陶谦;陶谦收留他,要他抵抗曹操,结果他没和曹操打仗,自己却获得了徐州牧的位子;被吕布赶出徐州后,曹操收留了他,但是他参与"衣带诏"行动小组,想置曹操于死地,估摸着成功系数不大,就抛弃同伙,从曹操手里骗来一支部队到了徐州,然后公开叛曹;被曹操赶出徐州,他投奔袁绍,袁绍希望他在官渡之战中出力,结果他骗走一支部队,躲到汝、颍之间;被曹操赶出汝、颍后,投奔刘表,结果他暗里布局,要夺取荆州,只是没想到曹操跑来搅了他的好戏;他被曹操从当阳赶到夏口,是孙权拉他一把,与他合力抗曹,现在曹操失败了,刘备又开始对孙权动手。

在与孙权结盟这件事上,刘备从一开始就打着自己的算盘。按照盟约,刘备应该把军队交给周瑜指挥,也就是说,事实上他是周瑜的部下,但是刘备留了一手,把最精锐的两千人和关羽、张飞藏了起来。

孙权为迟迟不能攻下合肥而忧愁的时候,周瑜正在为迟迟不能攻下江陵而痛苦。东吴的兵力本来不足,两个战场的摊子铺得太大,孙权无暇收拾曹操北撤后留下的荆州烂摊子。刘琮投降后,荆州诸郡投降了曹操,现在曹操又走了,荆州诸郡又是谁的?孙权只把目光盯在曹操身上,忽视了背后的荆州。

而刘备,正是在东吴人集中精力对付曹操的时候,悄悄地对荆州下手了。

要想在东吴人不知不觉中得到荆州,那就要做出卖力攻打江陵的样子。周瑜包围江陵一年多,刘备始终紧紧跟随,一次还献计献策,对周瑜说:"曹仁守卫江陵城,城里军粮储备充分,危害很大。要是派张益德带领一千多人跟着我,你再分拨给我两千人,从夏水截断曹仁后路,曹仁听说我这样做,一定会退走的。"这番话表明,刘备是听命于周瑜的。周瑜认可了刘备的建议,给刘备加兵两千。草鞋摊主出身的刘备是个精明的生意人,他用一千人做本钱,赚了周瑜的两千人。

周瑜的江陵攻克战打得很艰难,这在《三国那些人那些事·魏卷》里已有详细叙述,为避免重复,此处不再赘述。赤壁之战之后第二年的下半年开始,曹、孙的主战场转移到东线的合肥,曹操下令曹仁从江陵撤到襄阳。

曹仁撤走后,东吴人迅速占领江陵及其以东长江沿线的许多战略要地,柴桑到夷陵一线的军事要地全被东吴控制。可是,孙权抬头一看,才发现荆州南四郡已被刘备占领。在周瑜、曹仁相持于江北之际,刘备派人南征武陵、长沙、桂阳、零陵四郡。打仗一贯不在行的刘备,这次打得格外顺手,长沙、桂阳、零陵三郡太守不战而降,武陵太守金旋稍微抵抗了一下,就被刘备攻下城池之后杀了。当然不是刘备在打仗上突然开窍了,而是他表奏刘琦为荆州牧,以刘琦的名义出征南四郡。南四郡的人并不以为自己是受到了攻击,而是认为本来就该归附刘琦,因为刘琦是原荆州牧刘表的长子,他才是合法的荆州牧。刘备对南四郡的人宣布:荆州牧来接管地方各郡,你们快出来迎接!

奇怪的是,南四郡归顺后,刘琦的道具作用用毕,恰到好处地病死了。按说,这么年轻的一个人不该毫无征兆地死去。刘备望着刘琦的尸体,眼里泛着泪光说:"唉!少不得有人说是我做手脚害死的。"接着,刘备被部下推举为荆州牧,成为刘琦之死最大的受益者,这更让人说三道四。

孙权认为,荆州应该是他的,因为是他打跑了曹操,那么曹操留下的一切也应该都是他的,而荆州就是曹操留下的,所以,他压根儿也没想到刘备会来这一手,得了那么大的便宜。

连曹操也不忌惮的孙权,当然也不怕刘备,只要他一声令下,早就按捺不住的周瑜就会发动进攻,保证一夜之间就将冒牌的荆州牧打成草鞋摊主。

可是,有一个比刘备更具有威胁的敌人让孙权腾不出手来对付刘备。这个敌人就是强大的曹操。孙权从合肥撤退,曹操并没有因此放过他,209年七月,曹操率领一支新的水军队伍,由家乡谯县出发,从涡河进入淮水,再进入淝水,上岸后直达合肥城下。曹操坐镇合肥,调整扬州的人事安排,充实防务,主持芍陂等水利工程的修建,发动屯田,一副打算与孙权耗到底的样子。曹操并不是不犯错误,赤壁之战他就犯了急躁冒进的错误,但是曹操的可贵在于能够及时发现并改正自己的错误,现在他就采取了稳扎稳打的策略。

安排好一切之后,曹操留下7000人镇守合肥,十二月回到谯县,第二年三月才回到大本营邺县。曹操如此威胁合肥一线,孙权自然不敢两面受敌,与刘备翻脸。

不但不能与刘备翻脸,甚至还要格外安抚刘备。怎么安抚刘备,这可真是一个大难题。刘备不是路人甲路人乙,请一顿酒就能安抚好,而是要送地盘才能安抚他。可是,安抚刘备的目的不就是为了保住地盘吗,怎么能送他地盘呢?

孙权束手无策的时候,一个好消息传来:刘备的妾甘夫人病逝于南郡,作为刘禅的生母,她早就相当于正室了。

有谋士(很可能是鲁肃)议论说:"用母老虎来对付刘备怎么样?"

有人探寻:"这一计谋是……"

"把主公的妹妹嫁给刘备为妻!"

"哈哈哈……那个大耳朵,老头子了,只恐吃不下年轻女人啊!哈哈——这可比杀了他还狠啊!"人们笑出了眼泪,对这个谋士跷起了大拇指。

孙权有个妹妹,待字闺中,似乎是专门为刘备准备的。"才捷刚猛,有诸兄之风",史书这样记载孙小妹。"诸兄"指的是孙策和孙权兄弟,他们的英勇无畏天下皆知,一个江南妹子,偏偏和他们一样具有男人气魄!孙权的这个妹子,名字史无记载,三国演义给她取名为"孙夫人",一些当代影视作品和电脑游戏给她取名为"孙尚香"。孙权一直没把她嫁出去,因为做他妹夫的人会非常可怜。

可是,刘备是必须要做孙权妹夫的。以周瑜为首的东吴鹰派人物,一直想解除刘备武装,孙权虽然一直犹豫,但是难保有一天鹰派占了上风。可是,如果做了孙权妹夫,那时谁还敢指手画脚?很多时候,嫁娶解决的不仅仅是婚姻问题,更是生存和发展问题。

于是,孙权如愿把妹子嫁给了刘备。孙权的想法是用妹子解决刘备这个大麻烦。

作为江东霸主的妹妹,孙小妹带过来的侍女是一百多位,这与其身份是相符的。陪嫁的侍女也都貌若天仙,闹洞房的人本想这样说,可是都噤若寒蝉,缩着脖子,一副怕极了的样子。一百多个侍女,都拿着刀剑,侍立在洞房门口,随时要砍人的样子,谁去闹洞房那就是和生命闹着玩啊。

"哈,再凶猛的女人,在洞房里不也是女人吗!"刘备这样为自己加油,但是大家都看到他进洞房的时候,似乎两股战战。史书记载,孙小妹"侍婢百余人,皆亲执刀侍立,刘备每入,心常凛凛"。

为了回报孙权的好意,刘备表荐孙权行(代理)车骑将军,领徐州牧。这当然只是一个空头人情,因为徐州在曹操控制之下。刘备控制了荆州南四郡,他要是有诚意,那就让出荆州牧位子,然后表奏孙权为荆州牧。刘备非但不这样做,而且还想让孙权承认他对荆州的实际控制权。

只送女人?!刘备奋斗一生,会为了一个女人而停止奋斗吗?何况,床上躺着的是一个不能驯服的女人。既然你给了我一个妹子,那就再给我更多吧,刘备是这样想的。

刘备以亲戚身份去京口，拜见大舅哥孙权。他一见到孙权就索要土地，似乎孙权以前占了他的土地。他的理由找得很冠冕："刘表的旧部几乎都投奔我了，我得安放他们啊。"

乱世的花嫁，并未带来期待的吉祥如意。孙权要是不答应刘备，不但会白白搭上一个妹子，还很可能破坏孙刘联盟，那样孙权就只能孤独地与曹操作战了。孙权又想到，刘备本来已经占领了南四郡，夺回来是不那么容易的，干脆顺水推舟，把荆州"借"给大耳贼吧。对刘备来说，虽然取得了南四郡，但是需要得到孙权的承认。妹夫和大舅哥几番商量，在荆州的划分上达成了默契，孙权取得了沿江诸郡的控制权，而刘备则实际控制了南四郡，再加上南郡分置出的宜都郡。

最后，孙权又大方了一把，让周瑜撤出南郡的江北地区，"借"给刘备。其实，孙权这是让刘备直接面对曹操，好在刘备已经习惯了为人作挡箭牌。

赤壁之战是曹操和孙权打的，刘备只是跑了一下龙套，但最大的赢家却是刘备，战前他是一个只能在江面上漂泊的败军之将，战后他成了雄踞一方的霸主。

直到这时，孙权和周瑜还是没把刘备看成是危险性多么大的敌人，甚至还把刘备看成东吴的客将，可以随意调遣，居然天真地想可以越过刘备的荆州地盘，去夺取益州。

他们想不到，刘备早就暗地里把益州看成自己碗里的肉。而曹操是不会让孙权或者刘备得到益州的。

接下来，天下霸局的中心转移到益州。

四　无耻和无赖

诸葛亮一见到刘备，就提出了隆中对，怂恿他夺取益州，说："刘璋暗弱，张鲁在北，民殷国富而不知存恤，智能之士思得明君。"我抢你活该，谁让你"暗弱"呢！诸葛亮无耻的强盗逻辑，刘备非常赞同。周瑜和甘宁这样以武见长的将领，也分别向孙权提出过进取益州的策略。

为何大家都惦记着益州？匹夫无罪，怀璧其罪。益州的土皇帝刘璋确实是个老好人，他的错误在于把益州治理得太好了，被人惦记。益州的范围相当于今天的四川、重庆一带，是汉代十三州刺史部之一。这里土地肥沃、物产丰富，加上特有的盆地地形，使得益州很容易就可以自立王国,所以自古就有"天府之国"之称。灵帝末年,刘焉听人说"益州有天子气",就请求来这里做州牧。刘焉和后来继承其位的儿子刘璋野心倒不是很大,只想坐稳益州王的宝座。在别人纷纷扰扰争霸的时候,刘氏父子关起益州大门,埋头经营,使得益州成为乱世里难得的世外桃源,诸葛亮评价说"民殷国富"。

不过,汉中被张鲁控制,这对益州来说,无异于把北大门的钥匙交在别人手里。张鲁是五斗米道的教主,要加入五斗米,需要缴纳五斗米作为费用,因此被称为"五斗米道"。在对现实社会绝望的时代,能麻痹精神的宗教或者邪教,格外受人拥护,因此五斗米道的势力迅速膨胀,教主张鲁也成了一呼百应的人物,曹操、刘备、孙权等人称他为米贼。其实,贼也罢,霸主也罢,都是窃取了天下的土皇帝而已。

蜀道难,难于上青天,刘璋以为世人都畏惧蜀道之难,不会来打扰他的清净日子。可是,他想不到刘备和孙权早就把夺取益州当作事业规划,曹操暂时还没考虑益州的问题,是因为势力范围还没延伸过来,虎豹骑还找不到通往蜀道的坦途。但是,东吴人认为他们的战船可以逆长江而上,直达益州。

210年十二月,周瑜主动请缨,打算与孙权堂兄孙瑜搭档,进取益州,进而吞并张鲁,然后由孙瑜镇守益州,与西凉马超结援,他回军与孙权占据襄阳,与曹操对抗,这样就可以图谋北方了。这是一个统一天下的规划,很给力,很宏大,可能需要十年、二十年甚至几十年才能完成。孙权不想耽误时间,立即批准了这一计划,可是,计划批准没几天,周瑜就病逝了,这一计划只好暂时冻结。

周瑜之死掩盖了一个问题:刘备不会同意东吴军队从他"借"来的荆州经过。东吴伐蜀,有两条路可以走:一是走北路,经今天的湖北房县、上庸,经安康、西取汉中入蜀,这要从曹操的地盘上经过;二是走西路,沿江西上,但是要通过刘备现在占据的地盘,东吴人认为那是"借"给刘备的地盘,刘备没有任何理由阻拦。也许周瑜认为根本用不着考虑刘备的态度,也许他也没想到自己会死这么早,没来得及征询刘备的态度。

周瑜死了,事业还得继续。孙权派使者到了公安,对刘备说:"米贼张鲁在巴汉称王,是曹操的耳目,图谋夺取益州。刘璋不算勇武,不能自守。如果曹操得到了蜀地,那么荆州就危险了。现在我们可以先攻取刘璋,然后进讨张鲁,这样首尾相连,一统吴楚,即使有十个曹操,也没什么可愁的。"

本来是夺取益州,排挤刘备,却说成为双方在荆州的共同利益着想,多么无耻啊。老辣的刘备岂能被孙权的几句好话糊弄,他直接拒绝了孙权,列出了三条理由:一是胜负难料,二是担心曹操会袭击荆州后方,三是破坏与刘璋的同盟关系会给曹操可趁之机。明明是不想益州落入孙权之手,但是刘备找的这三条理由似乎每一条都是在为孙权着想。天下争霸,有时比的就是谁更无耻。

孙权的愿望没有得到满足,就无耻变无赖,直接撕下脸,派孙瑜率领水军进驻夏口,蓄势待发。刘备派人对孙权说:"刘备与刘璋是宗亲,希望借先祖英灵,匡扶汉室。现在刘璋得罪了您,刘备非常担心,希望您能原谅刘璋。"刘焉是汉景帝儿子鲁恭王刘余的后人,与刘备是宗亲。面对孙权的无赖,老练的刘备还是没撕下盟友的面具。明明是捍卫一己之利,却故作姿态地为刘璋求情。刘备找到孙瑜,咬牙、瞪眼、攥拳,恶狠狠地说:"你真要攻取蜀地,我就披发入山,从此不再见人,以不失信于天下。"需要多么强大的内心,才能说出如此无耻的话来呢!

若论无耻,孙权是比不上刘备的;若论无赖,刘备也不比孙权差。刘备调整布防,关羽屯江陵,张飞屯秭归,诸葛亮屯南郡,自己屯孱陵,构成了数百里的防线。孙权你有本事就来吧,刘备摆出一副血拼到底的无赖样子。孙权是没有信心同时应付曹操和刘备、刘璋三方之敌的,就让孙瑜撤了回来。

消息传到益州,很多人无比感激,说:"刘备真是刘璋的保护神啊!"可是,益州也有人感到害怕,说:"刘备是个多么可怕的人啊!他和谁站在一个阵营,谁就要被他利用、陷害甚至取代,这是早就证明了的!"这样说绝非无中生有,公孙瓒、陶谦、曹操、袁绍、刘表、孙权这些响当当的天下英雄,不是都曾栽在了刘备手里吗?

留得益州在,不怕自己没地盘,这才是刘备真实的内心。可是,他既然堂而皇之地挡住了孙权伐蜀的步伐,那他再公开伐蜀,那时不仅是孙权,整个天下都会攻击他。刘备痛苦地拽着大耳朵,想:"要是能有个光明正大的理由,那该多好啊!"

在大耳朵要被扯下来的时候,曹操给了刘备一个光明正大进入益州的机会。

第十一章 关河决战

◎盗亦有道，那就是不能在失主面前使用盗来的东西。曹操从天子那里偷走了权力，知道不能在天子面前做出号令天下的样子。可是，煞费苦心抓到手的权力，又怎能弃之不用呢？那就远离天子吧。

◎曹操的不安在于天下尚未统一，他的位置随时会被人取代；曹操的焦灼在于他已经57岁了，又患有经年不愈的头风症，他担心没有足够的时间做自己该做想做的事情。孙权和刘备都对益州虎视眈眈，这让曹操更加不安和焦灼。

◎年老多病的曹操没有资格打持久战了，而年轻的孙权却有足够的时间精心经营自己的事业。早在前年，孙权就把大本营由京口迁到秣陵，然后修建这座天然生成的石壁作城墙的石头城。孙权把这座石头城改名为"建业"，表露出强烈的不臣之心。

一　谎话官文的范本

应该说说曹操的事儿了。

210年三月回到邺县后,曹操本该享受一段暂时没有战事的休闲时光,但是他过得并不轻松。头风的老毛病天天折磨着他,这只是身体上的煎熬,一些人政治上的攻击则让曹操感觉到了生存的危机。赤壁之战的惨败,让很多人找到了攻击曹操的理由,按照吴将周瑜的话说,就是"曹操新败,忧在腹心"。所谓"忧在腹心"就是朝中有人要曹操承担战败责任,本来,战败之将是要负责任甚至要杀头的。

甚至,曹操担心有人暗杀他。官渡之战有徐他行刺,赤壁之战他惨败而归,也会有人蠢蠢欲动。那次徐他行刺,幸亏被许褚撞上。白天有许褚守着,尚且安全,可是总不能晚上也让许褚守在床前吧。

曹操想了一个办法。他对左右侍从说:"我睡觉的时候,你们不可随便靠近啊,你们一靠近我就要砍人,砍了人我也不知道。你们一定要小心!"哈,梦里杀人,鬼才信呢。一天,曹操假装睡觉,一个受宠的侍女为了表达对他的爱,就拿起被子来盖在他身上,刚想弯下身亲他一口,没想他突然跃起,抽出枕头边的刀,几下就把她砍死了,然后又淡定地上床睡觉,任凭侍女的鲜血在床下流淌。醒来时,他看着床下的尸体,惊恐地问:"我果真能梦中杀人吗?"眼看不相信曹操鬼话的人成了鬼,大家就都信了他的鬼话。从此,他睡觉的时候,就连蚊子也不敢靠近。

可是,总是有人抓住赤壁之战的战败责任来攻击他,难免会有人这样议论:"曹操啊,一个打败战的人而已!他还有什么理由出现在朝堂上呢?"

"是呀,即使他不败,也该还政了,毕竟,圣上都二十九岁了。"有人提出了一个更严峻的问题。曹操把刘协迎接到许县已经有十四年了,现在刘协眼看要到而立之年,儿子都生了四五个,曹操还有什么理由替他主政呢?一直以来,朝廷的一切都是曹操做主,刘协的作用就是把曹操的命令以国家的名义发布出来。以前,曹操可以说他南征北战,清除国贼,掌控天下,可是赤壁之战他失败了,还有什么理由不还政给天子呢?

"我不还政,是形势所需,是天下所需啊!"曹操对人说,一副非要人相信不可的样子。自说自话,总是无法让人相信,最好是有机会能当众表白。可是,要是无缘无故地就跑到人前表白,那也太假了吧。

神奇的是,献帝雪中送炭般地给了曹操表白的机会。210年的冬天,献帝下诏增加曹操的食邑,在曹操原有武平县一万户食邑的基础上,再增加豫东三县阳夏县、柘县和苦县共二万户的食邑,这样曹操就享有三万户的食邑。曹操目前的封爵是武平侯,武平是豫州刺史部陈国所属的一个县,这个县侯还是十四年前献帝刚到许都时册封的。这么多年曹操的官职越来越大,但一直都是武平侯,不是天子不想给他加封,是因为县侯已是列侯的顶点。所谓食邑,就是享受封地内一定规模的赋税,这是一项可以世袭的经济特权。食邑万户即"万户侯",这是人臣享有食邑的极致。1925年,33岁的毛泽东被任命为国民党代理宣传部长,踌躇满志,就曾写下了"粪土当年万户侯"的豪情诗句。可是,现在献帝要曹操做"三万户侯",这是汉朝历史上从来没有的事情。

腊月二十三日,家家户户忙着祭灶的时候,曹操发布了一篇《让县自明本志令》,表示拒绝"三万户侯"这项史无前例的实惠。在这篇被视为曹操代表作之一的文章里,曹操上来先说自己"本志有限",现在"身为宰相,人臣之贵已极,意望已过",曹操这是在说他无意做天子,请大家放心。然后,曹操又说"设使国家无有孤,不知当几人称帝,几人称王!",意思是说如果没有他,不知道会有多少郡中之帝,县中之王。那既然他不想做天子,还政天子,把军队交出来,回到武平县美滋滋地过"三万户侯"的安稳日子,怎么样?对这一天下人都关心的问题,曹操这样回答:"诚恐已离兵为人所祸也。既为子孙计,又已败则国家倾危。"他说要是交出兵权,那就会被人谋害,那对子孙,对国家都是不好的。曹操最后斩钉截铁地说他不能还政,"江湖未静,不可让位"。

拒绝献帝再加二万户的食邑,只享受原先的一万户,多伟大啊,似乎应该为曹操鼓掌。这篇文章一气呵成,文质兼美,被后人奉为范文。青年时代的毛泽东登临许昌城外的汉魏古城遗址,与人联句:"横槊赋诗意飞扬,自明本志好文章。"

这真的是一篇好文章吗？皇帝要封，曹操辞封，本该给皇帝写奏章，可是曹操不写奏章，而是下命令，叫什么"让县自明本志令"。不是奏上，而是临下，也就是说，这篇文章不是给皇帝看的，而是给臣民看的。封曹操的是皇帝，曹操辞封也该面对皇帝，而且应该是"上表"而不是"下令"。这篇逻辑不通的文章，又怎能是"好文章"呢？

辞封让封，是曹操惯用的哄人手段，是用来提高个人美誉的。优美的文字背后隐藏着一颗无耻的心。曹操的这篇文章就是命题作文，题目应该是"窃政并高尚着"，为不还政找理由，借让封表明自己多么高尚。皇帝对他已经毫无威胁，所以他不需要向皇帝表白，但是他需要安抚天下人，因此以"令"的形式表白。

是曹操授意献帝加封，给他一个说话的机会，还是献帝要曹操还政，想出了用食邑换权力这一办法呢？这个已无从考证了。但是有一点可以确认，《让县自明本志令》是曹操用来忽悠天下臣民的。

欺骗，粉饰，这是一篇典型的官文。以命令的形式标榜自己，堂而皇之地欺骗天下人，把个人私欲贴上国家利益的标签，《让县自明本志令》是多么无耻啊！

刘备，孙权，曹操，一个比一个无耻，他们破坏社会诚信体系，靠欺骗争天下，他们当中无论谁最终夺得天下，都让人很难想象会把天下搞成一个什么样子！

二　风流铜雀台

大家照例是相信谎话官文的，读了这篇《让县自明本志令》，还没从对曹操的敬仰当中回过味来，就开始过年了。过了年，正月十一日，大家还没从过年中回过味来，献帝就颁布了诏书，算是对《让县自明本志令》的回应。

这个年献帝没过好，因为曹操没对他"自明本志"，他却不得不有所回应，还有比献帝更窝囊的皇帝吗？献帝的答复公布于天下，曹操让三县二万户，献帝减了五千户，把剩下的一万五千户分给曹操的三个儿子，曹植为平原侯，曹据为范阳侯，曹豹为饶阳侯，食邑各五千户。曹操大张旗鼓地"让封"，最后只"让"出去五千户，而且封子三县均属郡国所在重地，战略地位远远超过偏远的豫东三县。这样曹操就在幽、冀、青三州建起了一道从山东平原到今天河北饶阳、涿州的防线，构成了根据地邺城的屏障。

所谓"让封"，原来是要求"换封"，曹操对皇帝讨价还价一番，还获得了让封的美名。曹操的成功，就是能够把无耻用高尚的文字表达出来。

曹操就是争天下的,怎能会傻乎乎地让封呢?非但不能让,还要获得更多。第二年(212年)正月,曹操在地图上画出河内的荡阴、朝歌、林虑,东郡的卫国、顿丘、东武阳、发干,钜鹿的瘿陶、曲周、南和,广平的任城,赵的襄国、邯郸、易阳,一共十四个城,划给魏郡。这样魏郡就从原先的十五城扩充到现在的二十九城,成为天下第一超级大郡。曹操这么偏爱魏郡,是因为他的根据地邺城就在魏郡的地盘上。其实,曹操这样做有点儿多此一举,江山已是他餐桌上的菜,从这个碗里倒到那个碗里,有什么意义呢?

在曹氏兄弟受封的第二年,也就是212年的九月二十一日,刘协的四个儿子被立为王:刘熙为济阴王,刘懿为山阳王,刘邈为济北王,刘敦为东海王。丞相的三个儿子封侯,天子的四个儿子封王,看,曹操多懂规矩啊。那些嚷嚷着要曹操还政的人,真是无事生非啊,有人这么想。

聪明的人却有相反的说法,居住在益州的许靖对此事发表评论:"'将欲歙之,必固张之;将欲取之,必固与之。'其孟德之谓乎!"这话说得好懂一点,就是曹操今天封王子,是为了将来从天子身上夺走更多。许靖和许劭的月旦评,在曹操十几岁的时候,曾给他做出"治世之能臣,乱世之奸雄"的评价,这个评价得到了几乎所有人的认可。

盗亦有道,那就是不能在失主面前使用盗来的东西。曹操从天子那里偷走了权力,知道不能在天子面前做出号令天下的样子。可是,煞费苦心抓到手的权力,又怎能弃之不用呢?那就远离天子吧。自从南征张绣前到许都最后一次拜见天子,五六年时间过去了,曹操再也没踏进许都半步,再也没见天子一眼。曹操不愿意跪倒在天子脚下,也在刻意回避面对天子的尴尬。

那就把邺城建成天下最大最好的城池吧,曹操想。经过几年的修建,邺城的规模并未扩大多少,东西七里,南北五里,但这已经是地方城市中的最大规模了。帝都洛阳号称"九七城",即南北九里,东西七里,天下城市必须小于这个规模。这很搞笑,曹操的权力早就超标,建城时却严格地遵守标准。

邺城位于邯郸市临漳县西南13公里的漳河北岸。邺城共设七个门,南面三个分别为广阳门、永阳门和凤阳门,北面两个分别是广德门和厩门,东西各一个门,分别是建春门和金明门。邺城的"中轴对称、功能分区"城市格局,为后世很多城市所效仿,例如元明清时期的北京城。一条连接建春门和金明门的东西大街将邺北城划分为南北两个区域,北城是宫殿和官衙,南城是居民区、商业区和手工业区。和今天大部分城市一样,不同阶层的人居住在不同的区域,当时的邺城有"北富南穷,东贵西贱"的说法,北城是达官贵族居住的地方,而邺北城的东部则是贵族集居区,称为"戚里"。

为了解决生活用水问题，漳河被引到城里来，这条人工挖成的河被称为长明沟。长明沟其实不长明，因为它只被引到北城，这项惠民工程只能惠及戚里的贵族们。这个细节泄露了一个历史机密：所谓打天下，不过是让某个阶层合法地掌握特权而已。

北城不仅仅享有长明沟，还享有铜雀台。铜雀三台建在邺城西城墙北，是当时邺城的地标性建筑。中间的是铜雀台，高达十丈，上建房屋一百零一间；南面是金虎台，高八丈，上建房屋一百零九间；北面的是冰井台，高八丈，上建房屋一百四十五间。三台各相去六十步，台和台之间天桥相连，楼阁相通。在铜雀台的楼顶上，还铸着一只铜雀，有一丈五尺高，栩栩如生，人们在它下面经过，不敢高声说话，唯恐惊飞了它。

可以想象，在当时的物质和科技条件下，铜雀三台是一项多么不可思议的超级规模建筑。想想几年前，曹操为了节约粮食而禁止饮酒，孔融为此发了几句牢骚，还因此丢了性命，那铜雀三台消耗了难以计算的物力民力，曹操又该死多少回呢？没有人觉得孔融死得冤，因为曹操就是法律。

曹操其实是个节俭的人，但是为了表明他可以支配天下财富，就把铜雀台建得如此美轮美奂。铜雀三台不仅仅是形象工程，而且是曹操和部下们的度假村。每到节假日，或者心情好的时候，曹操就在上面举行笔会、诗会、宴会、歌会。铿锵的朗诵和悠扬的乐声就会从半空中传来，到了夜晚，台上就会灯火通明，眼前一切恍如天宫。

曹操在铜雀台找到了自我。他穿着透明带花的轻绡，靠着铜雀台的栏杆，揽着从早到晚陪伴在侧的女优，对着徐徐吹来的清风，诗兴大发，立即挥毫泼墨，又一首诗歌写成了，早就等候在旁的倡优把他的诗歌接过去，当场就有人在乐器的伴奏下演唱出来。

他佩带着一种皮革制成的小袋子，里面盛满了手巾、诗稿和一些杂七杂八的小玩意儿，简直就是一个不重视细节的邋遢大叔。

甚至，有时他会戴着士人的帢帽去会见宾客。那些见到曹操的客人总是提心吊胆，因为不知会被曹操开什么样的玩笑，要么就是被他突然的哈哈大笑吓一跳。谈完话，该吃饭了，曹操看到一道好吃的菜，把头埋在碗碟里，卖力地大吃，菜汤呀菜叶呀肉渣啊，都沾在了头巾上。这时的曹操只是一个红尘中的人，而不是乱世争霸的霸主。

"他的可怕不在于他是丞相，而在于他虽然是丞相，却能这么率性而为，可见他对内心的控制是多么自如啊！"马腾对儿子马休和马铁说，旁边还站着韩遂的儿子。

三　一个比一个无耻

赤壁之战前夕,马腾被调到朝廷担任卫尉,但是没有任何实权,手下也没有一兵一卒,而且还居住在邺城。雄踞西凉的马腾为何甘愿忍受来自铜雀的俯视?第一种说法是马腾与韩遂闹了矛盾,躲到曹操这里来;第二种说法是马腾年龄大了,心灰意冷,不想再折腾;第三种说法是马腾听命于曹操,是为了换取曹操对马家在西凉统治地位的承认。第三种说法更接近真相,因为马腾和全家几十口人都迁来邺城,而长子马超独自留在西凉统率马腾的人马,同时朝廷封马超为都亭侯,授偏将军。这样看来,马腾与曹操做了一笔交易,可是,以全家性命为赌注来换取西凉王的地位,是不是合算呢?

马家归顺了曹操,韩遂怎么办呢?曹操给韩遂写了一封信:"希望你早点来邺城,与我共同匡扶朝政。"可是,韩遂几经犹豫,最终没有来,但是也不敢得罪曹操,最后让儿子去邺城,以表忠心。

和战斗相比,安抚更容易消灭敌人。曹操对所有的敌人几乎都用过安抚手段,这是他最具杀伤力的一点。

关外的马超和韩遂不会轻举妄动,刘备和孙权的联盟一时间也很难打破,那就进攻关中的张鲁吧。张鲁是五斗米道的教主,拥有数量庞大的信徒,势力很大,汉中已成五斗米道的独立王国,不与朝廷来往,也不允许朝廷的人马从汉中经过。张鲁这个信徒们的精神皇帝,对世俗皇帝曹操构成了威胁,曹操决定灭掉他。

211年三月,长安的风依然那么寒冷。司隶校尉钟繇正在挥毫泼墨,接到了曹操的命令:讨伐张鲁。他在书法上让曹操仰视,但是这并不影响曹操对他发号施令。一个人能够号令自己崇拜的人,那该需要多大的力量呢!

不安和焦灼弥布在空气中,传染给这个时代的每个人,然后让人在不安和焦灼中死去。

曹操的不安在于天下尚未统一,他的位置随时会被人取代;曹操的焦灼在于他已经57岁了,又患有经年不愈的头风症,他担心没有足够的时间做自己该做想做的事情。孙权和刘备都对益州虎视眈眈,这让曹操更加不安和焦灼。一定要先得到益州!曹操下定决心。

益州的刘璋是个连草也不想伤害的人,这固然与其善良老实有关,但也是因为他没有为恶的能力,所以曹操没把他放在眼里。但是益州也不是大摇大摆就能进去的,这是因为益州的北大门汉中由张鲁盘踞，而张鲁是早就公开反叛朝廷的，要进入益州，先得征求一下张鲁的意见。曹操懂得，对于张鲁这样的土皇帝，最好的征求意见的方式就是征服。

有人提醒曹操，攻打汉中没问题，可是这必然通过关中，那是马超和韩遂的地盘，如果惊动了他们，他们会造反的，那就不好收场了。

可是，曹操非但不听，反而又派夏侯渊从河东出发，与钟繇会师共进。有人说曹操这样做是要促使马超和韩遂造反，从而借机彻底解决关中问题，这个分析虽然契合曹操的奸雄性格，但是不符合一个病人和老人不愿折腾的心理。曹操很可能是认为，因为父亲在邺城做人质，马超现在的表现很乖，而且会继续乖下去。

可是，曹操忽视了一点，这个让人焦灼的时代，每个人都是不安的。曹操进攻汉中，关中诸将以为他醉翁之意不在酒，他这要对关中下手，个个惊慌不安，加上马超的怂恿，结果一共十路人马公开打出了反叛的旗帜，领头的是韩遂和马超。

韩遂是被马超拉下水的，因为他的儿子还在邺城做人质，他一开始犹豫不决。而马超早就下了决定，至于包括父亲在内的在邺城的家中几十口人，他根本不考虑。这让人想起一个传说：盗墓这活儿一个人干不了，但是与人组合去干有风险，你在下面把东西递上去，上面的同伙很可能为了不让你分东西而把你埋里面，所以一般是父子二人组合，但是一般爬盗洞的是儿子，因为父亲一般是不会害儿子的。马超能轻易放弃父亲，韩遂却很难放弃儿子。但是马超对他说：这样一闹腾，我肯定是没爹了，干脆你也舍了儿子，以后我给你做儿子，这样我们仍然是有爹的有爹，有儿子的有儿子，谁也不少什么。还有比这更无耻的话吗？

刘备、孙权、曹操、马超……一个个站在历史潮头的英雄，都在比谁还能再无耻一些。

四　曹操的战场行为艺术秀

造反的关中诸将一共有十路人马，总兵力约十万人，声势浩大，迅速占据了潼关，然后凭险据守，摆明了要在这里与曹军一决生死。曹操倒吸一口冷气，命令前去增援的曹仁："关西兵精悍，搞好防守最重要，万万不可与他们交战。"

金秋七月，汹汹的黄河水撞击着关山，发出低沉的怒吼。大西北的天空格外高远，一只雄鹰俯冲而下,蹲在岸边一块峭立的山石上,目光锐利地审视着岸上突然出现的一支大军。曹操要曹仁不得与马超交战,他自己却要亲自会会马超,亲率大军来到前线。

潼关地处关中平原的最东端,黄河自北向南一路奔泻,到了这里突然折向东,形成一个直角,潼关就在这个直角的点上。此刻,潼关正在十路关中联军的手里,曹操亲率大军驻扎在潼关以东。

滔滔黄河又要见证曹操的一场大战。

"关门扼九州,飞鸟不能逾",古人这样形容潼关之险,一夫当关,万夫莫开,要想正面突破马超的防线是不可能的,曹操必须北渡黄河,绕开潼关,然后与马超决战。

狭路相逢勇者胜,马超和曹操都已经没有退路,除了血战到底,没有其他选择。闰八月,在秋风的护送下,曹军主力开始渡河。

战国时的吴起所著兵书《吴子》里有一句"军半渡可击",说敌军渡河一半时是最佳攻击时机,深谙兵法的曹操肯定也知道这句话,但是他仍然把"半渡可击"的机会给了马超——并非所有的危险都能躲避。

马超果真抓到了机会。曹操让大军先渡,自己与精兵百余人留南岸断后。在南岸只剩下曹操和这一百多精兵的时候,马超率领步骑万余人杀到。马超的骑兵比风还快,卷着风尘来到了面前,这时曹操还在马扎上坐着呢。

曹操似乎没看到马超骑兵的到来,他仍然纹丝不动地坐在马扎上。这种情况下,坐着和站着没什么区别,那干脆坐着好了。

许褚和张郃跑过来,把曹操架起来就向船上跑去。好不容易上了船,却又开动不了船,因为没有渡河的士兵都向船涌去,求生的欲望使大家都往船上挤,也不管丞相是不是在上面。船早就超载了,眼看要沉了,还是有人在水里抓住船舷想要爬上来。

敌人越来越近,似乎都能听得到秋风在马超的长矛锋刃上打着呼哨。这时,校尉丁斐想了一个办法,把还没来得及运过河的牛呀马呀赶出来,马超手下乱了阵营,纷纷跑去捉牛逮马。

船上,膀大腰圆的许褚狂舞着刀,向船舷上砍去,那些攀在船舷上的手指,在血光里纷纷掉落,然后被浑浊的黄河水卷走。

船终于能开动了,本应该向北岸去,但是船被不听话的黄河水冲击着,老是往东走,这样一直走了四五里。马超的骑兵顺着河岸猛追,一边向船上放箭,一边喊着"必杀!必杀!"已经渡过河的曹军将士帮不上忙,看着眼前惊险的一幕,都吓傻了。

更让他们惊恐的一幕发生了：船工中流矢而死，船停止了前进，船上不断有人倒下，雨点一般的箭踊跃着尖叫着飞来。

许褚再次救了曹操。他左手举着马鞍挡在曹操身前，右手划船。苍天护佑，曹操终于渡到了北岸，诸将看到曹操从船上下来又惊又喜，很多人情不自禁地流下了眼泪。这眼泪为战场的残酷而流，为生命的珍贵而流。

曹操没有流泪，他回头看看对岸的马超骑兵，哈哈大笑："今天差一点被马超这小子困住！"

曹操大军全部渡河，在渭河岸边扎营。别看马超人多，但都是临时结盟，人心比黄河滩上的沙子还散，队伍不好带，战斗力不强。马超一看拿曹军没办法，就一横心，愿意送儿子为人质，请求讲和。可以不要爹，也可以不要儿子，但是不能不要地盘，马超够狠的。地盘真的这么有吸引力，以至于取代了亲情在一个人心中的位置？

为了表示"诚意"，马超甚至还愿意割地。曹操说，好吧，那就当面谈谈吧，别忘了约上韩遂。

这是峰会，一方是曹操带着许褚，一方是韩遂和马超，双方的军队只能远远地观看。关中将士难得有机会这么近距离地接触威震天下的大汉丞相，都纷纷往前挤，想亲眼看一下曹操。那些看到曹操的幸运儿都在马上激动地向曹操拱手致礼。

"你们想看曹公吗？看到了吧，他也是人，并没有四只眼睛两张嘴，只不过是多了一些智慧罢了！"曹操对着关中联军喊道，关中联军中发出爆笑。这时，秋阳暖暖地照着，秋风轻轻地吹着，让人以为这是曹操的行为艺术表演专场，其乐融融。

可是，这毕竟是杀机隐隐的战场，曹操能在敌阵面前耍酷，是因为他列出了五千骑兵，摆成"十重阵"，锋刃和铠甲在明亮的阳光下发出耀眼的光芒，令人胆战心惊。

马超和韩遂不知道，曹操如此耍酷，其实是在掩饰一个阴谋。这次行为艺术表演，其实是离间韩遂和马超的一个环节。声称要把韩遂当作父亲的马超，其实对韩遂一直心怀猜忌，曹操采用贾诩的计策，用涂改书信的办法，轻而易举地就离间了二人，过程相当精彩，在《三国那些人那些事·魏卷》里有详细描写，这里不再赘述。

马超和韩遂闹不和，关中联军分崩离析，毫无斗志，十路将领有的被斩于阵前，有的溃败逃亡，马超和韩遂带着彼此的仇恨，逃往西凉。

本来是要进攻汉中，结果平定了关中，这更合曹操的心意。

五　杀人像写诗

十二月,曹操回到长安,留下夏侯渊主持关中军务,然后顶着严寒东还,在第二年正月回到邺城。曹操这么急着回到邺城,是想找机会攀上更高的权力顶峰。在追逐权力的路上,只是在别人前面并不安全,只有远远地抛下众人,才能远离红尘,才能摆脱风险。

五月,曹操把马腾、马休、马铁父子三人连同马家三族,统统杀了,一个没留,陪同马家人上刑场的还有韩遂的儿子。这不是人世的残酷,而是乱世的公平,因为要是马超和韩遂取胜,也会这么对待曹家人。

冒这么大风险打天下,当然不是为了给刘家皇帝做义工,而是为了攀上权力的最高峰。平定北方后,曹操恢复丞相制,当上了丞相,已是人臣所能攀上的最高峰;现在平定关中,还能攀登新的权力高度吗?

山登绝顶我为峰,那就创造一个高度。十月份,曹氏家臣董昭突然提出一项议案:恢复五等爵制。此议一出,朝野震动,舆论涌动:这是一个逆天的建议!

五等爵指公、侯、伯、子、男五个等级的爵位,公是最高级,在秦汉之前就实行这样的爵位制。春秋战国时代,王是唯一的,即周天子一人,周天子之下有公,例如齐桓公、晋文公、秦穆公等等。秦汉开始有了皇帝,皇帝之下没有公,却有王。刘邦当上皇帝后,一上来就把帮他打天下的兄弟们封为王,如楚王韩信、梁王彭越、淮南王英布等。但是后来这些王纷纷搅进叛乱中,刘邦这时才明白过来权力高峰上必须要远离众人,于是在晚年搞了一个"白马盟誓",其中的最重要约定为"非刘氏为王者,天下共诛之"。这一招太狠了,一下子就对后来人的权力进行了限高。

很明显,董昭提议恢复五等爵制,就是为了推翻"白马盟誓",就是为了恢复王公称号。天下之大,谁有资格做王公?除了丞相还能有谁?

真可怕啊!现在皇帝都是傀儡了,要是曹操再突破权力的限高,那再发展下去会怎么样啊?

荀彧不解风情地否决了董昭的这一提案。早在204年,荀彧就否决了董昭提出的古九州制,现在他又要坏曹操的好事,曹操事业上曾经最得力的助手现在成了最有威胁的绊脚石。

该杀的人是必须要死的,这一点上曹操从来不含糊。杀人像写诗一样先构思后下手的曹操,在怎么杀荀彧的问题上,拿不定主意。

荀彧表态反对恢复五等爵制没几天,曹操从东线再次发动对孙权的远征。这本来是一次寻常的出征,但是因为一项新的人事任命而让人感觉怪怪的,那就是曹操免去荀彧尚书令的职位,不让他再帮皇帝处理政务,改任光禄大夫,在军中担任曹操的军事顾问。要知道,二十多年以来,人们早就习惯了曹操远征在外而荀彧留守后方的组合。更奇怪的是,出发后不久,荀彧就死了,《三国志》上说是病死的,可是有人怀疑这个说法(详见《三国那些人那些事·魏卷》)。

再也无人能妨碍称王大业,曹操单等凯旋后举行称王大典。

这次,曹操能如愿吗?

六 孙权的战场行为艺术秀

年轻真好啊!曹操看着眼前的濡须坞,不甘地说。十月份出征,来到这里已是第二年的正月。

孙权在吕蒙的建议下修建了月牙形的濡须坞它像一道大铡刀挡住了曹操南下的战船。这一年,孙权32岁,吕蒙37岁,而曹操却59岁了。曹操不服,说:"要是再年轻十岁,我也能有耐心修建这么多东西。"是的,50岁的时候,曹操还能挖通运河,把淇水引入白沟运粮,准备与袁谭、袁尚的持久战。

而现在,年老多病的曹操没有资格打持久战了,而年轻的孙权却有足够的时间精心经营自己的事业,早在前年,孙权就把大本营由京口迁到秣陵,然后修建这座天然生成的石壁作城墙的石头城。孙权把这座石头城改名为"建业",表露出强烈的不臣之心。

绝对不能让孙权"建业"!曹操望着滚滚长江,暗暗发誓。可是,濡须坞挡住了他前进的道路,与敌人相持月余,依然没能前进半步。能耗得过这个碧眼紫髯的年轻人吗?

耗不起,那就只能冒险一搏。夜晚,曹操乘坐轻舟,出了濡须口,来到孙权阵前一探究竟。曹操突然发现被孙权的水军包围了,一番死战,仓皇突围,但是有三千人被俘,几千人淹死。

曹操知道了孙权的厉害,下令不再出战。孙权让士兵到曹军阵前叫骂,可是,就连江里的鱼虾也被骂得围着船钻来钻去,曹操却总是下令坚守不出。

你不出来,我进去。孙权亲自坐船,来到了曹军的战船间,曹军诸将再也忍不住了:

太小瞧人了,打吧!曹操摇摇头:"他这是来试探我军虚实的!"下令弓弩不得妄发。

孙权只得回去,可是离开五六里后,突然又掉头回来,而且是敲锣打鼓地回来。孙权也玩起了战场行为艺术秀。

再也不能忍了,曹操下令:"射箭!"曹军弓弩齐发,一会儿,孙吴军队的船上便射满了箭。

"调转船身!"孙权大喊。受箭的一面偏重,船只渐渐倾斜,眼看要翻覆,把舰船掉转身来,便可用另一面受箭。

"撤退!"孙权下令。舰船的两面被射上差不多数量的箭,船体恢复平衡,吴军列队而还。

"生子当如孙仲谋,刘景升儿子若猪狗!"曹操望着吴军渐渐远逝的船队,深深感慨。吴军森严的船队,整齐的武器甲仗,在曹操的心底带来强大的冲击。

仲谋是孙权的字,景升是刘表的字。曹操与刘表基本是同龄人,他把孙权与刘表的儿子比较,是因为感觉到自己可能永远也战胜不了孙权了——老年人在青年人面前常常有这样的自卑。

船是木头的,曹军的箭矢强弩却能钉在船上,可见是多么的强劲。孙权知道曹操这次是有备而来,也守在战坞里不再出击。曹老头,耗吧,看看谁能熬过谁!

雨点狂乱,江面上盛开激情狂躁的水花。似乎是被双方的战鼓声惊动,今年的梅雨来得格外早。俗话说:"雨打黄梅头,四十五日无日头。"习惯了干旱天气的曹军,在濡须坞前失去了地利,现在又失去了天时,很难再有所作为了。

"春水方生,公宜速去。"孙权给曹操写了一封信。曹操读完信,发现信里还夹着一张便条,上面写着八个字:"足下不死,孤不得安。"

"孙权不欺骗我呀。"曹操愿赌服输,下令撤军。两军各归南北。

曹操这么急着回去,是因为有一件重要事情要办:称王。

和很多大戏一样,曹操的称王大戏最先出场的并不是主角。正月初三,献帝还没把除夕夜的剩水饺吃完,就宣布恢复九州制,把幽、并二州连同司州的四个郡并入曹操担任牧守的冀州。荀彧能够复生的话,还会出来阻拦这件事情吗?五月初十,曹操从濡须坞前线回来没几天,献帝派出的使者郗虑就来到了邺城,拜曹操为魏公。既然是大戏,那就要完成一系列表演,曹操对魏公这一爵位当然又反复辞让,群下很配合地多次劝进,最后劝进名单的规模达到三十人,当然少不了夏侯惇、曹仁、曹洪、董昭、程昱、贾诩、钟繇、荀攸等亲信,也有毛玠、王朗、王粲等投机客。曹操表演大公无私,大家表演忠

诚膜拜,心照不宣的程序走完了,曹操成了魏公,改写了两汉自韩信等人之后数百年无人称王的历史。

一时间,曹操志得意满。他给司马防下命令,让他来邺城喝酒。喝酒不是目的,展现人生成功才是目的。20岁时,他想做洛阳令,司马防却安排他做了洛阳北部尉,那是曹操第一次求职啊。现在,魏公对司马防说:"我现在还能再做尉吗?"司马防不卑不亢地回答:"过去我举荐大王时,您只适合做尉。"曹操不屑与司马防打嘴官司,旁若无人地哈哈大笑。

可是,曹操还是有许多烦心的事情,最烦心的一件事就是刘备进入了益州。

第十二章 蜀道之难

◎ 不安和焦灼之下,人们往往习惯于转移眼下的压力,而顾不上未来的威胁,这就是一种饮鸩止渴的心理困境。刘璋只想着让刘备帮他挡住曹操,忽略了刘备最擅长的就是以客人身份侵占主人地位。

◎ 用棍棒抢劫百姓财富,那是强盗;用政府命令的方法抢劫百姓财富,那是国有化;用通货膨胀的方式抢劫百姓财富,那是货币政策。以兴复大汉的冠冕理由,刘备肆意抢掠着。

◎ 侵犯别人而得到的东西最害怕失去,曹操呵护着自己的权力羽毛,不容别人有一点冒犯。可是,高处不胜寒,难免有人挑战他的权威,毕竟,权力不能让所有人屈服。对不服的人,曹操的解决办法很简单也很有效:杀。

一　刘备的酒场段子

"曹公兵强于天下,如果他通过汉中攻打蜀土,谁能抵挡?"张松这个吃里扒外的家伙说。他这样说,虽然是为了忽悠刘璋邀请刘备入蜀,但也符合事实。曹操进攻张鲁,感到不安和焦灼的不仅仅是马超、韩遂,还有刘璋。

马超感到不安,就主动出击,差点儿把曹操射落在黄河里。刘璋感到不安,就想找人帮他扛着。张松和法正策划着把益州作为大礼送给刘备,极力怂恿刘璋向刘备求援,说:"刘备和你同属刘氏宗室,而且他是曹操的仇敌,善于用兵,如果让他讨伐张鲁,张鲁一定被打败。张鲁被打败,那么益州就强大了,即使曹操前来,也不会有什么作为。"

想了半天,刘璋也没想起刘备何时何地表现过善于用兵的特点,就请教其他部下。

"刘备骁勇,现在请他来,如果把他当做部属,那么他就会心怀不满,如果以宾客之礼待之,那么一国不容二君。如果外客有泰山之固,那么主人就会有累卵之危。"主簿黄权提醒刘璋。

"刘备是枭雄,谁和他交往,必定会被他伤害,不可接纳他。"刚刚在益州定居下来的刘巴说。

给刘璋担任助理的王累在苦劝刘璋无效后,一跺脚,跑到城门,慨然自刎。他希望用死来唤醒刘璋对刘备的幻想。

不安和焦灼之下,人们往往习惯于转移眼下的压力,而顾不上未来的威胁,这就是一种饮鸩止渴的心理困境。刘璋只想着让刘备帮他挡住曹操,忽略了刘备最擅长的就是以客人身份侵占主人地位。

211年十二月,就在曹操平定关中凯旋之后,刘备率领大军从公安出发,溯江西上,向朝思暮想的蜀中而去。刘璋把刘备当作救世主请进益州,成了开门揖盗的典型案例。

沿途,刘备受到感恩戴德的欢迎。可是,有见识的益州人却为此辗转难眠,巴郡太守严颜搥胸长叹:"这就是所谓独坐穷山,放虎自卫啊!"

在涪城(今四川绵阳),从成都赶来迎接的刘璋握住了刘备的手。伟大的大救星!当感觉到刘备手心的温度时,刘璋突然有种要流泪的感觉。

笑脸,酒杯,丝竹,刘璋与刘备欢会,其乐融融,让人忘记这是在乱世,忘记眼前推杯换盏的二人都是搅乱江山的野心家。在放松状态下,人们容易还原到本初的状态,于是,刘备又找回了早年在涿县草鞋地摊上耍嘴皮子的感觉,在主人面前玩起了脱口秀。

酒已半酣时,宴会上的人们开起了玩笑,刘璋的属官张裕长得满脸络腮胡子,很有特点,他成了大家开玩笑的焦点。也许是为了证明自己已经融入益州人的圈子,刘备清清嗓子喊:"我讲一个笑话。"

"当年,涿县姓毛的人很多,东南西北都是的,县令说'这不是毛涿吗?'"刘备说完,先带头哈哈大笑起来。

在北方人的发音里,"毛涿"和"毛猪"几乎一样。没有胡须的就可以嘲笑有胡须的,这是什么道理呢?张裕冷冷地看着刘备光光的脸,当即回敬了一个段子:过去有一个人担任上党郡潞县县长,后来改任涿县县令,他卸任回到故乡后,给人写信,在落款时纠结起来:署潞县长吧,无法显示曾在涿县任职;署涿县县令吧,无法显示曾在潞县当县长。一番斟酌后,他最后署名为"潞涿君"。

讲完这个段子,张裕先带头哈哈大笑起来。刘备也跟着努力地笑着,甚至还做出笑弯腰的样子,内心却动了杀意:敢让老子下不来台,早晚会让你付出代价!

刘备不该感到不平,他嘲笑人是"毛猪",人还击说他是"裸猪",很合乎公道。

刘备与刘璋欢会百余日,该吃的也吃了,该喝的也喝了,下面该为刘璋出力了。刘璋放心地回成都去了,刘备装模作样地往北奔汉中出发,走了不长的一段路程之后,在葭萌停了下来,对外说是等待时机进攻张鲁,实际上却是在找一个进攻刘璋的机会。

一直到第二年冬天,整整一年,就在刘备准备陪着刘璋慢慢变老的时候,曹操给刘备创造了机会。曹操东征,孙权向刘备求救。

感谢曹操八辈祖宗!感谢孙权八辈祖宗!

二　包拯断案断刘备

刘备向刘璋要求增兵资粮,然后回去援救孙权。把刘备当祖宗敬奉了一年,非但没得到一丝一毫回报,现在刘备又要兵要粮去援救孙权,益州虽然钱多人傻,但也不能答应这个明显不靠谱的要求。

很多时候,帮助你的不是朋友,而是敌人。曹操进攻张鲁,刘备得到进入益州的机会;曹操进攻孙权,刘备得到进攻益州的机会。

刘备做出义正词严的样子,对刘璋表示极大遗憾,进行强烈谴责:"我为益州征伐强敌,军队疲惫,来不及休整,现在刘璋守着那么多钱财,不赏功奖励,只希望我为他出死力战,这怎么能行呢?"每一句话都歪曲事实,但是刘备顾不上人家说他无耻了,他必须尽快地对益州发动进攻。

"我要东还了,临别前想与二位痛饮一场,怎么样?"刘备给白水关的督将杨怀和高沛发出邀请,同时有幸被邀请的还有刘璋的儿子刘祎。杨怀本来不想搭理刘备,他从一开始就认为刘备来益州是不安好心的,多次向刘璋进谏,请求把刘备撵走。现在刘备自己要走了,杨怀喜出望外,急忙赶去饮酒,唯恐刘备反悔。

不过,杨怀还是多了一个心眼,怀里揣上了一把匕首。杨怀知道喝刘备的酒有可能要付出高价,那就是生命——十八年前,刘备邀请杨奉饮酒,在酒席上就把杨奉杀了。

这一次,因为杨怀早有戒备,刘备没有像对待杨奉那样,一上来就在座位上把杨怀绑了,而是拿出早年推销草鞋的本领,极力劝酒。酒是感情的润滑剂,看刘备这么热情地劝酒,杨怀开始惭愧自己是揣着匕首来的。等到杨怀喝得睁不开眼了,刘备从怀里掏出一把匕首,说:"将军的匕首很好,我也有一把,把你的拿出来给我看看吧。"杨怀爽快地把匕首掏出来,恭恭敬敬地递给了刘备。刘备一接过匕首就翻脸了,说:"你这个臭小子,怎么敢离间我们兄弟之间的感情呢!"刘备说的兄弟就是指刘璋。杨怀这才知道上当了,破口大骂,但是也没骂太多,因为刘备很快就把他杀了。

刘备最会玩的酒场段子,原来是杀人。

擦擦手上的鲜血,刘备一仰脖,饮完杯中酒,下令:进军成都!

可是,费了两年时间,成都还是没有攻下来,刘备急了,下令三军:"若攻破成都,官府仓库的一切财物,你们可以任意地拿,我决不干预。"

官仓里的东西都可以随便抢劫了,民宅里的东西刘备会进行保护吗?长坂坡携民十万渡江的传奇曾树起了刘备的仁君形象,但在霸业的诱惑下,刘备还是撕下了仁义的面纱,仁君的神话在成都人面前破灭了。

"我们还有精兵三万!"

"我们的粮食和丝帛至少还可以支持一年!"

……

益州的官吏和百姓都愿死战到底。

"我们父子统领益州二十余年,对百姓没有什么恩德。百姓苦战三年,暴尸荒野,实在是因为我刘璋的缘故,我怎能安心!"刘璋决定投降了。城里的百姓为刘璋的这一决定流下了眼泪。

有一个宋代包拯断案的传说。李家和刘家的媳妇在同一天都生了一大胖小子,两个孩子长得有点像双胞胎。李家的孩子不到一个月夭折了,李家两口子把刘家孩子偷抱回了自己的家。后来,刘家媳妇和李家媳妇为了争夺这个孩子,来到了开封府找包拯断案。包公说:"你们在大堂上抢孩子吧,谁抢到孩子就归谁。"两个妇女开始抢孩子,一人拽小孩一只小胳膊,刚一用劲小孩就大声哭叫,刘家媳妇马上松了手,孩子被李家媳妇抢了去。这时,包公惊堂木一拍,"大胆李氏,你偷刘家孩子,还不从实招来"。包公的判断理由很简单:不是亲娘才会下死力去抢拽孩子。

是谁下死力气争抢成都?是谁不忍心给成都带来兵灾而主动让出了位置?

在全城人的泪光里,刘璋命令打开城门,乘车出来投降,把益州牧的大印交给刘备。回眸成都,看着泪流满面的部下,刘璋的心里可曾感到释然?

将士们来不及庆贺,都扔掉兵器,砸开官仓的门窗,进去哄抢金银财物。既然是抢,那就有人得到的多,有人得到的少。感觉吃亏的人不愿意了,就纷纷抗议。刘备还指望这帮人稳定益州呢,就下令老百姓家的财物也是可以抢的,只要别忘了给益州人留着吃饭用的锅和碗就可以了,否则,益州人都饿死了,以后谁供奉大家啊。偏偏有人抢红了眼,把百姓吃饭的锅也抱走了,还无比委屈地说:"人家抢金子抢银子,就不兴我抢个破铁锅啊!"

刘备没办法了,不知听了法正还是诸葛亮的建议,下了一个战后财物分配令:为建设和谐益州,凡城中公私所有金银,都收归国有,然后分赐给将士,至于粮食和布帛这些生活必需品嘛,就发还给益州人吧。

这时,人们才彻底认清刘备早年在涿县是个摆地摊的无赖市霸的真面目。可是,贪婪的侵略者仍然不满足,有人说:"我们辛辛苦苦打下了益州,为何不能完全享有益州呢？"于是，刘备准备把城里的房屋和城外的园地桑田都收归国有，然后按照级别和贡献大小分别赏赐给诸将。赵云实在看不下去了，站出来反对，说让益州人过不下去，以后就没法征兵征税。刘备听了赵云的，取消了这项强盗决议，但是从此把赵云视为边缘人。

该抢的抢了，该拿的拿了，军费还是不足，怎么办呢？早年卖草鞋的经历培养了刘备的货币意识，在占领益州后不几天他就迫不及待地进行货币改革：为了繁荣益州经济，改用直百钱，原先通用的五铢钱作废，即日起开始用五铢钱兑换直百钱，过期不兑现，五铢钱变成废铜。

直百钱，多么简明的名字啊，就是一个直百钱相当于一百个五铢钱，但是一枚直百钱才有四铢重。益州的百姓背着一大袋五铢钱，换来一捧直百钱。以前买一身长袍的钱，现在一条短裤也买不了。益州人不明白钱是怎么蒸发掉的。一夜之间，益州人的财富都转移到了发行直百钱的刘备手里去了，这可是一笔绝好的买卖啊！手头一缺钱了，刘备就铸造直百钱，益州经受着前所未有的货币膨胀，以至于直百钱越来越不经花。刘备又铸造了直百五钱。直百钱直径有七分，重四铢，直百五钱直径一寸一分，重八铢，这就相当于百元大钞不值钱了，就印二百元大钞。

用棍棒抢劫百姓财富，那是强盗；用政府命令的方法抢劫百姓财富，那是国有化；用通货膨胀的方式抢劫百姓财富，那是货币政策。以兴复大汉的冠冕理由，刘备肆意抢掠着。

天府之国益州，诸葛亮口中民殷国富的益州经不住刘备的榨取，又赶上天旱，马上就出现了粮荒。刘备不想返富于民，而是继续挤压民生，颁布了禁酒令，这事儿曹操也做过。不过，刘备比曹操更狠，要是谁家有酿酒工具懒得销毁，对不起，罪同酿酒。不过，刘备很快就取消了这条混账律令，这还要感谢简雍。

不管是抢来的还是骗来的，奋斗了大半生，总算是有了自己的地盘，刘备心情不错。和很多成功人士一样，刘备也喜欢与少时的玩伴散步聊天。简雍，刘备儿时的伙伴，比关羽和张飞跟随刘备的时间还早还长。

这一天，刘备带着简雍外出游玩，看到路上有一对男女走在一起，刘备很得意地看着简雍，那意思是说：看，充满爱的益州。简雍却一脸凝重，说："这对狗男女想通奸，快把他们抓起来！刘备对简雍的混账逻辑很生气："你怎么知道！简雍说："他们身上都有行淫的工具，当然是要通奸了，这与家里有酿酒工具就是要酿酒一个道理。"刘备哈哈大笑，知道简雍这是在劝他，就赦免了家里有酿酒工具而没有酿酒的人。

家里藏有酿酒工具的人不治罪了,但是私自铸造农具的人仍然被治罪。麦子熟了,你打了一把镰刀去割,那可能被官府割头。刘备把铁业收归国有,不仅仅是兵器,就连农具也都得由官府统一冶铸,为此还设置了司金中郎将,第一任司金中郎将是一个叫张裔的人。向墙上钉枚铁钉也得经过官府审核批准,当然是为了渔利于民。刘备恨不得连空气都由他来分配。

刘备坐稳了益州,孙权和曹操坐不住了。

三　得陇可以望蜀吗

"狡猾的家伙！竟如此奸诈！"刘备夺取成都的消息传到东吴,孙权气疯了。

接下来的事情在《三国那些人那些事·吴卷》里都写了。和很多外交被动的国家一样,孙权先是企图在和平谈判的框架里解决问题,让刘备"还"荆州,但是刘备理所当然地拒绝了。孙权没办法,只得动用军事手段,在215年五月派人夺取荆州。刘备针锋相对,大约六月份带兵回到公安,准备同孙权决战。双方剑拔弩张,又一场大战即将爆发。

但是,刘备却突然让步了,把湘水以东的地盘划给孙权,双方和解,分治荆州,然后各自退兵。

刘备无奈让步,是因为曹操要进攻汉中,益州受到威胁,他必须回去。而孙权,没费一兵一卒,就得到荆州大片土地,也乐得见好就收。而且,孙权还有个大胆的想法:曹操正进攻汉中,何不趁此当口拿下合肥城？拿下合肥城,就能打开通往中原的大门了。和偏远的益州相比,中原才是孙权日思夜想的。

刘备占领益州,曹操也坐不住了。中线,孙权攻克皖城,曹操处于守势;东线,孙权突破不了合肥,曹操突破不了濡须坞,双方对峙;如果刘备在益州坐大,进取汉中,那么关中就无险可恃了。曹操不允许三线受敌的险境出现,准备趁刘备在益州立足未稳之际将问题解决了。214年十月,刘备踏入成都不足五个月,在他还忙着给张飞、诸葛亮们分金子的时候,曹操率军出发了,直指汉中张鲁,战略任务却是消灭刘备。这一路,曹操要跨越巍峨崎岖的秦岭,道路险绝遥远,山里还有未曾归附的土著武装力量。对61岁的曹操来说,这是一个严峻的考验。踩着秋的衰草,踏着冬的残雪,践踏着春的落红,黄莺一声尖利的啼鸣撕开夏的帷幕,眼看着又是一年芳草枯,一直到第二年的七月份,曹操总算是摸到了阳平关。

阳平关位于今陕西省勉县境内,是汉中的西大门,北靠秦岭,南依汉水,易守难攻,因此,当张鲁打算不战而降的时候,他的弟弟张卫却说要试试能否抵挡一番。于是,张鲁派张卫和杨昂率兵数万,在阳平关前横着修筑了十多里的石城,挡住了曹军前进的步伐。

张鲁军队占据地利,一夫当关,万夫莫开,曹军虽然军力占优,但是找不到丝毫突破的办法。

曹操要认输了,长叹一声说:"打了三十多年仗,还从来没有这样受制于人!"他决定撤兵了,下令夏侯惇和许褚到山上把军队喊回来。这仗不能打了,出征快一年了,粮食快吃光了,将士也都疲惫不堪,很难再坚持下去。

夏侯惇和许褚得令后组织撤退,集合好队伍,天就黑了。山里地势复杂,大家不认识路,再加上回家心切,头顶着星星,摸黑急急忙忙赶路,竟然误打误撞地闯进了敌营。

糟了,看来见不到明天的太阳了!曹军将士都惊出一身冷汗,都做好了誓死一搏的准备——反正是难逃死路了。可是,这时匪夷所思的一幕出现了,敌营一片混乱,士兵们哭着喊着四散奔逃。很快有人把这一情况汇报给夏侯惇和许褚,夏侯惇不信,许褚也不信。

夏侯惇和许褚亲自到阵前查看,只见敌人丢弃的盔甲武器到处都是,夏侯惇甚至还差点儿被路边的一只鞋子绊倒。许褚走进一座营帐里,把手伸进被子下一摸,嗯,还热乎呢。敌人全都跑光了,莫名其妙地跑光了!

很快,有俘虏交代,他们睡梦中被惊醒,看到曹军来了,以为是营寨被攻陷,所以就都逃命去了。

夏侯惇和许褚都用力掐自己胳臂,然后面面相觑:疼啊,看来不是做梦啊。可是,以这种方式获胜,鬼才信呢!

若干年后,当年出征的将士讲述这段英雄往事,提供了另外一个细节。退兵的那天深夜,有数千只野鹿可能是集体迁徙,冲进了张卫的军营,在营寨里直闯。士兵们被疼痛惊醒,一摸脸上,鼻子不见了——被野鹿踩下来了。平时谁也没练过和野鹿打仗,张卫营里一片混乱。这时,曹操部将高祚撤退途中正巧遇上奔逃的敌人,没有其他选择只有吹动号角,擂响战鼓,发动进攻。反正是黑夜,谁也看不见谁,先闹点动静再说。张卫这时才醒来,听到黑暗里传来号角声喊杀声,以为曹军主力杀过来了,就放弃了抵抗,跟在野鹿后边向曹军投降。

不管怎样,阳平关糊里糊涂地攻下来了。驻扎在南郑的张鲁一看屏障之险已经失去,更害怕那一千多只野鹿也跑来,也跟着投降了。

张鲁这枚钉子已经拔掉,是乘胜入蜀,割掉刘备的大耳朵,还是留军据守而大军引还,回邺城治疗老年头风症?

当时两位随征的丞相主簿司马懿和刘晔都主张入蜀。司马懿说:"刘备以欺骗获得益州,在近处,蜀人还未归附,在远处,与孙权争夺江陵,对我们来说,真是机不可失啊。现在这样扬威汉中,益州震动,若兵临益州,敌人势必分崩瓦解。"曹操沉吟不语,司马懿极力相劝:"圣人不能违时,也不可失时。"

刘晔跟上说:"现在攻克汉中,蜀人望风胆破,无心坚守,就这样前进,蜀地可传檄而定。"曹操默默摇头,刘晔又说:"刘备,是人中的豪杰,虽有计谋但是反应迟缓;他占领蜀地的日子很短,蜀人对他来说是靠不住的。现在我们攻克汉中,蜀人震恐,他们的势力自动倾颓。以您的英明,趁着他们势力倾颓而施加压力,没有不能攻克的。"可是,任凭他把嘴皮子磨破,曹操还是摇头,刘晔急了,说:"现在不攻取益州,日后必为后患!"

曹操沉默良久,然后望着前方险峻的山岭,说:"人苦无足,既得陇,复望蜀!"

一贯雷厉风行的曹操,此时为啥犹豫了呢?七天后,曹操就后悔了,有从益州投降过来的人说,曹操攻克汉中后,蜀中大乱,一天发生数十起惊变事件,守将虽然斩杀了闹事的人,但是也不能安定下来。曹操的眉毛一挑,问刘晔:"现在还可以发动进攻吗?"刘晔说:"蜀地今已初步安定,不能攻击了。"于是,曹操留下夏侯渊、张郃屯守汉中,亲率大军撤回。

曹操没有得陇望蜀,是对还是错?对这一问题,史家争论不休,难有定论。

正方观点:曹操是对的。

代表人物及其发言——

姜宸英(明代):先主(刘备)非张鲁之比,诸葛、关、张盖世人杰,岂肯束手受毙?

反方观点:曹操是错的。

代表人物及其发言——

裴松之(南宋):不用刘晔之计,以失席卷之会。

正方的观点不外乎有这么几点:第一,曹军远征,已成疲惫之师,如果曹军深入,蜀军扼险据守,会使曹军陷于进退两难之困境;第二,江东孙权和荆州关羽为后顾之忧,曹操七月攻取南郑,八月间孙权就率众十万包围合肥。

反方的观点不外乎有这么几点:第一,益州北部已经为曹操控制,刘备主力正远征荆州,在益州这个空间里,军事优势在曹军一方;第二,蜀中人心惶惶,惊变频繁,七日之后才初步安定,这七天时间,曹军足以打到成都;第三,蜀道虽难,但是曹操已经掌握阳平关,扼住了益州咽喉,完全可以沿嘉陵江谷地南进入蜀,后来张郃就是走这条线路,进入巴东、巴西二郡,一直打到宕渠,只是遇到张飞重兵才回来,而在曹操刚刚攻下汉中时,这一路尚无重兵把守;第四,后顾虽忧但不可怕,曹操出兵汉中前,就预料到孙权必定会进攻合肥,所以就给守将张辽等留下一道"贼至乃发"的手谕,事实上一切都在曹操掌控当中,孙权果真在合肥惨败而归。

正方和反方,都忽视了一点:只是在益州问题的框架内分析曹操的行为。其实,无论是谁,无论做什么,一个人首先面临的是人生问题。曹操当时已经62岁,再加上顽固的头风症的折磨,他追求的不再是宏伟的霸业,而是逍遥的仙境。这次出征,曹操在艰险的大散关写了《秋胡行》二首,表达了脱离俗世的心愿,其中有"坐磐石之上,弹五弦之琴"的句子,"经历昆仑山,到蓬莱。飘遥八极,与神人俱"更是明确表达了他出世羡仙的思想。这时的曹操大概只有一个想法:哥玩烦了,哥不玩了,不行吗?

其实,如果曹操拿出官渡之战、北伐乌桓、潼关大战的锐气来,冒险一搏,乘胜前进,攻入成都或未可知,那时刘备便无立足之地了,天下劲敌只剩孙权一人,那就好对付了,天下也许就会在曹操一人掌握中。但是,曹操毕竟没有前进,留下一个"得陇望蜀"这个被后人反复玩味的成语,心境萧索地回师,并在第二年,也就是216年,回到了邺城。

"此盖天以与我,时不可失也!"法正劝说刘备趁机夺取汉中。

四　几根胡子引发的血案

真的能进攻汉中吗?刘备拿不定主意,因为他知道自己这一辈子没打过什么胜仗,更未曾用光明正大的攻战夺取过一寸地盘。他只记得自己一次次地被曹操打得满地找牙,不止一次地丢下老婆孩子,自顾自逃命。

那就找个大师说说看吧。担任儒林校尉的周群是顶尖的星象大师,他最著名的业绩有两个:第一是建安十二年十月,他爬到屋顶上望了几眼星星,再爬下来就说荆州牧将要死了,而且连地盘也会丢失,结果,第二年秋天,刘表真的死了,而且荆州被曹操占领;第二是建安十七年二月,他爬到树上望了几眼星星,再爬下来就说西方那些霸主都将失去自己的地盘,第二年冬,曹操派人进攻凉州,很快就平定了凉州,再过一年,刘璋也失去了益州。凭借这两个业绩,周群声名鹊起。其实,观星只是为了渲染气氛,对天下局势有着清醒的判断才是真的。

"进兵汉中,能得到那里的土地,但是得不到那里的百姓。戒之!慎之!"周群给了刘备这样的答案。

刘备很生周大师的气。本来,他找来周群,根本不是为了要他拿主意,而是要他提供进攻汉中的依据。

咣当——张裕又一次把铜镜扔到地上。

周群是星象大师,张裕则是占卜大师。张裕虽然业绩不如周群突出,但是他的知名度比周群高,因为他曾经在酒场上讽刺不生胡须的刘备是"裸猪"。其实,大家都关注他,是都想看看刘备什么时候以什么理由让他死。两个人在酒场上打嘴官司时,刘备还是益州的客人,说穿了是刘璋请来的保安,要是张裕能够知道刘备今天能成为益州的统治者,就会在刘备讥笑他是"毛猪"时保持沉默了。这说明,张裕这个占卜大师浪得虚名而已。

也许他也知道刘备不会放过自己,所以每天早晨照镜子,端详一番后,就会神神叨叨地说自己必定会被处死,然后就崩溃了,最后把镜子摔在地上。幸亏那时人们用的是铜镜,经摔,要是玻璃镜子,估计他家的碎玻璃能运一大车了。

有的人热爱自己的事业胜过热爱生命,张大师就是这样一个人。他掰了一晚上手指,对刘备进攻汉中的想法得出了一个结论:不可争汉中,军必不利。明明知道刘备正找茬儿要他死,可是他要是不把研究成果发布出来,那比死了还痛苦。

结果可想而知,刘备听了他的研究成果连眼皮也不翻一下,但是心里对他又多了层疙瘩。张裕回家后,一不小心又搞出了一个成果:庚子年就会改朝换代,刘氏不再拥有江山,刘备得到益州,九年之后,在寅年和卯年之间就会失去。他知道这是反动学术成果,涉嫌颠覆国家,可还是忍不住悄悄地告诉了几个好朋友。结果,有好朋友为了讨好刘备,揭发了张裕。

先去打汉中吧,现在没空儿理这只"毛猪"。

接下来的事情在《三国那些人那些事·魏卷》和《三国那些人那些事·蜀卷》里已有详细描写,刘备顺利地夺取汉中,并且斩杀了曹操的连襟夏侯渊。

为胜利欢呼之后,刘备下了一道紧急命令:把扰乱军心的张裕杀了!这道命令一颁布,刘备感觉年轻了好几岁。这几年,这道命令憋在心里不能发出,就像便秘,让刘备时刻感到痛苦。

诸葛亮业余也搞搞占卜，因此他舍不得张裕死，关键是张裕罪不至死，他急忙给刘备上表，请求减免张裕的处罚。刘备在诸葛亮的奏表上批复了八个字："芳兰生门，不得不除"。兰固然芬芳，但是生在门口，出来进去碍事，还是要除掉的，这也是张裕的结局。张裕被除掉了，刘备尚不解恨，又把他的尸体摆在闹市中示众。

可是，刘备摆脱不了张裕和周群预言的命运。汉中虽然攻下来了，但是老百姓都被夏侯渊和张郃提前迁走，刘备又派人进攻人口密集的武都郡，结果派出去的人马全军覆没，一切正如周群所料。建安二十五年(219年)，庚子年，曹丕篡汉称帝；魏黄初四年，也就是223年，刘备得到益州第九年，他病死了，这一年是癸卯年，上一年是壬寅年，恰如张裕预言。有人说张裕预言的是寅卯之间刘备失去益州，而不是刘备死，这样说就是吹毛求疵了，刘备死，扶不起的刘阿斗即位，这和丢掉益州差不了太多。

其实，张裕和周群不是精通占卜，而是精通未来。刘备被野心蒙蔽了眼睛，看不清未来。

张裕是必须要死的，因为他没有给予统治者充分的尊重。要一个人死，不需要理由，只需要借口，这是能够穿越时空的治世宝典，作为一个王者，必须学会用这一宝典。

曹、孙、刘三家中最想称王的魏王曹操，更精通这一宝典。

五　权力的冲刺

人生的最后几年，也许是听到了死神的催促，曹操开始了权力追逐的冲刺。

212年，曹操获得"赞拜不名、入朝不趋、剑履上朝"的特权，见皇帝时可以不被传呼名字，不用小步快走，不用脱鞋解剑。大家都遵守的君臣礼仪在曹操身上不灵了。

213年，曹操被封为魏公。

214年，曹操杀掉伏皇后及其所生二子、宗族百余人。十几年前董承"衣带诏"事件泄露时，伏皇后给父亲伏完写了一封信，说了几句对曹操不满的话，209年伏完死了，现在这封信却神奇地到了曹操手上，于是，这封信引发了一场惊天惨案。

215年，献帝立曹操女儿曹节为皇后。

216年，五月二十五日，曹操自封为魏王，汉朝数百年没有异姓王的历史被改写。

217年，夏四月，天子命魏王设天子旌旗，出入称警跸，十月，天子命魏王冕有十二旒,乘金根车,驾六马,设五时副车。设天子旌旗,就是打天子的旗帜;称警跸,就是如天子一样,出入经过的地方戒严,断绝行人;冕有十二旒,"旒"是帽子前后的玉串,子、男的冠冕有五旒,侯、伯七旒,上公九旒,天子十二旒,曹操的帽子现在也是天子才有资格戴的那种有十二条玉串的帽子,至于"金根车""六马""五时副车"也都是天子之仪,曹操都坦然享有了。

　　侵犯别人而得到的东西最害怕失去,曹操呵护着自己的权力羽毛,不容别人有一点冒犯。可是,高处不胜寒,难免有人挑战他的权威,毕竟,权力不能让所有人屈服。对不服的人,曹操的解决办法很简单也很有效:杀。

　　曹操戴上王的冠冕后,朝野上下,各种庆贺的奏章雪花一样地飞到曹操面前。有一个叫杨训的小人物也准备随大流上一道这样的表。他很少有资格上表,所以很谨慎,写好表后提前找人看看。人家一看,感觉他用的褒义词太多,就讥笑他肉麻。

　　"把那道表拿来我看看!"崔琰说。崔琰现在是魏国的尚书,负责人事工作,杨训就是他推荐的,要是这人的奏表有问题,会给他丢脸的。

　　崔琰看了奏表,感觉问题没那么夸张,就给杨训写了一封信,信里有这么一句话:"省表,事佳耳!时乎时乎,会当有变时。"崔琰当时可能忙着工作,信写得很简略,在他和杨训的具体语境里,这话的意思很单纯,"省表"是说"看了你的奏表","事佳耳"是说"这也算是好事","时乎时乎"是说"时势啊时势啊","会当有变时"是说"应当有变化的时候",崔琰是说杨训的奏表符合主旋律,个别人不理解,那是因为对时势的变化没有看透。

　　杨训一看自己没问题,把心放回肚子里去,很快忘记了这事儿,崔琰的信被扔到了墙角。过了几天,杨训夜里去串门,找灯笼出门时,发现纸糊的灯笼破了,就从墙角随手捡起一张纸,糊在灯笼上,这本来是很家居的事情,但是这张纸恰恰是崔琰的来信,而且崔琰的题名露在了外面。而崔琰是魏国负责人事的尚书,得罪的人不少,于是事件就升级为官场风波。

　　杨训大摇大摆地打着灯笼上路,发现有人和他打招呼时格外亲热了一些,而且还站住聊了几句。他不知道,这人正是崔琰得罪的人,看到灯笼上有崔琰的名字,有意停下来,看看那些字是什么。

　　第二天,这人就找曹操汇报:崔琰这小子对魏国心怀不满。曹操要证据,那人就把"省表,事佳耳!时乎时乎,会当有变时"这句话搬了出来。

　　曹操大怒:"事佳耳! 事佳耳! 谚语说'生女耳',看来'耳'不是好耳!""耳"在文言文里确实有不以为意的"罢了"的意思,对自我权威保护过度的曹操以为崔琰是在讥笑他。

于是,崔琰被关进监狱,还被判处髡刑,剃光头发和胡须,在建筑工地做苦工。前面举报崔琰的那人又向曹操汇报,这时候崔琰走路还是直视前方,肯定是心怀不满。曹操烦了,那就让崔琰死吧。曹操派人到狱中向崔琰说:"你去死吧。"崔琰不相信曹操会让他这么不明不白地死去,以为曹操是逗他玩,他还为此开心了好几天。这一天,崔琰正在偷着乐,曹操的特使又来了:"大王说了,你一定要让他亲自动刀子吗?"崔琰这时才醒悟过来,身体颤抖一下,然后说:"我真是不知趣,不知道曹公原来是这个意思。"说完,崔琰自杀了。

崔琰就这样莫名其妙地死了,他的同事毛玠在办公室里为这件事发牢骚,很明显为此感到不满。曹操知道了,就也想让他死,让人去资料室翻了半天,终于找到一封蒙满灰尘的举报信。这封针对毛玠的举报信,说毛玠外出时看见有被处以黥刑的人,他的老婆孩子也被罚为官奴,毛玠不满地说:"让天不下雨的就是这些事啊!"当时曹操懒得理这类无限上纲上线的举报信,而现在他需要这封举报信,于是毛玠被关了起来,单等走完程序就上刑场受死。幸亏大家积极营救他,毛玠才免了一死,但是公职是没了。毛玠想不通,不久就病死在家中。

同样因为一句唠嗑的话就被曹操整死的人,还有曹操的老朋友、老部下娄圭。娄圭与一个叫习授的人同乘一车,看到曹操父子外出,习授艳羡地说:"父子如此,何其快意!"娄圭随口说:"人生在世,事情要自己做到,怎么能光看别人呢!"习授不再说话了,下了车就立即将娄圭的言语报告给曹操,野心家曹操认为娄圭这人太有野心,留着是祸害,就把他杀了。

说句话就丢命,那就闭上嘴,悄悄地睁大眼睛看,行吗?当然行,但是也有可能犯罪。曹氏父子喜欢文学,平时爱搞些采风笔会文学沙龙,集合一帮人吟诗作赋,其乐融融。因为刘桢的诗歌写得好,再加上是同龄人,曹丕就喜欢与他在一起,经常请他喝酒。这一次,酒宴开始前,曹丕突然想给大家一个惊喜,把老婆甄氏请出来见见大家。领导的老婆岂是想看就看的,大家按照礼节都低下头,可是刘桢也许是觉得与曹丕是哥们,也许是被甄氏的美貌征服,瞪着她看起来没完。甄氏离开后,曹丕和一帮文友尽情地嘲笑刘桢:没见过女人吗?曹操知道了这事儿,就把刘桢下狱判刑,刑满释放后,给他安排了一个最底层的小吏差事。

与孔融一样,崔琰和毛玠并没有什么罪行,只是他们有死的必要,因为杀了他们,曹操就能让天下人明确他的无上权威,而他也能体验主宰别人生死的快感。

也许,杀人对曹操来说只是一种释放压力的方式。多年患病的曹操,在生命最后的几年,时刻感觉到死神给他的压力,似乎死神在身后时时刻刻催促他走快一些。

"我无法战胜他了!"曹操时常这样感慨,"他"就是年轻的孙权。比他小六岁的刘备,比他小二十七岁的孙权,都是他的敌人,但是曹操认为刘备不可怕,孙权才可怕,因为孙权年轻得多。

无法战胜时光,留不住生命的脚步,这是曹操的悲剧。

第十二章 蜀道之难

第十三章 英雄谢幕

◎死后只能占用一座贫瘠土地的陵园，为何还要抢他人那么多地盘？明明知道自己带不走这么大的江山，为何最后还要争夺汉中？跋涉太久，忘记了出发的目的，曹操已经走不出他为之生也要为之死的霸局了。

◎把鱼复改名为永安，遗诏里不提军国大事，只说安身立命之本，教导儿子事诸葛亮为父，刘备托孤前的一系列行为，透露出一个信号：他不希望儿子的人生在霸业里沦陷。人往往在生命的最后时刻才能参透生命。

◎让我们变得强大的，是更加强大的敌人。没有了曹操与刘备，孙权也渐渐地变得平庸，虽有诸葛亮和司马懿的精彩客串，但是天下大势确定之后，历史也没有了太多光彩。

一 佛罗里达效应下的曹操

其实,孙权身上最让曹操感到恐惧的倒不是年轻,而是结盟的手段。这个碧眼紫髯、上身长下身短的年轻人,总是能找到同盟者。赤壁之战,孙权要是不拉上刘备,也许曹操会在瘟疫和东南风到来之前就上岸了,此生最大的失败就会避免了;赤壁之战以后,孙权要是不对刘备又是送妹子又是送地盘,也许刘备就没有力量在襄樊一线阻挡曹军了。让曹操感到不适的是,天下大局似乎掌握在孙权手中,他时常感慨:"人们都说天下三分,可是孙周旋于曹、刘家两家之间,谁也离不开他。"一会儿用刘备打曹操,一会儿用曹操打刘备,孙权的确就是那个玩转三国的人。

论打仗,孙权没有多大本事,三国历史上军事指挥者的最大耻辱就是他创下的。215年,曹操进攻汉中的时候,孙权以为机不可失,就率众十万包围了合肥,随征的有吕蒙、甘宁、凌统、蒋钦、陈武、贺齐等江东名将,而当时合肥只有七千守军和三位守将:张辽、李典、乐进。可是,孙权握着一大把好牌,就是打不出去,围城十余天,非但没有攻克,反而是张辽率领八百猛士冲击吴军阵营来去自如,当时孙权吓得跑到一座高坟上,一动也不敢动。孙权最后无奈撤退,路上还差点儿被张辽活捉。

擅长军事的曹操,想用军事手段尽快解决江东问题。216年二月,曹操从汉中回到邺城,五月晋封为魏王,十月再次远征孙权,次年正月到达居巢,距离濡须口还有一二百里的路程,这时军中爆发瘟疫,为袁绍写檄文骂曹操祖宗三代的陈琳死了,因为多看了几眼曹操儿媳妇就被关进监狱的刘桢也死了。有了赤壁之战的教训,曹操在居巢陷于纠结之中:前进还是撤退?孙权帮他回答了这个问题:撤吧。

曹操居然听了孙权的,因为孙权派都尉徐详请降来了。曹操明白,孙权这个没有立场只有利益的小子,这次前来修好,是在为与刘备翻脸之后找后路了。曹操暗想:看来孙权和刘备在荆州要大战一场了!这时刘备已经进入益州,既侵犯了孙权的利益,也对曹操构成了威胁。赤壁之战之后你死我掐的曹、孙两家居然都把刘备看成了敌人,找到了利益共同点,达成了休战协议。这份协议管用了三四年,一直到曹操病逝,双方没有实质性的军事冲突。没有永远的朋友,没有永远的敌人,只有永远的利益,这就是不死的竞争法则。

与孙权结成了友好关系,曹操就可以集中精力对付刘备了。218年七月,64岁的曹操,顶着炎炎烈日,拖着病老之躯,远赴千里,再征汉中,增援夏侯渊。也许是感觉到死亡临近了,出发前他留下遗言,安排好了自己的后事。

他在遗言里首先为自己选好了死后的栖身之地,他效法古人,葬身之地选择贫瘠的土地,要求规划西门豹祠西边的高地作为陵园,利用地形的自然高度作为墓基,墓穴上面不堆土,不种树。

死后只能占用一座贫瘠土地的陵园,为何还要抢他人那么多地盘?明明知道自己带不走这么大的江山,为何最后还要争夺汉中?跋涉太久,忘记了出发的目的,曹操已经走不出他为之生也要为之死的霸局了。

这一刻,他最害怕的居然不是失去江山,而是寂寞。他在遗言里接着写道:"《周礼》上说了,冢人负责管理贵族的公墓,诸侯死后埋葬在左右两边的前面,卿大夫埋在后面。汉代制度称之为陪陵。凡公卿大夫和将领们有功劳的,死后应当在我的陵园陪葬,要加大陵园面积,以足以容纳陪葬者。"也许,曹操不是寂寞,而是恐惧,那么多因他而死的人:袁绍、袁术、吕布、张邈、马腾、毛玠、荀彧、孔融、崔琰、边让……他要人陪葬,是没有勇气独自面对这些人吧。

因此,这次出征他一路上心事不定,走得特别慢。七月出征,九月才到长安,然后停兵不前,犹豫了半年之久,直至第二年正月定军山沦陷,夏侯渊阵亡,他才进军汉中。那滞兵不前的半年时间里,曹操在做什么?历史学家们说是曹操被其他事情牵扯了步伐:北方代郡乌桓反叛,宛城侯音造反。可是,这两起叛乱事件还不足以让曹操贻误汉中战机。从那道遗嘱来看,曹操开始安排后事,对死亡产生了敬畏之心,对自己拼杀一生所从事的事业产生了怀疑。这,才是曹操迟迟不愿走到前线的原因。

这里说一个心理学术语:佛罗里达效应。美国南部的佛罗里达州气候温暖宜人,所以有很多老人会像候鸟一样,选择在严寒的冬季来这里生活,该州形成了很多"老人街区",被称为"老年天堂"。心理学家 John Bargh 在纽约大学做了一个实验,让学生从包含"佛罗里达"的一组单词中选择 4 个组成句子,有的学生选择"佛罗里达""健忘""秃顶""灰白""满脸皱纹"这类词语造句,造句任务完成后,学生又被叫到大厅另一头的办公室里去参加另外一个实验。其实,从大厅的一头走到另一头,才是这项实验的核心。研究者悄悄测量了他们所用的时间,正如 John Bargh 所料,那些以佛罗里达为主题造句的年轻人比其他人走得要慢很多。这个实验得出了"佛罗里达效应":一些概念、事件、想法具有涟漪效应,能够启动与之相关的信息,从而催生自觉行为。

出征前曹操写好了遗嘱,里面有"死""坟墓""埋葬"这些意思的词语,他还会像以往那样锐意进取吗?他在长安滞留的那半年,也许正是受制于佛罗里达效应。

二　鸡肋的味道

一些东西是无法逃避的,曹操还是在三月走出了褒斜道,来到了汉中。可是,曹操已经没有了以前的竞争兴趣。喜欢冒险的曹操,这次担心被刘备截击,先以先遣部队抢占要害之处,然后大军再试探着前进。

"曹操虽来,无能为也,我必有汉川矣。"刘备豪气冲天地对将领们说。自从定军山斩杀夏侯渊之后,他接触最多的词语,就是"定军山大捷""胜利""夺取""进攻"之类,在佛罗里达效应下,他变得斗志昂扬起来。

曹操与刘备相持一个多月,军士死了不少,逃了不少,却找不到任何破敌之计。曹操龟缩不战,刘备却憋了一身的劲没处使。与曹操打了大半辈子,总是处于下风,刘备想不到老了老了,却能压着曹操打,那个高兴劲儿,别提了。

曹阿瞒,是骡子是马拉出来遛遛啊!刘备屯兵于山上,派养子刘封下来挑战。曹操一生挑战别人,何曾如此窝囊。他大怒,破口大骂:"一个卖草鞋的小儿,居然用养子抗拒你家主人。待我唤我家黄须儿来收拾你!"曹操曾经救过刘备,把他视为自己的臣属。"黄须儿"是曹操的儿子曹彰,他的胡须是黄色的,曹操称他为"黄须儿"。

曹操有 25 个儿子,其中曹丕和曹植爱好文学,他们的弟弟曹彰却臂力过人、武功非凡,自小就立志为将,曹操每次出征,他总是闹着随征,曹操不希望儿子像他一样打打杀杀,就责备他说:"你不喜欢读书,不学习圣道,而喜欢乘着汗马击剑,这是匹夫的本事，有什么了不起的！"他给曹彰布置作业，要求读多少页诗书，读不完不能吃饭睡觉。曹彰却对身边的人说："大丈夫一定要做卫青、霍去病那样的大将，率十万猛骑驰骋沙漠，驱杀戎狄，立功建号，又怎么能做一个读书人呢？"曹操召开家庭会议，问儿子们的爱好是什么，曹彰说："我喜欢做大将。"曹操说："怎么做大将？"曹彰回答说："披坚执锐，临难不顾，为士卒先；赏必行，罚必信。"曹操哈哈大笑。曹操是个开明的家长，没有逼着黄须儿像曹丕、曹植一样读书作诗，而是让他在战场上长大。就在去年，曹彰独自带兵平定了乌桓叛乱，威震天下。和刘备相比，曹操对儿子的培养更科学。刘备只有一个儿子刘禅，捧在手里怕飞了，含在口里怕化了，更不敢让他去战场上去锻炼一下，现在刘禅十三岁了，还让一大群侍女侍奉着，过着安逸的二世祖生活。而早在197年，曹操征伐张绣，就带去了曹昂和曹丕，曹昂年龄不详，但据推算最多二十岁出头，而曹丕那一年才十一岁。曹昂虽然死在了战场上，但是经常上战场的曹丕和曹植成了文武全才。

　　有本事的儿子太多也是麻烦事儿。到底是让曹丕还是曹植做太子，曹操摇摆了很长时间，曹丕和曹植各有拥趸，明争暗斗，曹彰甚至也想搅和进去。阴谋与排挤、打击与陷害抹杀了骨肉之情，曹操一度为之苦恼。就在去年十月份，感觉到死神来临的曹操终于下定了决心，远在长安的他给邺城发去一道命令：立曹丕为太子。现在，曹操打算替曹丕将来继位扫清障碍，除掉先前那些拥护曹植的人。这次出征的大军里，就有一人是铁杆曹植派，在曹植争夺太子之位时出了不少力。这人就是前太尉杨彪的儿子杨修，一个很聪明的人。

　　曹彰得到父亲的命令，从邺城出发，昼夜兼道，恨不得插上翅膀飞到汉中。可是，等他赶到长安的时候，却看到曹操正在等着他。回去吧，不打了，曹操说。

　　虽然给曹彰发去了急援令，但是曹操还是犹豫了。欲进不能，欲还可惜，纠结之中，曹操决定放弃了，打算退兵。他刚拿定主意，还未下令，就有属官来问今夜军营的通行口令，曹操脱口而出："鸡肋！"

　　鸡肋？为啥不是鸡大腿鸡翅膀鸡爪子？属官对这个非主流军事口令困惑不解，但还是传达了下去。担任丞相主簿的杨修一听到"鸡肋"口令，急忙打点好行李，背起来就向外走，大家把他拉住："夜游啊？"杨修说："鸡肋，弃之可惜，食之无肉，大王这是用鸡肋比喻汉中，大王这是想撤兵了。"

　　大家虽然觉得杨修说得太对了，但是如山军令岂能用比喻句？很快有人去问曹操，曹操大怒，下令："杨修扰乱军心，杀！"杀杨修，是在曹操口边等了很久的一个命令，只不过是现在顺口说了出来而已。

三　又一个王者

杨修死了,可是他的分析是完全符合曹操心理的。五月份,曹操下令全线撤退,完全放弃了汉中。

抛开了孙权,打退了曹操,拥有了一块独立的地盘,草鞋摊主刘备可以尝尝称王的滋味了。

"臣等辄依旧典,封备汉中王,拜大司马,董齐六军,纠合同盟,扫灭凶逆……"

马超、许靖、诸葛亮、关羽、张飞等120人上表要求封拜刘备为汉中王。值得注意的是,既已封王,为何还要拜大司马?这是因为王不能擅离国境,不能擅自对外用兵,但是大司马就可以想征伐谁就可以征伐谁。这封代表"民意"的奏表当然是给献帝的,但是献帝是不可能收到的,即使侥幸收到,也不会批准。对献帝来说,刘备为王和曹操为王都一样,反正他在谁手里都是傀儡。这封奏表把谎话说得理直气壮:"纠合同盟",谁是同盟?"扫灭凶逆",当然孙权和曹操是凶逆,可是他们二人为什么是"凶逆"?难道和刘备争夺天下就是"凶逆"?

刘备也没打算让皇帝批准这道奏表,直接做起了汉中王。七月,刘备在沔阳设坛场,陈兵列众,群臣陪位,登上王位。既然得不到皇帝的祝福,那就把120人的奏表宣读一遍吧,这样刘备的王位就是合法的了。

伟大的汉中王!

汉中王万岁万万岁!

拜王仪式结束后,刘备回到成都。巴蜀之地,从成都到白水关,新修建了标准化的馆舍和亭障,都是为奉迎新汉中王而建设的奉迎据点,足足有四百多个。刘备曾经颁布禁酒令,规定家里藏有酿酒器具就被判罪,说是为了节约粮食。而刘备为了品尝做王的滋味,又消耗了多少社会资源呢?这也很正常,刘备拼杀一生,不就是为了以天下供养一己吗?

为了强调自己是为天下才称王,刘备给献帝写了一封信。

"臣以具臣之才,荷上将之任,董督三军,奉辞于外,不得扫除寇难,靖匡王室。"刘备说自己一直是奉皇帝命令在外面扫除贼寇,可是,献帝什么时候给他的圣谕呢?"衣带诏"事件中,献帝倒是真的要他参与刺杀曹操的行动,但是他第一个吓跑了。

"群僚见逼,迫臣以义。"刘备说自己做王,纯是部下们逼迫的。在天下人面前说假话,刘备丝毫不觉难堪。

然后,刘备提出做王之后的工作任务是"扑讨凶逆,以宁社稷"。一个搅乱社稷的野心家,掀起一场又一场战争,荼毒万民,却说自己的使命是"以宁社稷",这可真是弥天大谎。中国政治家们的最大品格缺陷,就是给卑劣的私心戴上公义的冠冕。

刘备显然不满足于做汉中王,他把目光投向中原。他称王后,关羽立即率军进攻樊城。攻下樊城,就可以直逼南阳,就可以渗透进中原了。

可是,刘备沉浸在称王的喜悦里,又担心关羽坐大难以驾驭,既考虑不到关羽面临的风险,又不给他增派援军,甚至连调动荆州所有兵力的权力都没给关羽。关羽久久攻不下樊城,而曹操派来的援兵却赶到了。

这时,孙权给曹操写信,请求讨伐关羽,为曹操效劳。曹操知道孙权是为夺取关羽镇守的荆州而效劳,可是,曹操顾不上这么多,只要是孙权对关羽背后下手,解除樊城之围,就可以与孙权结为盟友。曹操给孙权回信:"扫平关羽之后,江南之地尽封与你。"封不封,是以后再说的事情,现在让孙权积极地进攻关羽才是最关键的。

有人担心地问曹操:"到时孙权真的讨要江南怎么办?"曹操说:"那就要看看碧眼儿能否争得过大耳贼了。"无论孙权胜败,反正都会得罪刘备,那时双方就会在江南打起来,这才是曹操最期待的。

建安十二月,关羽在麦城被吴军擒获,然后被斩,孙权集团占领了荆州。

战后,曹操对孙权进行"表彰",以朝廷名义封孙权为骠骑将军,假节,领荆州牧,南昌侯。孙权上一次得到朝廷封拜,还是在十九年前,那时曹操陷身于官渡之战,急于安抚孙权。

"孙权的确是有功。可是,对他的封拜似乎太重了一些。"有人质疑。

"孙权的封赏,是靠杀了关羽换来的。只有这样极力奖励他,才会激怒刘备。"有人看到了曹操的深意。

"哦,原来是为了让吴蜀双方打得更猛烈一些啊。封赏原来就是陷害啊。"这人说完,打了一个冷战,似乎很难相信世上竟有如此阴险的设计。

四 消失在红尘里

"微臣奉骠骑将军之名,特来向大王致敬!"东吴派来的校尉梁寓恭恭敬敬地问候曹操。孙权知道刘备很快就会进攻荆州,现在当务之急是稳固与曹操的友好关系,这样可以避免陷于两面受敌的窘境。孙权的厉害之处就是关键时刻能做孙子,上书对曹操称臣,还劝说曹操做皇帝。

真的可以做皇帝吗?魏国的人也在怂恿曹操。大家的心情可以理解,曹操做了皇帝,最起码是要派红包的。

曹操叹口气,说:"若天命在吾,吾为周文王矣!"

周文王生前未能灭商,其子武王抱着他的牌位伐纣,终将殷商灭掉而代之。曹操的意思是说,如果上天真让他做皇帝,那就让他儿子做吧。

大家摸不透他为何这么说,但是只有曹操知道——他快要死了。曹操一边查看着新送来的四只箱子,一边念叨:"儿子将要继承一切,一切就让他来做吧。"眼前的这四只箱子,上面分别写着春、夏、秋、冬,里面装着相应季节的衣服——曹操为自己准备的送终衣服。

为什么要让儿子来做呢?攀登到山顶的刹那,头脑中最先浮现的情景往往是登山的第一步;走到生命的尽头,往往想起生命开始的样子。曹操清晰地记得自己最初的志向真的只是拯救天下,真的只是匡扶皇室,真的,真的,曹操确信自己的一开始只想做一个英雄。死亡唤起了他对英雄梦想的怀念,绝无代汉之心的宣言,对天下人说了那么多次,他清楚地记得这样说时的庄严感和崇高感。

以前疯狂地向往,现在淡定地怀旧。十月份,在关羽围困樊城的时候,曹操从长安回到了洛阳。洛阳,我回来了!曹操差点儿流泪,在看到破败的洛阳北部尉的官署时。他的事业就是在这里起步的,回想着带人持着五色大棒夜巡时的月色和星光,曹操似乎回到了20岁的时候。现在,这个65岁的老人下令:"修缮北部尉廨,规模和气派要超过45年前。"

关羽被杀的消息传来后,曹操率军到摩陂劳师,第二年正月,他回到洛阳,病倒了。

一天半夜里,曹操从病痛中醒来,感觉自己要离开人世了,但是第二天他喝了一小碗粥,出了汗,又服了当归汤,感觉好了一些,就留下了最后的遗嘱,对如何埋葬自己做了要求:因为有头疼病,很早就自己先戴上了头巾,死了也不要再换了;死后穿的礼服如同活着时一样就行了，不要另办寿衣；用那四箱时服做送葬衣服，不要陪葬金银珍宝。

也许，死亡的可怕之处正是另一个世界的寂寞，曹操也害怕死了以后寂寞，就在这道遗嘱里提了一个要求：原先培养的婢妾和歌伎都很勤苦，要把她们安置在铜雀台，善待她们，在铜雀台的正堂上安放一个六尺长的床，挂上灵幔。早晚供上肉干、干饭之类的祭物，每月初一、十五两天，从早上到中午就向着灵帐歌舞。曹操还希望大家经常登上铜雀台，眺望他安息的西陵墓田。说点后话，他死后，曹丕倒是时常来铜雀台，但不是为了眺望父亲的坟墓，而是为了和曹操留下的女人们上床。

最后时刻，曹操没忘记安排自己的夫人们，遗嘱中要求将剩下的熏香分给各位夫人，不要用来祭祀，各房的人没事可做，可以学着编织丝带和做鞋子卖。

纵横天下的曹操，这位叱咤风云的霸主，离开时却回到了红尘里。

五 一个新皇帝

正月二十三日，曹操去世，终年66岁。二月二十日，曹操被埋葬在邺城西的高陵，他的遗嘱得到完全的尊重。可是，盖棺未能定论，关于曹操是奸雄还是英雄的争论至今未停。

曹操可以安息了，刘备和孙权还得继续战斗。

"这可真是一个苦差事！"从益州来的韩冉先生坐在上庸郡的官寓里，长吁短叹，似乎怀里那封问候信里提到的死者不是曹操而是他。他是刘备的属官，揣着刘备的问候信，押送着吊礼蜀锦，被派去洛阳承担吊唁任务。人品的煎熬让他难以承受。就在半年前，刘备称王，给献帝上表，宣称："曹操阶祸，窃执天衡；皇后太子，鸩杀见害，剥乱天下，残毁民物。"在刘备口中，曹操一直是天下第一大恶人，他这么与曹操对抗，是为朝廷为天下为苍生，而在"国贼"曹操去世之际，刘备非但不拍手称快，反而派韩冉带着礼物去哀悼。刘备的人品啊，真让人难堪！韩冉觉得自己不是那种对人品毫不在乎的人，就不好意思亲自去洛阳，于是到了上庸就恰到好处地"生病"了，不再前进，只是打发人去洛阳把吊问信和蜀锦送到洛阳去。成都，刘备这样为自己辩解："我这是为了讨伐国贼孙权。"说这话的时候，刘备似乎忘记了赤壁之战时曾联合孙权抵抗国贼曹操，反正他联合谁，谁就不是国贼，他攻击谁，谁就是国贼。

可是，刚刚继承魏王位子的曹丕年轻气盛，在他眼里，刘备才是"国贼"，而现在刘备在信里居然与曹丕平起平坐，甚至还端起汉中王的架子。曹丕让人把这封信收起来："这是刘备谋逆的罪证。"也有史料说曹丕让荆州刺史斩了韩冉，但是根据可信的史料，韩冉在上庸没等来曹丕回复，却等来了曹丕称帝的消息，他就马上派人报告刘备。

曹丕称帝是水到渠成的事情，曹操种了果实，曹丕伸伸手摘了下来，不，是果实自动地落到了曹丕手里。曹操在正月去世，十月初四日，曹丕突然来到许都南面的曲蠡，这个地方是天子犒劳出征将士的地方，曹操活着的时候，每次出征南方，献帝派出的使者都会在这里慰问曹操。现在曹丕并非出征，也非天子，按说是没有资格来这里的，但是他很快就有资格了，曹丕一到曲蠡，汉献帝就突然召集公卿百官，宣布要让位于新的魏王，然后派御史大夫张音把皇帝的印绶交给曹丕。其实，"让位"是呵护双方脸面的说法，汉献帝早就一无所有，没有什么可"让"的，但是曹丕却需要他"让"，否则他就会留下"废帝"的恶名。十月底，曲蠡的居民议论纷纷："一定要有大事发生了。"繁阳亭新建了一个坛场，而且魏王曹丕来到这里，一辆辆华丽高大的马车占满了街道，一个个威严十足的官员从车上走下来。曲蠡的百姓惊讶于朝廷竟然有这么多官员的同时，也猜想在他们这里肯定要有大事发生呢。二十八日，大事发生了，曹丕登上坛场，即皇帝位，建国号魏，改年号黄初，大赦天下。盼了这么些天，没看到新鲜东西，曲蠡人很失望，曹家人早就是皇帝了，有什么好玩的，再说谁做皇帝，老百姓还是老百姓啊。

奉别人做皇帝，怎能比得上自己做皇帝？刘备打消了讨好曹丕的念头，开始策划自己称帝。刘备暗暗感激曹丕，因为如果不是曹丕把汉献帝赶下台，他还真不好找称帝的理由。称汉中王时，找了120人"劝进"，现在要做皇帝了，该找多少人呢？最后有800多人"劝进"，列举刘备是天下唯一真命天子的一条又一条理由。大家做好了即位大典的所有准备，与博士许慈、议郎孟光已经安排好了程序，单等选择良辰吉日，让刘备称帝。曹丕走的是让汉献帝"让位"这一条路，刘备只能走"万民拥戴"这条路。

假的！人群里还是有人大喊。

益州前部司马费诗上疏说："殿下因为曹操父子逼主篡位，所以滞留在万里之外，集合兵力，将要讨贼。现在大敌未克，却自立为帝，恐怕人们会感到疑惑。过去高祖（刘邦）与楚国约定，先攻破秦国的称王。等到攻打到咸阳，俘获了子婴，还推让王位。况且现在殿下未出门庭，未曾为国立功，便想自立为帝，我认为殿下是不对的。"

尚书令刘巴说："在益州称帝统治天下，那天下也太小了一点，称帝的事儿先缓缓吧。"主簿雍茂赞同他的看法，说："没打下天下，就要做皇帝，也太心急了。"他们二人一商量,结伴去劝谏刘备。

听完刘巴和雍茂的唠叨,刘备双手一摊,一脸无辜,说:"我哪里是想做什么皇帝啊,是那些看清形势又了解我的人,非要我做皇帝不可!"

刘巴和雍茂走远了,刘备的脸色阴沉下来,对身边的人下令:"我听说雍茂在那件事上违法了。"不记得雍茂哪件事违法啊,身边的人摸不着头脑,刘备生气了,斥责说:"莫非你是他的同伙,要包庇他吗?"身边的人一惊,明白了,急忙跪下,连声说:"陛下圣明……陛下圣明……雍茂是犯法了,卑职这就去处理。"

虽然刘备还未称帝,但是听到有人喊他"陛下",却从来不反对。

那人回去,想破脑袋,终于为雍茂找到了一个罪名,然后从重从快斩了。

雍茂的鲜血洗亮了刘巴的眼睛,他看到刘备正在大踏步走上九五之尊,谁也无法阻挡。刘巴还想多活几年,所以,当诸葛亮这些人来找他起草登基时的祭天诰文时,他鸡啄米似的点头:"能为陛下登基效力,三生有幸!三生有幸!"只能是三生有幸,否则就一命呜呼。

可是,刘备这时却还在"坚持",大声嚷嚷:"我说过只是扫平国贼,不能称尊号的!"诸葛亮很配合,劝他说:"现在曹氏篡汉,天下无主,大王您是刘氏后人,现在即帝位是最合适的。"刘备"无奈",只得答应了。

刘备这一套,是曹操和曹丕父子玩剩下的。反复劝进,反复推让,三让而后就,就是为了扩大舆论,让天下人都明白他们不是名利客。可是,天下人什么不明白啊!

曹丕称帝后半年,221年四月初六,成都武担山的南面举行了一场新皇帝登基仪式,刘备坐在龙椅上,接受臣民跪拜。

一只无辜的黑色公牛被宰杀,被打扮成牺牲,摆在祭台上,刘巴宣读祭天诰文,祈祷天神只保佑汉家。曹丕称帝是篡位,刘备称帝是继承汉朝大统。可是,为了与真正的汉朝区分,人们习惯上把刘备的汉朝称为"蜀汉"。

六 屈辱的王冠

曹丕受禅,刘备称帝,孙权也不想落后,他找来占星师,看看江东有无帝王星气。占星师的职责是根据孙权的意思得出相应的结论,有帝王星气或者没有帝王星气。最后,占星师得出的结论是有帝王星气,但是位次尚少,据此可以推出孙权此时的心理:可以称帝，但是时机未到。所谓时机未到，是他料到与蜀汉有一场不能避免的恶战。

骨子里是老子，但是关键时刻能做孙子，孙权的这一性格优势，是曹丕和刘备无法比的。为了避免与刘备打起来时，受到曹丕的夹击，孙权在曹丕称帝前三个月，就派人去洛阳送礼表明友好。

孙权担心的事情还是发生了，221年七月，刘备称帝刚刚三个月，就率领四万人东征。孙权得到了荆州，当然是想维持现状，不想开战，就想和平解决问题，他让诸葛瑾写信给刘备说："陛下请想，关羽与您的关系虽然亲近，但比得上先帝吗？荆州的大小比得上天下吗？都是应该仇恨的，谁先谁后？"这封代表孙权意思的信，称呼刘备为陛下，讨好对方，又要刘备认识到曹丕才是他首先应该对付的敌人。

杀了我的兄弟，夺了我的荆州，却在这里花言巧语，可恶！老辣的刘备当然不会上孙权的当，继续挥师东进。

好吧，那就打呗！孙权一面部署作战，一面派人去洛阳进贡。

"怎么办呢？"曹丕欣赏完孙权的奏章，征求侍中刘晔的意见。

"孙权无故求降，必定是自身危急。孙权先前袭杀关羽，刘备必定大力讨伐他。他外有强寇，众心不安，又恐中原乘虚进攻，所以才会求降。天下三分，我们占了十分之八，吴、蜀各保一州，现在他们相互攻击，这是上天要让他们灭亡，"刘晔提出建议，"我们应该出动大军，渡江袭击孙权，蜀攻其外，我袭其内，不出半月二十天，吴就灭亡了。吴亡则蜀孤，如果我们占领吴的一半，蜀也不能久存。"

如果曹丕听刘晔的，也许三国历史就这样提前结束了。可是善于做孙子的孙权，求降信写得无比诚恳卑微，打动了曹丕。曹丕对刘晔说："他要投降称臣我却讨伐他，会让天下想降的人猜疑，不如暂且接受吴降而袭蜀后。"

必须得承认，有时做孙子能哄来更多糖果。八月十九日，曹丕策命孙权为吴王，同时让孙权以大将军的身份都督交州，领荆州牧。

曹丕要授，孙权要受，你情我愿，本是一件很好的事情，但是彼此的阵营里却都反对。

刘晔说："接受他投降是不得已的事情，也就罢了。可是万万不可让他为王啊！王，距离天子只有一步啊！"

孙权群臣则认为吴和魏是对等的，接受魏封是耻辱，可是考虑到孙权称帝的时机还不成熟，就说提议孙权自称"上将军九州伯"。"上将军"所有将军之上军职，"伯"是诸侯联盟，那"九州伯"就是天下九州的领头人，相当于天子呢。

"九州伯，从古至今没听说过这个封号啊。"孙权可不想为了一个捏造出来的封号激怒曹丕,说:"过去沛公(刘邦)也曾经被项羽拜为汉王,这只不过是形势需要罢了,有什么大不了的?"

孙权要做孙子,他的部下们却不甘心。十一月,曹魏使者邢贞来到吴的都城,他的使命是主持拜吴王的仪式。都亭,孙权率领群臣恭立一侧,迎接着缓缓驶来的曹魏车队。邢贞从车窗里打量着东吴君臣,傲慢地想:哈,这些人都要由我册封。车子到了门口,他并不下车,等着孙权过来把他扶下去。可是,孙权没过来,一个须发花白的老头挺头昂胸走到车前,对刑贞说:"礼节没有不重视的,法条没有不遵行的。你这么妄自尊大,难道是因为江南人少兵弱,连方寸之刃也没有吗?"邢贞一看老头那么有派头,不敢直视他,就向一侧望去。这一望,让他惊心动魄,东吴大将的行列里,有一人泪流满面,对周围的同僚说:"我等不能奋身拼命,不能统一国家,而让我们的君主与魏结盟,真是耻辱啊!"

很快,邢贞就知道,那发飙的老头叫张昭,流泪的大将叫徐盛。邢贞怀疑这次出使的意义,对部下说:"江东将相如此,非久处人下者。"

邢贞回去后,对曹丕说出了自己的担心。曹丕说:"那就让他送儿子来为人质。"于是,十二月,一纸诏书送到江东,封孙权长子孙登为万户侯,但是要他入京受封。孙权毫不客气地推辞了。

曹丕没办法,又想了一招,派人来江东,索取贡品。曹丕提前准备了一个物品名录:雀头香、大贝、明珠、象牙、犀牛角、玳瑁、孔雀、翡翠、斗鸭、长鸣鸡……全是些珍贵稀缺东西。这不是难为人吗?群臣都很恼火,大家说:"荆扬二州,进贡有常例,魏国所要的都是珍玩之物,不合乎礼节,不给!"

"他所要求的,对我来说不过是瓦石,我为什么吝惜呢?"孙权说,"他还在守丧期间,却索取这些玩乐的东西,怎么可以与他谈礼呢?"按照礼仪曹丕应该守丧三年,期间禁绝娱乐宴饮,可是曹丕却不管这一套。

孙权低调再低调,稳住了曹丕,从而得以专力对付刘备。

七　红尘劫

夺取益州,攻破汉中,称王,称帝,这几年顺风顺水,刘备自我感觉很好,以为此次东征万无一失。正所谓希望有多大,失望就有多大。巅峰的开局,谷底的结局。221年七月昂然出征,222年六月仓皇溃败,从一个丰硕的秋季,到一个躁动的夏季,刘备从此堕入万劫不复的深渊。刘备遁逃到白帝停了下来,东吴人也不再追了,因为他们要回去防备曹丕的袭击。这场战争在《三国那些人那些事·吴卷》里写了,这里不再赘述。

刘备找到了这次惨败的原因,那就是不该把指挥所安在鱼复县。白帝城是鱼复县的治所,刘备就是在这里发动进攻的。鱼复,鱼腹,葬身鱼腹,多不吉利啊!刘备下令将鱼复改名为永安,并把自己居住的宫殿命名为永安宫。这个改名透露出刘备的理想发生了改变:永安,永远安宁,这才是人生最需要的,什么霸业,什么胜败,全是浮云。四十多年以后,刘备亲手建立的蜀汉,六十三年后被曹魏所灭,刘禅投降,乐不思蜀,被人耻笑,可是他被封为安乐公,在安宁中寿终正寝,也许正符合了父亲对他的期望。

从江上吹来的风是那么的冷,又一个冬天来临了,刘备也走到了生命的冬天,十一月,刘备染疾在身,一开始只是下痢,后来加了很多并发症,终于不能自振,只能躺在床上发号施令。在他身边侍奉的是太子刘禅。

"传令江东使者郑泉进见!"

十月间,达到战略目的的孙权,派大中大夫郑泉到白帝见刘备,请求恢复友好关系。和曹操在最后岁月里一样,刘备也谛听到了死神的脚步声越来越近,他要为刘禅即位提前创造一个安定的环境,于是重新考虑对吴的策略,接过了孙权伸出的橄榄枝,派太中大夫宗玮出使东吴,办理和好事宜。

"召犍为太守、辅汉将军李严至永安宫,拜尚书令。"十月份,李严提前来到白帝,辅佐刘备处理永安宫政务。

"召丞相诸葛亮至永安宫。"第二年二月,诸葛亮带着刘备的另外两个儿子刘永、刘理来到永安。

两年前的六月,刘备立刘禅为皇太子不久,封另外两个儿子,刘永为鲁王,刘理为梁王。鲁国和梁国都在中原,不是蜀汉的地盘,刘备这样封儿子,是激励儿子们夺取中原。这一年,刘禅只有17岁,他的异母弟弟刘永和刘理更小,而且刘备中年得子,对儿子十分溺爱,不会让他们冒险上战场,于是,年富力强又久经战场的养子刘封,对亲儿子们就构成了潜在危险,刘备很轻易地就找个罪名把他杀了。

"可是,威胁孩子们的,仅仅是刘封吗?"刘备看着跪在病榻前的诸葛亮,无比烦恼。

四月,永安,白帝城,永安宫,刘备斜倚在病榻上,盯着窗外那个枝条,发现不见了那朵红花。明明昨天还是草长莺飞,今天却已经绿肥红瘦,唉,花无百日红啊。可是,花有重开日,人呢?

刘备给皇太子颁布遗诏，让人惊讶的是诏书里并未安排治国大事，只说了些鸡毛蒜皮的事儿。

"人五十不称天，年已六十有余，何所复恨，不复自伤，但以卿兄弟为念。"天下，功名，霸业，这些为之拼搏一生的东西，原来根本握不住啊。多么虚妄的霸主梦啊，刘备现在只想做一个父亲。刘备想着，闭上眼睛，和曹操一样，和所有人一样，刘备还是未能摆脱红尘劫。

"射君到，说丞相叹卿智量，甚大增修，过于所望，审能如此，吾复何忧！勉之，勉之！"刘备最想不通的，不是为何会败给江东，而是刘禅为何总是不成器。前几天，射先生来探望刘备，说诸葛亮夸赞刘禅大有进步，这让刘备稍感安慰。其实，射先生也许只是在安慰病人而已。

"勿以恶小而为之，勿以善小而不为。"刘禅太弱了，没有为恶的能力，只有善才能使他避免受到伤害。

遗诏最后，刘备给儿子列了一个必读书目：《汉书》、《礼记》、诸子、《六韬》、《商君书》。

本本分分地做人，安安静静地读书，这才是最佳生存方式，这就是刘备告诉儿子的。

侍者宣读完毕给刘禅的遗诏，刘备又把刘永叫到病榻前，遗诏说："吾亡之后，汝兄弟父事丞相，令卿与丞相共事而已。"可怜的父亲，临死还要给儿子找个爹。做父亲的不会伤害儿子，事诸葛亮为父，能够永远得到他的呵护，这是刘备教给儿子的生存哲学。

下面该把诸葛亮叫到床前来了。

"君才十倍曹丕，必能安国，终定大事。若嗣子可辅，辅之；如其不才，君可自取。"刘备对诸葛亮说。

话音落地，所有人都惊呆了，空气里弥漫诡秘的死寂。刘备为何会这么说，千百年来人们争论不休。《三国志》作者陈寿认为刘备信任诸葛亮，举国托孤于他，完全信任，古今未有；晋朝人孙盛说这是刘备的"诡伪之辞"。清康熙皇帝则无比感慨，认为刘备平时把他与诸葛亮的关系比作鱼水，也深知诸葛亮忠贞，却在托孤时说出这些猜疑的话，这是典型的三国式谲诈，卑鄙啊！康熙站在皇帝的角度看问题，自然深知刘备内心。

可是，这句话是不是被过度解读了呢？

把鱼复改名为永安，遗诏里不提军国大事，只说安身立命之本，教导儿子事诸葛亮为父，刘备托孤前的一系列行为，透露出一个信号：他不希望儿子的人生在霸业里沦陷。人往往在生命的最后时刻才能参透生命。

既然儿子无能,那为什么不提醒诸葛亮自取呢？最后,一切都是要撒手的。224年四月二十四日,刘备驾崩于永安宫,时年63岁。

五月,17岁的刘禅即位,遵照父亲遗令,将国政完全托付给诸葛亮,对他说:"政由葛氏,祭则寡人。"然后,他躲在皇宫里过着逍遥自在的生活。人们都讥笑他的平庸,但是忘记了这也许正是刘备所希望的。

让孙权和刘备打得更激烈一下吧。在刘备溃退之后,曹丕鼓励孙权继续追击:"将军勉建方略,务全独克。"击溃了刘备,现在能对江东构成威胁的敌人是曹丕。吴兵后撤,准备与曹魏决战。

曹丕要求孙权送子为质,孙权客气地拒绝了。双方难免一战。222年九月,曹丕兵分三路征吴,揭开了与孙权拉锯战的序幕,此后,一直到225年三月,三年的时间里,曹丕一共四次伐吴,但是都未能在长江对岸立足。226年五月,年仅40岁的曹丕,带着事业未竟的遗憾病逝,儿子曹叡继位。

228年,做皇帝刚刚找到感觉的曹叡,派曹休出征东吴。孙权在石亭大败志大才疏的曹休,又与诸葛亮确定了联合拒魏的策略,有足够底气与曹魏叫板了。

和当初曹丕、刘备搞的那一套一样,江东臣民纷纷上书,要"拥戴"孙权做皇帝,可是,与曹丕、刘备不一样的是,孙权表现得很不耐烦。后来,聪明的人出来说,不是做皇帝,而是"正尊号",说孙权在黄武开元时就是皇帝了,只不过现在需要补上登基仪式罢了。222年十月,刘备称帝不久,孙权改年号为黄武。曹丕建号黄初,刘备建号章武,孙权取二人年号的组合建号,表明他才是涵盖天下的人。

孙权笑了。229年四月十三日,48岁的孙权在武昌城南举行郊祀大典,"正尊号",这样当时的中国就同时有了三位皇帝,人们所说的三国在这时才算凑齐了。

让我们变得强大的,是更加强大的敌人。没有了曹操与刘备,孙权也渐渐地变得平庸,虽有诸葛亮和司马懿的精彩客串,但是天下大势确定之后,历史也没有了太多光彩。和诸多开国皇帝一样,孙权接下来开始了对开国功臣的诛杀,对谄媚奸邪的宠信,对权力的滥用,对继承人选择的摇摆。早年的创建力被暮年的内耗力抵消,他变得越来越昏庸。他"正尊号"后二十三年,竟也没有突破长江,未能在中原有尺寸立足之地。

226年五月曹丕驾崩时,令司马懿与曹真、陈群、曹休辅政。曹真与曹休先后死去,司马懿渐渐地掌握了中原权柄。

诸葛亮果真忠贞,不负刘备重托,夙兴夜寐,代替不思进取的刘禅治国治军,以一州之地强攻中原之魏,七年之间,六次对魏用兵,出师未捷身先死,234年八月病逝于五丈原,留下一个国力淘空的蜀汉。

252年四月二十六日,孙权去世,留下一个儿孙们争来抢去的帝位。

让人惊奇的是,无所事事的刘禅居然在诸葛亮去世二十九年后才亡国,这可真应了"无为而治"这句话。一些事情可以争取,一些事情只能等待。

265年,在蜀汉灭亡两年后,司马炎废掉曹魏皇帝曹奂,建立了一个新的朝代——晋朝。司马炎奉祖父司马懿为武帝,把他当作晋朝的开国皇帝。

十四年过去了,279年11月,晋朝部署六路兵马,全线出击,大举攻吴。此时吴国的皇帝是孙权的孙子孙皓,众叛亲离,没有丝毫抵抗力。第二年,晋国大将王濬攻到建业城下,三月十五日,孙皓肉袒负荆,率领兄弟子侄21人,出门拜降。

最初,张昭和张纮分别建议孙权定都建业,说这里有"王气",诸葛亮也曾称赞:"钟山龙盘,石城虎踞,帝王之宅。"而现在,这座王者之城一片死寂,一片白色的旗帜在城门楼上黯淡地垂着,唐代大诗人对此写诗说:"王濬楼船下益州,金陵王气黯然收。千寻铁锁沉江底,一片降幡出石头。"

从189年董卓进京乱政算起,中国已经乱了九十三年,各色霸主来了走了,走了来了,你方唱罢我登场,在似乎早该结束但实际上远未结束的时候,在纷纷扰扰中拉上了大幕,争霸大戏戛然而止。

叱咤风云的三国霸主渐渐隐去,新的角色登场了,剧情当然也是新的。

孙权曾经流连的秦淮河上,浮荡着一只灯红酒绿的画舫,一个身材曼妙的江南女子,轻摇桃花扇,泪水婆娑,哀悼又一个灭亡的朝代。她轻启朱唇,唱道:

眼看他起朱楼,

眼看他宴宾客,

眼看他楼塌了!

这青苔碧瓦堆,

俺曾睡风流觉,

将五十年兴亡看饱。

◎精彩回头看：

《三国那些人那些事·魏卷》(2010年3月出版,2012年修订)

《三国演义》出于文学创作的需要,神化了蜀国一方的人物："智绝"诸葛亮、"义绝"关羽、"猛绝"张飞、"胆绝"赵云……可是历史上统一北方的曹魏集团,和偏守蜀中的刘备集团相比,更是谋士猛将如云。风烈将军夏侯惇,"曹家千里驹"曹休,雅歌将军张郃,逍遥战神张辽,"留香荀令"荀彧,三国第一毒士贾诩,"期期艾艾"的邓艾……他们的谋略武功,在《三国演义》里被弱化乃至被歪曲。

《三国那些人那些事(魏卷)》基于《后汉书》和《三国志》《资治通鉴》等正史,结合其他权威史料,还原被《三国演义》误读的历史,探寻曹魏集团核心人物的人生轨迹。

《三国那些人那些事·蜀卷》(2011年4月出版)

桃园三结义是忠诚的铁板兄弟会,还是高超的帝王驭人术？赵云千军之中单骑救出刘禅,却为何始终不能得到刘备的重用？法正和庞统不死,刘备就能统一天下吗？要是采用魏延的子午谷奇谋,诸葛亮的北伐就能成功吗？蜀汉第一人诸葛亮,如何对待自己的政敌李严？姜维九次北伐,他是蜀汉苟延的保障,还是蜀汉灭亡的主因？……三国之中,偏处中国西南隅的蜀汉,人性的斗争是却是同样无限的,一个个人性之谜,等待着我们去探索。

《三国那些人那些事·吴卷》(2012年11月出版)

后有大海困绝,前有大江封闭,处于低地,攻守不利,远离中原文化,处于文明边缘,这样的东吴却在三国之中最后一个灭亡,个中奥秘,仁智互现,千百年来人们为之争论不休。本书通过周瑜、鲁肃、吕蒙等江东豪杰的人生轨迹,从人性的角度,揭晓东吴现象背后的奥秘。